本书依托国家自然科学基金面上项目(51778141、71874067)

考虑安全与效率的收费站区域多领域建模与管控策略

张 浩 何 杰 著

东南大学出版社
SOUTHEAST UNIVERSITY PRESS
南京·2023

内容提要

本书通过"问题聚焦、数据采集、理论建模、多领域仿真以及管理优化"的研究路线,对收费站区域关键设计参数、收费站交通特征与交通冲突理论、收费站安全风险致因与评价、收费站行车安全机理、收费站ETC推广策略等进行了研究,构成了较为完整的研究体系,以提升目前我国收费站区域的行车安全水平和管理效率。相关研究可为新建收费站设计及改扩建工程应用、类似复杂道路节点的安全与高效运行的评估与改进提供理论指导和方法借鉴,对于应对新形势下我国高速公路收费站的管理与运营难题具有重要的现实意义。

本书适合交通运输工程、安全科学与工程、车辆工程及其他相关专业的高等学校与研究机构的教师、高级研究人员、研究生与高年级本科生使用,也可供相关专业的安全管理人员、工程技术人员参考。

图书在版编目(CIP)数据

考虑安全与效率的收费站区域多领域建模与管控策略 / 张浩,何杰著. — 南京:东南大学出版社,2023.12
 ISBN 978-7-5766-0878-6

Ⅰ.①考… Ⅱ.①张… ②何… Ⅲ.①高速公路-收费站-管理-研究-中国 Ⅳ.①F542.5

中国国家版本馆CIP数据核字(2023)第177001号

责任编辑:贺玮玮　　　　　　　责任校对:子雪莲
封面设计:毕　真　　　　　　　责任印制:周荣虎

考虑安全与效率的收费站区域多领域建模与管控策略
Kaolü Anquan Yu Xiaolü De Shoufeizhan Quyu Duolingyu Jianmo Yu Guankong Celüe

著　　者	张　浩　何　杰
出版发行	东南大学出版社
出 版 人	白云飞
社　　址	南京市四牌楼2号　邮编:210096
网　　址	http://www.seupress.com
经　　销	全国各地新华书店
排　　版	南京布克文化发展有限公司
印　　刷	广东虎彩云印刷有限公司
开　　本	787 mm×1092 mm　1/16
印　　张	12
字　　数	256千
版　　次	2023年12月第1版
印　　次	2023年12月第1次印刷
书　　号	ISBN 978-7-5766-0878-6
定　　价	59.00元

本社图书若有印装质量问题,请直接与营销部调换。电话(传真):025-83791830

前言

收费站作为高速公路系统的重要组成部分,一方面有其长期存在的必然需要,另一方面也为车辆的通行效率和行车安全带来了一定的负面作用。不同于国外的电子不停车收费系统(Electronic Toll Collection,ETC)和人工半自动车道收费系统(Manual Toll Collection system,MTC)车道分离型的收费站建设模式,我国多是ETC和MTC车道混合型的收费站,这导致收费站区域的行车环境更加复杂,进而产生了一系列的交通拥堵、污染物排放及严峻的交通安全问题等。为此,探寻保障收费站区域道路行车安全的分析方法以及提升通行效率的管理策略,已成为当前亟待解决的问题。

本书依托国家自然科学基金面上项目(51778141、71874067),旨在通过问题聚焦、数学建模、多领域仿真以及统计分析的技术路径,对收费站区域关键参数设计优化、交通流特性与交通冲突特征分析、安全与效率评价、行车安全机理分析以及收费站ETC推广策略等方面进行较为系统的研究和探索,以提升我国收费站区域的行车安全水平和管理效率。相关研究工作主要分为以下五个方面:

(1) 收费站区域关键设计参数与事故风险致因研究。首先,基于收费站布设位置、车辆行驶横向稳定性和夜间视距等影响收费站安全行车的主要因素,构建了不同环境场景下的收费站圆曲线半径计算模型,并与其规范和标准进行对比分析。其次,确定了收费广场长度与宽度,并对车道类型及布局、ETC车道布设位置以及收费车道配置策略进行了分析。再次,根据收费站区域驾驶员标志视认及驾驶行为特征,结合换道需求所需的安全时间和空间,对ETC前置指示标志的位置设置进行数学建模、模型验证与实例分析。最后,基于人-车-路环境因素定性阐释了收费站区域行车事故风险机理。

(2) 基于车辆微观轨迹提取的收费站区域交通特征研究。首先,以与城市道路衔接的收费站为例,将研究视域扩大到包含收费站上下游区域构成的完整区间。其次,利用一种基于YOLOv4等算法的车辆轨迹提取方法,获取车辆在不同特征路段区间内的完整行驶轨迹等车辆微观信息。最后,基于微观轨迹数据,从宏观特征、速度特征、换道特征、加速度特征、车道选择特征和时间特征等方面探究了收费站上下游区域不同特征路段的交通流特性。

（3）基于交通冲突特征分析的收费站区域安全评价与优化策略研究。首先，基于轨迹数据，利用改进的TTC和PET模型定义了本书的冲突测量尺度，以满足收费站区域车辆任意时刻、任意角度的交通冲突测量与评价，并在MATLAB中设计基于车辆微观轨迹数据的交通冲突自动提取程序，对上下游区域交通冲突特征进行深入分析，包括交通冲突数特征、冲突空间分布及严重程度特征、车道选择和换道行为与交通冲突的关系等。其次，基于VISSIM+SSAM构建了收费站上下游区域交通冲突仿真分析模型，从安全与效率的视角综合考虑，对多种不同类型的交通特性对收费站安全的影响机理进行了解析，提出了相应的交通组织优化策略。

（4）基于车路关键动态响应特征的收费站行车安全研究。首先，采用基于Adams/Car与Matlab/Simulink的仿真实验方法进行车路耦合动力学建模，建立了车路耦合环境下联合实时在线仿真试验系统。其次，选取车路耦合关键动力学响应特征参数，如加速度、侧向力、方向盘转角等作为收费站匝道标准极限的动力学一致性分析指标并进行一致性判定。最后，通过获得的动力学一致性分析指标，探究在不同测试环境下动力学指标响应特征的变化趋势，从车-路耦合的角度对选取的收费站实例进行了行车安全分析。

（5）考虑感知安全风险和自我概念的收费站ETC推广策略研究。首先，选取ETC用户和非ETC用户作为研究对象，基于技术接受模型、社会影响理论、自我概念理论和感知风险理论，构建了ETC用户/非ETC用户持续使用意愿/使用意愿影响因素作用机理的概念模型。其次，设计调查问卷采集数据，利用AMOS和SPSS软件对两类样本数据进行了EFA和CFA分析检验，验证了模型的有效性。最后，通过多层线性回归模型方法，对技术特征的中介效应进行了分析，并利用PROCESS建模工具对自我概念和感知安全风险的调节中介效应进行了检验，并基于相关研究结论提出了促进收费站ETC可持续发展的管理策略。

本书可为新建收费站设计及改扩建工程应用、类似复杂道路节点的安全与高效运行的评估与改进提供理论指导和方法借鉴，对于解决新形势下我国高速公路收费站的管理运营难题具有重要的现实意义。

本书在编写过程中得到多位师生的帮助，十分感谢东南大学交通学院刘子洋博士、任悄悄硕士、施鑫诚硕士，浙江科技学院李培庆副教授，江苏电子信息职业学院洪琼副教授，淮阴工学院硕士生董锴龙、华其凡、张格、吴迪、苏鸿念、施博誉等给予的无私帮助。特别向东南大学出版社，尤其是贺玮玮老师为本书的顺利出版所付出的辛勤工作致以最真挚的谢意。

张　浩　何　杰

2023年5月

目录

第一章 绪　论 ··· 001
　1.1 选题背景与意义 ·· 001
　1.2 国内外研究现状 ·· 003
　　1.2.1 收费站关键设计参数研究 ·· 003
　　1.2.2 收费站交通特征与交通冲突理论研究 ······························ 004
　　1.2.3 收费站安全风险因素与评价研究 ···································· 005
　　1.2.4 收费站行车安全机理研究 ·· 007
　　1.2.5 收费站ETC推广策略研究 ·· 007
　　1.2.6 研究现状述评 ··· 008
　1.3 研究内容与技术路线 ··· 009
　　1.3.1 研究内容 ··· 009
　　1.3.2 技术路线 ··· 011
　1.4 本章小结 ·· 012

第二章 收费站区域关键设计参数与事故风险致因研究 ······················ 013
　2.1 研究背景 ·· 013
　2.2 收费站区域圆曲线最小半径设计 ··· 014
　　2.2.1 收费站区域圆曲线最小半径指标的影响因素 ···················· 015
　　2.2.2 不同因素影响下的收费站区域圆曲线最小半径计算模型 ······ 018
　2.3 收费广场规模与渐变段渐变率 ·· 022
　　2.3.1 收费广场长度与宽度 ·· 022
　　2.3.2 渐变段渐变率的确定 ·· 022
　2.4 车道布局与车道配置 ·· 023
　　2.4.1 收费车道类型划分 ··· 023
　　2.4.2 收费车道布局模式 ··· 024

2.4.3　收费车道配置策略 ………………………………………………… 027
　2.5　交通标志位置布设 ……………………………………………………… 028
　　　2.5.1　标志标线的设置与应用 ……………………………………………… 028
　　　2.5.2　ETC车道指示标志安全设置距离模型 ……………………………… 029
　　　2.5.3　算例分析 ………………………………………………………… 037
　2.6　收费站区域行车事故风险致因分析 ……………………………………… 039
　2.7　本章小结 ………………………………………………………………… 040

第三章　基于车辆微观轨迹提取的收费站区域交通特征研究 …………………… 042
　3.1　研究背景 ………………………………………………………………… 042
　　　3.1.1　数据采集与研究样本 ……………………………………………… 042
　　　3.1.2　研究区域界定 ……………………………………………………… 044
　3.2　车辆轨迹提取算法框架 …………………………………………………… 045
　　　3.2.1　基于YOLOv4算法的车辆目标检测 ………………………………… 046
　　　3.2.2　基于SORT算法的车辆跟踪 ………………………………………… 048
　　　3.2.3　基于KD-Tree算法的轨迹提取 ……………………………………… 048
　　　3.2.4　数据处理与轨迹提取 ……………………………………………… 048
　3.3　基于轨迹数据的收费站上游区域交通特征分析 ………………………… 050
　　　3.3.1　速度特征分析 ……………………………………………………… 051
　　　3.3.2　换道特征分析 ……………………………………………………… 053
　　　3.3.3　时间特征分析 ……………………………………………………… 056
　3.4　基于轨迹数据的收费站下游区域交通特征分析 ………………………… 060
　　　3.4.1　车辆速度特征 ……………………………………………………… 060
　　　3.4.2　车辆换道特征 ……………………………………………………… 063
　　　3.4.3　车道选择特征 ……………………………………………………… 066
　　　3.4.4　行驶时间特征 ……………………………………………………… 068
　3.5　本章小结 ………………………………………………………………… 069

第四章　基于交通冲突特征分析的收费站区域安全评价与优化策略研究 ……… 071
　4.1　研究背景 ………………………………………………………………… 071
　4.2　交通冲突表征与测量 ……………………………………………………… 072
　　　4.2.1　交通冲突类型 ……………………………………………………… 072
　　　4.2.2　交通冲突测量 ……………………………………………………… 072
　　　4.2.3　交通冲突提取 ……………………………………………………… 077
　4.3　收费站上游区域交通冲突特征分析 ……………………………………… 078

4.3.1　交通冲突数分布特征……………………………………………… 078
　　　4.3.2　交通冲突严重性特征……………………………………………… 080
　　　4.3.3　交通冲突空间分布特征…………………………………………… 080
　　　4.3.4　交通冲突与车辆换道行为………………………………………… 081
　4.4　不同条件下收费站上游区域交通冲突及方案比选……………………… 082
　　　4.4.1　基于VISSIM＋SSAM的收费站上游区域交通冲突仿真建模
　　　　　　……………………………………………………………………… 082
　　　4.4.2　换算冲突量………………………………………………………… 082
　　　4.4.3　不同条件下的收费站上游区域交通冲突特征分析……………… 083
　　　4.4.4　安全评价与方案比选……………………………………………… 086
　4.5　基于车辆微观轨迹的收费站下游区域交通冲突特征分析……………… 087
　　　4.5.1　交通冲突空间分布特征…………………………………………… 087
　　　4.5.2　初始收费车道选择对交通冲突的影响…………………………… 089
　　　4.5.3　终止驶离车道选择对交通冲突的影响…………………………… 090
　4.6　考虑连接路段的收费站下游区域安全评价与优化策略………………… 091
　　　4.6.1　合流区与信号交叉口连接路段安全间距分析…………………… 091
　　　4.6.2　基于安全和效率的收费站下游区域交通仿真建模……………… 094
　　　4.6.3　高速公路收费站区域交通组织优化策略………………………… 103
　4.7　本章小结…………………………………………………………………… 104

第五章　基于车路关键动态响应特征的收费站行车安全研究………………… 105
　5.1　研究背景…………………………………………………………………… 105
　5.2　收费站车路耦合模型构建………………………………………………… 106
　　　5.2.1　轮胎-路耦合的动力学模型构建…………………………………… 106
　　　5.2.2　控制系统模型构建………………………………………………… 109
　　　5.2.3　收费站道路三维模型构建………………………………………… 114
　5.3　动力学指标与一致性分析………………………………………………… 117
　5.4　基于车路耦合动力学响应的收费站行车安全分析……………………… 119
　　　5.4.1　数据采集…………………………………………………………… 119
　　　5.4.2　道路可视化建模…………………………………………………… 120
　　　5.4.3　车路耦合动力学响应的行车安全分析…………………………… 121
　5.5　本章小结…………………………………………………………………… 128

第六章　考虑感知安全风险和自我概念的收费站ETC推广策略研究………… 129
　6.1　研究背景…………………………………………………………………… 129

6.2 理论基础 ························ 130
　　6.2.1 技术接受模型 ·················· 130
　　6.2.2 社会影响理论 ·················· 131
　　6.2.3 自我概念理论 ·················· 132
　　6.2.4 感知风险理论 ·················· 132
6.3 概念模型与研究假设 ··················· 133
　　6.3.1 社会影响与持续使用意愿/使用意愿 ········ 134
　　6.3.2 感知/期望绿色有用性、感知/期望使用愉悦性的中介作用 ····· 134
　　6.3.3 自我概念与感知安全风险的调节作用 ········ 135
6.4 研究设计与研究方法 ··················· 136
　　6.4.1 变量测量与问卷设计 ················ 136
　　6.4.2 研究样本与数据采集 ················ 138
　　6.4.3 数据分析方法 ·················· 139
6.5 数据分析与假设检验 ··················· 141
　　6.5.1 研究样本特征描述 ················ 141
　　6.5.2 信度和效度检验 ·················· 148
　　6.5.3 感知/期望使用愉悦性和感知/期望绿色有用性的中介效应检验
　　　　　　　　　　　　　　　　　　　　　　　　　　　　151
　　6.5.4 自我概念和感知安全风险的调节中介效应检验 ······· 155
6.6 研究结论与管理启示 ··················· 160
　　6.6.1 研究结论 ····················· 160
　　6.6.2 管理启示 ····················· 161
6.7 本章小结 ························ 162

第七章 结论与展望 ······················ 164
7.1 工作总结 ························ 164
7.2 创新点 ·························· 166
7.3 研究展望 ························ 167

参考文献 ··························· 169

第一章

绪论

1.1 选题背景与意义

本书选题围绕收费站的安全问题,通过问题聚焦,对收费站关键设计参数理论建模、车辆微观轨迹识别建模、多场景的交通流及交通冲突建模和车路耦合多体动力学建模等多个领域的建模与仿真以及对收费站 ETC 管理策略的优化等进行研究,以期提升目前我国收费站区域的行车安全水平和管理效率。

改革开放以来,我国公路交通经历了从"瓶颈制约"到"总体缓解",再到"基本适应""适度超前"的发展历程,公路规模总量已位居世界前列。根据交通运输部数据显示,2015—2019 年我国收费高速公路里程逐年增加,截至 2019 年末我国收费高速公路里程达到 14.28 万 km,而主线收费站有 1 267 个以及为数众多的匝道收费站。同时,近年来为缓解主线收费站交通拥堵压力,国家出台了取消高速公路省界收费站的政策,截至 2020 年 1 月,全国 29 个联网省份的 487 个省界收费站全部取消,收费公路主线收费站数量呈现下降趋势。总体而言,我国在高速公路及其配套设施建设上取得了举世瞩目的成就,为国民经济的快速发展奠定了坚实的交通基础。

值得注意的是,收费站作为高速公路系统的重要组成部分,一方面有其长期存在的必然需要,另一方面也为高速公路车辆通行和行车安全带来了一定的负面作用。不同于国外的 ETC 和 MTC 车道分离型的收费站建设模式,我国多是 ETC 和 MTC 车道混合型的收费站,这导致收费站区域的行车环境更加复杂,进而产生了一系列的交通安全问题,也使其成为高速公路交通事故多发区域。收费站 MTC 和 ETC 混合运行,给用户在收费车道的选择、收费站前的车辆加减速行为、车辆跟驰与变道行为等方面带来了巨大的压力,也较容易造成交通拥堵与交通事故。从而降低高速公路的通行效率。因此,针对我国现阶段高速公路收费站运营管理的特征,探寻保障收费站区域道路行车安全的分析方法与管理策略,已成为当前亟待解决的问题。

此外，按照党中央、国务院重要部署，为深化供给侧结构性改革，推进交通运输高质量发展，全国高速公路联网收费系统已顺利切换，并建成了 24 588 套 ETC 门架系统，完成 ETC 车道改造 48 211 条，使得近 15 万 km 收费高速公路进入"一张网"运行的新阶段。根据交通运输部路网中心统计数据，截至 2020 年底，全国累计 ETC 客户数量达到 2.2 亿，占全国汽车保有量的 78%，ETC 使用率超过 66%。但全国各省份 ETC 推行进度不一，甚至出现大量收费站 MTC 车道排队严重而 ETC 车道空置的现象，造成收费站通行效率和安全水平不升反降，且距离 ETC 使用率超过 90% 的目标还甚远，尚不能充分释放 ETC 在提升高速公路收费站区域的交通组织管理水平及运行效率的预期效用。因此，为进一步发展 ETC 新用户以及维持老用户的使用黏性，十分有必要对 ETC 使用意愿及持续使用意愿的影响机制进行深入研究，并提出相应的管理策略，以促进国内 ETC 产业健康可持续发展。

基于以上研究背景及存在的主要问题，本书首先对收费站区域线形及圆曲线最小半径确定、收费广场规模与渐变段渐变率、车道布局与配置，以及交通标志位置布设等关键设计参数进行分析，解析各关键设计指标对收费站行车安全的影响，分析收费站区域事故风险致因和发生机理。

其次，基于一种新型视频识别技术的车辆轨迹自动提取算法框架，获取车辆在不同特征路段区间内的完整行驶轨迹等车辆微观信息，选取典型交通特征指标探究收费站上下游区域不同特征路段的交通流特性。在此基础上，提出一种改进的交通冲突测量模型，在 MATLAB 中设计实现基于车辆微观轨迹数据的交通冲突自动提取算法，并基于 VISSIM+SSAM 构建多场景下收费站上下游区域交通冲突仿真分析模型，对收费站区域相关参数与交通冲突和通行效率的关系及影响机制等方面进行积极探索。

再次，采用基于 Adams/Car 与 Matlab/Simulink 联合仿真实验的方法进行车路耦合动力学建模，从主动安全分析的视角，探究车辆在匝道收费站区域的行车安全，从而建立起一套针对收费站区域交通冲突提取与安全评估的研究方法，实现对收费站区域空间内车辆行车安全的状态识别、预警与道路设计优化。

最后，对 ETC 用户的持续使用意愿和非 ETC 用户的使用意愿的影响机理进行研究，在对技术接受模型扩展的基础上引入社会影响因素，探讨感知安全风险和自我概念因素的调节效应及技术特征因素的中介效应机制，提出相应的管理策略。以弥补目前关于 ETC 使用意愿影响因素研究的不充分，尤其是缺乏关于用户社会心理因素对 ETC 使用意愿影响机制研究。

综上所述，收费站作为高速公路的一类重要节点，开展提升收费站区域行车安全和保障收费站高效运行的一系列理论与应用研究，具有重要的经济和社会效益。

1.2 国内外研究现状

1.2.1 收费站关键设计参数研究

收费站设计的关键参数往往受地理位置、交通量和建设成本等因素制约,不合理的收费站关键参数设计,会降低道路的通行能力,甚至增加道路交通事故的风险。现有研究主要从收费站的线形或线形组合、渐变段渐变率、车道规模与布局以及标志标线布设等角度展开[1-4],且主要目标集中于如何提升收费站的通行能力,而较少关注相关参数对道路行车安全所造成的影响。

在收费站线形设计方面,赵述捷、万健等人对高速公路收费站的平纵横线形指标设计、设施设置等方面进行了研究[5-6]。Huang等人基于神经网络和交通流从收费站形状、车道规模、分流模式和事故预防方面提出了具体的优化策略[7]。曹熔基等人在分析了传统的两种收费站出口设计方案——对称模型和非对称模型的基础上,构建一种全新的弯曲模型设计方案,并运用MATLAB进行分析,结果显示,弯曲车道可以帮助实现最大吞吐量,提高通行效率并避免交通事故[8]。赵维加等人讨论了汇车变道对收费区大小、车流量和安全性的影响,推导出了优化收费广场的几个量化指标,并在此基础上分析了收费区设计长度的确定和车流的优化管理方案,给出了相应的仿真计算结果[9]。

在渐变段渐变率设计方面,Lin等人在考虑安全、成本、交通量等因素的基础上,利用非线性整数规划模型建立了收费站合流区设计优化模型,选取交通流量、车速、车道宽度、车道数等指标,计算并确定收费亭数量和合流区的长度、渐变率及面积,并对模型进行了敏感性分析;然后,以特拉华纪念大桥收费广场为例,对基于最优模型的解决方案的有效性进行了评估[10]。Wang等人基于建设成本、交通量、事故率与决策变量之间的函数关系,建立数学规划模型,得出收费广场的优化设计方案,包括收费车道的数量和比例,收费广场的形状和大小等[11]。McDonald等人在对美国13个收费站的做法进行了评估后,提出了收费广场横向和纵向设计原则,包括分合流区渐变率、排队长度、收费车道宽度与布局、路面横坡、剖面等级及视距等一系列的建设指南[12]。

在收费车道布局及配置策略设计方面,一类是基于排队论和成本约束的车道配置优化策略,分析不同交通流和ETC车辆比例情况下,从建设运营成本、外部社会成本、使用者成本、延误或环境成本等不同角度探讨达到成本最小的收费车道建设方案,包括收费车道规模和MTC/ETC车道的比例关系等[13-15]。相关研究具有一定的参考和借鉴意义,但多是基于一定假设前提的静态研究,对于收费站的日常运营过程的动态管理需求响应尚不充分。另一类是通过仿真建立不同试验场景,结合交通量、交通组成及ETC使用率等开展收费车道合理化配置研究[16-17]。Kim针对新建收费广场,建立了一个与M/G/1排队过程相结合的非线性整数规划模型,进行最优动态车道配置策略优化[3]。吴进基于多目标正交试验仿真,研究不同情况下收费站 ETC 车道设置方案,通过仿真输出流量、ETC 缴费比例及 ETC 车道数不同组合条件下的延误,基于通行效用,得出最佳车道布设方案[18]。

在标志标线布设设计方面,主要以静态交通标志为主,应用场景也主要集中在高速公路、城市道路、桥隧道口等,而对收费站区域交通诱导标识的科学布设研究则较少。Saad 等人以佛罗里达州中部的一个混合收费站为例,利用驾驶模拟实验,证实了在收费广场前的匝道上设置动态信息标志(DMS)及路面引导标志对减少突然变道和收费广场前后的不安全驾驶行为均有显著作用[19]。Valdés 等人通过驾驶模拟器仿真收费站的虚拟环境,利用加速情况作为发生碰撞可能性的评价指标,评估标识设置和排队如何影响安全、驾驶行为等情况[20]。Gaca 等人提出了在波兰应用非典型标志和符号(不包括在波兰交通控制指南中)作为改善交通性能和安全的手段[21]。

1.2.2 收费站交通特征与交通冲突理论研究

国内外对收费站交通特征的研究多集中在通行能力及服务水平方面[22],主要是从宏观和微观的角度,采用基于道路交通流理论、数学模型和软件仿真的方法,如排队论、跟驰与换道理论、整数规划模型、元胞自动机理论、VISSIM、Paramics 等,对收费站的通行能力及服务水平、拥堵缓解策略等展开研究。

Zarrillo 等人采用 SHAKER 排队理论,综合车辆类型、车道配置等因素,建立收费站通行能力计算模型,并根据佛罗里达州 5 个收费站实地采集数据校准验证了所建立的模型[23]。Lin 等人开发了 Toll-Plaza-Simulation 模型,对主线收费站的服务水平进行分析研究,分析车辆到达的形式、收费车道数量、驾驶员行为以及服务能力等因素对收费站性能的影响,并以平均排队长度和收费系统的平均时间作为有效性的衡量标准,将服务水平分为 6 个等级[24]。Klodzinski 等人基于排队模型,采用事先事后分析法研究了增加收费车道后收费站的通行能力、排队长度和车辆延误等指标变化情况,结果表明,实施开放道路收费后,预计通行能力提高了 43.8%[25]。程锦等人基于通行数据,根据 M/G/K 排队模型计算收费站 MTC 车道的通行能力[26]。崔洪军等人结合排队论建立以运营和排队两者总成本最少为目标函数的 MTC 车道开启数量优化模型[27]。张晨琛等人建立元胞自动机交通流模型分析收费站拥堵产生的机理与消散控制策略,但其模型并没有考虑 ETC 车道的设置[28]。Sheu 等人基于随机动态最优控制方法,提出收费匝道动态控制策略,并利用 Paramics 模拟软件验证了其在不同的拥堵现象中的适用性[29]。Qian 等人通过对元胞自动机模型的改进,将其应用于收费站交通流特性的研究[30]。程俊龙对驾驶员行为、车辆跟驰行为、车辆穿插特性等进行分析,建立混合收费站的通行能力计算模型,并采用 VISSIM 仿真进行了验证研究[31]。

传统交通安全的研究多是基于历史事故数据,存在一定的局限性。为此国外学者在 20 世纪 60 年代提出了交通冲突技术理论,后继一些学者将交通冲突作为交通事故的初始状态,丰富和完善了交通事件模型,由此交通冲突技术也被认为是未来交通安全领域最重要和最有前景的研究方向之一[32]。国际上对交通冲突的定义主要分为两大类:一是以时间或空间上接近程度来定义,二是是否有避险行为。后者主观性较强,前者采用定量指标进行测量结果更加客观。以空间上接近程度为度量的指标有冲突距离和非完全制动距离指标等,以及一些学者提出的停车距离比例、横向偏移距离指标等[33-34]。而以时间为度量的指标弥补了空间度量指标的不足,常见的有TTC(碰撞时间)及其衍生指标、PET(后侵入时间)及其衍生指标、TDTC(碰撞时差)、TH(车头时距)等[32]。

早期交通冲突的数据采集方法主要有现场观测、自然驾驶和交通仿真等,但在采集成本、便捷性及数据真实性等方面存在一些缺陷。随着计算机视频识别技术的快速发展,利用视频检测自动识别和跟踪车辆轨迹获取车辆行驶微观数据,进而进行交通冲突识别成为当前研究热点。李志斌等人分析追尾事故前后车辆行驶轨迹特征,基于运动波属性和交通状态构建追尾冲突风险指标RCRI,建立基于集计交通流数据的追尾事故安全评估模型[35]。Feng等人利用航拍技术运用卷积神经网络对混合交通情况下道路交通车辆轨迹进行提取[36]。Meng等人通过视频分析获取车辆行驶速度和车头时距,基于DRAC分析道路施工区域的车辆安全状态[37]。St-Aubin采用公路交通监控系统和移动摄像机的视频数据对轨迹进行自动收集和行为分析,并提取交通冲突进行安全评价[38]。叶凡等人在国内首次将交通冲突技术应用于收费站ETC的安全评价研究[39]。Xing等人采用无人机拍摄视频,利用自动视频分析系统提取车辆轨迹数据,建立扩展碰撞时间模型计算车辆碰撞风险,研究了收费站分流区的交通冲突情况[40]。

1.2.3 收费站安全风险因素与评价研究

收费站作为高速公路的一个复杂交通节点,影响其安全的风险因素众多,从广义上来分,可分为人、车、路、环境等四大类因素,且各类因素间存在着交织耦合,共同对收费站区域道路行车安全产生作用,具体来看主要包含有驾驶员特征、车速车型、道路线形、天气因素、收费广场设计、交通诱导设施、收费通道配置及收费模式等[41-47]。基于此,现有的关于收费站安全评价方面的研究方法主要有:基于历史事故统计的直接安全评价和基于交通冲突技术与仿真结合的间接安全评价等。

基于历史事故统计的直接安全评价方法,主要采用事前-事后的交通事故统计数据,进行收费站的交通安全评价,存在数据获取难度大、小样本、长周期等缺陷,受限于此,尤其是国内学者开展相关研究极其困难,相关成果也极少。张敏等人以灞桥和临潼两个主线收费站为例,选择收费广场渐变率、收费站服务水平和收费广场入口段纵坡作为模型参数,以及以年交通事故发生次数为模型的标度,通过样本数据的回归分析建立高速公路收费站安全评价及预测模型[48]。Abuzwidah等人选取了佛罗里达州750多英里(1 mile=1.609 km)收费公路上的近百个主要收费广场自2003—2014年共12年的事故数据，采用包括经验贝叶斯方法在内的各种研究方法进行前后对比，考察了从传统主线收费站或混合式收费站过渡到全 ETC 收费站的交通安全状况，结果表明，全 ETC 收费站系统显著改善了所有事故类别的交通安全[41,43]。Abdelwahab 等人利用佛罗里达州中央高速收费公路 1999 年和 2000 年收费站交通事故统计报告，运用多层感知器神经网络、径向基函数神经网络及 Logit 模型建立了收费广场交通事故发生点模型和驾驶员伤害程度模型，分析了影响收费广场安全的因素[49]。香港特别行政区政府运输署通过在通往隧道收费广场的引道路面上设置反光道路标记和龙门式标志引导自动收费车辆车道选择行为，并采用事先事后分析法发现：在显著性 0.05 水平下，总体变道率显著降低了 23%，合流冲突数显著降低了 44%，事故数也显著降低了 38%[50]。

基于交通冲突技术与仿真结合的间接安全评价方法，具有大样本、短周期、高信度的统计学优势，通过交通仿真定量测定统计"准事故"的严重冲突数，实现快速评价与预测。Bartin 提出一种结合强化学习和遗传算法的机器学习技术，将其应用于收费广场微观仿真模型中模拟驾驶员的车道选择行为，并利用 Paramics 仿真软件进行了实验分析。结果表明，与最小排队车道选择、最小风险车道选择、随机车道选择和基于多项式 probit 模型的车道选择行为相比，基于智能体的收费车道选择决策在延迟和碰撞风险方面具有更优的效果[51]。Hajiseyedjavadi 等人通过 VISSIM 与 SSAM 微观仿真，对不同收费站车道结构配置的安全性进行研究，证实了微观仿真方法研究收费站安全性的可行性。研究结果显示，当收费站全为 ETC 车道配置时最安全，其次为 ETC 以及组合车道配置（ETC 和现金通用车道），再次为 ETC 车道和现金车道之间共同边界较少的车道配置[52]。Menta、Mohamed、Qian 等人通过分析收费站车辆的追尾、侧碰等交通冲突，构建交通安全评价模型[53-55]。Valdés 等人利用驾驶模拟器仿真，对比分析了路侧式和悬挂式两种标志及相应车道设置方式下的驾驶行为，通过对换道、加速时噪声的测量，考察了意外变道、突然停车和可变速模式等情形，得出后者比前者更有效提升了安全水平，但缺少了标志位置的设置对驾驶安全的影响的分析[52,56]。McKinnon 通过 VISSIM 对不同车道配置的收费站进行仿真，研究指出，服务时间的减少和排队时间的缩短会促使司机在收费站的换道行为，从而带来安全风险[57]。

国内学者孙博将收费站交通冲突分为车辆换道冲突和追尾冲突两大类，选取包茂高速曲江收费站为研究对象，运用 VISSIM 和 SSAM 软件对收费站仿真模拟，选取显著性在 95% 水平以上的因素作为自变量进行回归分析，构建交通冲突预测模型，并采用灰色聚类评价方法以车道交通冲突率为评价指标对收费站进行了安全评价[58]。张剑桥等人基于交通冲突分析和仿真，对比不同交通量、ETC 车道设计车速、ETC 利用率、MTC 误入率、ETC 车道比例下收费站交通安全[59]。董谦、闫雪彤、张莹等人基于元胞自动机、车辆多体动力学和 VISSIM 等技术手段，从不同侧面、多角度进行了收费站安全仿真研究[60-62]。

1.2.4 收费站行车安全机理研究

以往研究多从收费站车道设置、标志布设及车辆间的交通冲突角度进行收费站行车安全研究,很少有从人-车-路耦合系统的视角开展收费站区域的行车安全研究。但基于车辆多体动力学分析研究高速公路路段的安全行车速度等相关文献较为丰富,可为本书的研究提供思路借鉴。因此,基于 Adams/Car 与 Matlab/Simulink 联合仿真实验的方法进行车路耦合动力学建模,从主动安全分析的视角,探究车辆在匝道收费站区域的行车安全,这将是本书重点研究内容之一。

一些学者基于车辆动力学仿真开展了道路行车安全方面的研究,程洪杰等人利用 Adams/Car 平台建立了包含制动系统、悬架系统、转向系统等的整车动力学模型,并以 60 km/h 初速度紧急制动工况的路试实验,对模型进行了可靠性验证,提出利用 Adams/Insight 优化制动管路压力分配系数方法和制动力协调控制关系优化方法以改善整车 100 km/h 紧急制动的制动性能[63]。蒋工亮等人以多体动力学仿真软件 Adams 为平台,建立了车辆模型、道路模型、车-路耦合模型、车辆行驶过程仿真试验模块和车辆安全状态识别模块,并开发了高速公路车-路条件下安全速度仿真识别系统,对高速公路合理限速值的确定方法进行了研究[64]。王传连等人运用 TruckSim 仿真软件建立大型车辆整车动力学模型、道路场景模型和驾驶人控制策略模型,从装载质量和道路附着系数两个方面分别设计实验进行仿真,分析车辆在弯道路段发生侧滑、侧翻的影响因素及其影响程度[65]。Si 基于 Adams 建立了车辆模型、道路模型、车辆与道路耦合模型,研究了雨天、晴天、干旱等不同天气情况下的车辆行驶安全性[66]。

徐进等人通过构建人-车-路协同仿真系统,在 3 条复杂山区道路上开展代表性驾驶模式的大客车和重载货车虚拟行驶试验,根据仿真输出的车辆运动学/动力学响应参量和驾驶输入量,进行了设计符合性、车辆通过性、运行速度协调性、行驶舒适性以及驾驶负荷度等 5 个方面的检验分析[67]。何仁等人通过构建风险场力作用机制,建立包含驾驶人特性、自车特性和外部风险特性的人-车-路闭环系统中的驾驶人风险响应度模型,用于表征驾驶人对风险的认知能力和应对倾向[68]。姜利等人提出基于人-车-路虚拟试验的冰雪道路平曲线段行车安全分析方法[69]。贺宜等人根据道路环境激励载荷对车辆侧向动力学的影响,建立了车路环境耦合动力学模型,结果显示该模型具有良好的准确度,并实例分析了在道路环境激励载荷作用下车辆侧向动力学响应特性[70]。赖延年等人围绕公路设计阶段人、车、路三大交通安全性影响因素,引申建立相应评价指标,对各指标的评价标准进行了安全性讨论[71]。

1.2.5 收费站 ETC 推广策略研究

如前文所述,众多研究已经证明 ETC 对于提升高速公路收费站区域的行车安全具有重要的作用,而 ETC 应用普及率的高低直接影响到能否充分释放其预期效用。同时由于建设 ETC 车道及配套基础设施的投入巨大,若 ETC 车道的利用率过低,则不能有效提升收费站的管理水平，反而容易造成 MTC 车道的拥堵。为此，对 ETC 系统采纳意愿的影响因素研究得到了业界学者的关注。

早期研究重点关注的是出行特征、ETC 价格以及对 ETC 收益认知等因素对采纳行为的影响。如 Jou 等人的研究认为影响 ETC 应用大面积推广的主要原因是消费者的出行行为特征，例如短距离出行、低高速公路使用频率以及非高峰时间出行等[72-74]。Holguín-Veras 等人对货运承运人的 ETC 采纳行为研究发现，对 ETC 特征的认识，通过车辆使用收费站的频率和商业属性等起到了重要的作用[75]。Holguín-Veras 另一篇文献研究结果表明，乘用车用户对感知经济利益（费用节省和收费折扣）比较敏感，而对节省时间的认知显示出较低的认同[76]。Levinson 等人的研究则认为时间延误、价格水平和安装车载单元（On-Board Unit, OBU）的花费是影响消费者选择 ETC 的因素，且 OBU 的安装费用是最核心的影响因素[77]。Heras-Molina 等人通过对西班牙城市间收费公路用户的调查，利用二元逻辑回归模型，探究了影响用户选择 ETC 的因素，结果显示用户的出行属性是影响用户使用 ETC 的关键核心因素，而用户的社会经济特征仅起到了有限的作用，同时如果实施 OUB 免费安装的政策会显著地提升用户采用 ETC 系统的意愿[78]。

后续，一些学者从 ETC 的技术特征、媒体印象和隐私安全等角度探讨了影响消费者采纳 ETC 的因素。如 Chen 等人结合计划行为理论（Theory of Planned Behavior, TPB）和技术接受模型（Technology Acceptance Model, TAM）对影响 OBU 安装和 ETC 服务采纳的因素进行了分析，并提出了一些提高 ETC 普及率的建议[79]。Jou 等人对 TAM 和 TPB 进行了扩展，加入了印象改变、政府态度和风险三个维度，探讨了 ETC 用户和非 ETC 用户对 ETC 采纳意愿的影响，并采用结构方程模型验证了印象改变直接或间接地显著影响用户对 ETC 的采纳意愿[80]。此外，消费者对于可能存在的信息泄露和隐私安全的关注，也会对用户在决策采纳 ETC 产生负面效应[81-83]。

1.2.6 研究现状述评

通过对国内外研究现状的梳理，可以发现已在收费站通行能力及水平、交通特性、安全评价、ETC 推广策略等方面取得了丰硕的成果，为本书的相关研究提供了坚实的理论基础，也有力推动了收费站的交通安全和运营水平的提升，但仍存在一些关于收费站行车安全及管理优化的问题，还值得进一步深入研究。

（1）缺乏收费站区域关键设计参数对道路行车安全影响的相关研究。不合理的收费站关键参数设计（如收费站的线形或线形组合、渐变段渐变率、车道规模与布局以及标志标线布设等），会降低收费站通行能力，甚至增加事故风险。而我国收费站设计建造主要是参考《公路立体交叉设计细则》（JTG/T D21—2014）中的相关指标，尚未有明确的依据收费站区域特征的设计规范，尤其是在保障行车安全前提下的收费站区域圆曲线半径大小的确定，也缺乏科学理论依据。此外，大多数收费站属于 ETC 和 MTC

混合收费站,对于高速行驶的车辆驾驶员来说面临着更加复杂的道路行车环境,如何科学设置 ETC 车道指示标志的安全距离,保障行车安全,十分重要,但现有研究鲜有针对这一问题的相关成果。

(2) 传统收费站交通流特性研究存在数据采集手段和数据维度不够丰富及数据精度低的问题,难以有效对收费站区域交通流微观特性进行研究,如换道特征、车辆速度及横纵向加减速度等,且相关研究主要集中在收费站的分区,缺乏对收费站上下游区域整体性的交通流特征研究,特别是随着省界收费站的取消,大量与城市道路连接的收费站或匝道收费站的交通特性研究明显不足。

(3) 基于历史事故数据分析、数学模型及软件仿真的方法是现有收费站安全研究的主要途径,但存在事故数据获取困难、模型前提假设较多及仿真环境真实性等方面的缺陷,缺乏真实自然驾驶环境下从微观和动态的角度对收费站区域交通冲突特征及规律的研究,尤其是在综合考虑安全和效率的前提下,收费站多种不同类型的交通特性对收费站安全影响机理的研究亟待进一步深入。

(4) 收费站区域作为高速公路的一个复杂交通节点,影响其安全性的事故风险致因纷繁众多且共同对收费站区域道路行车安全产生作用。以往研究多从收费站车道设置、标志布设及车辆间的交通冲突角度进行收费站行车安全研究,很少有从主动安全分析的视角,基于人-车-路构成的复杂系统,通过对车辆动力学关键动态响应指标的分析,开展收费站区域的行车安全研究。

(5) 尽管 ETC 对于提升收费站的通行能力和行车安全水平具有重要的作用,但其应用普及率的高低却直接影响到能否充分释放其预期效用。目前,国内外已有一些关于 ETC 采纳意愿影响因素的成果,但其较多的只关注出行特征和 ETC 产品的经济属性等方面对采纳意愿的影响,而对影响采纳意愿的另一个重要方面——消费者的社会心理因素层面的研究较少,消费者个体和群体关系会对 ETC 采纳意愿产生什么样的影响需进一步明确。

此外,多数地区 OBU 的安装费用已经通过政府补贴或营销组合等方式不再需要消费者承担,因此,以往研究中关注的核心——OBU 的价格因素影响将不再是主要矛盾。同时,目前 ETC 车道高覆盖率和低使用率的现状,在电子支付方式普及的中国,消费者对 ETC 的态度及关注的核心因素是否已经发生改变,如对 ETC 的绿色价值及安全性问题的认知等,亦值得进一步探索。

1.3 研究内容与技术路线

1.3.1 研究内容

(1) 收费站区域关键设计参数与事故风险致因研究。首先,考虑不同条件对收费站区域行车安全的影响,构建不同场景下的收费站圆曲线半径计算模型,并与规范和标准进行对比分析。其次,确定收费广场长度与宽度,并对车道类型及布局、ETC车道布设位置以及收费车道配置策略进行分析。再次,根据收费站区域驾驶员标志视认及驾驶行为特征,并结合换道需求所需的安全时间和空间,对ETC前置指示标志的位置设置进行数学建模与实证分析。最后,基于人-车-路环境因素定性阐释收费站区域行车事故风险机理。

(2) 基于车辆微观轨迹提取的收费站区域交通特征研究。首先,利用一种新型的基于视频识别技术的车辆轨迹自动提取算法框架,获取车辆在不同特征路段区间内的完整行驶轨迹等车辆微观信息。其次,在此基础上,以与城市道路衔接的收费站为例,从速度特征、换道特征、加速度特征、时间特征、车道选择特征等方面探究收费站上下游区域不同特征路段的交通流特性。

(3) 基于交通冲突特征分析的收费站区域安全评价与优化策略研究。首先,基于一种改进的交通冲突测量模型,在MATLAB中设计基于车辆微观轨迹数据的交通冲突自动提取算法,实现对区域空间内车辆行车安全的状态识别。其次,基于VISSIM+SSAM构建多场景下收费站上下游区域交通冲突仿真分析模型,研究收费站区域相关参数与交通冲突和通行效率的关系及影响机制。

(4) 基于车路关键动态响应特征的收费站行车安全研究。首先,通过构建轮胎-路耦合动力学模型、控制系统模型和收费站道路三维模型,建立基于虚拟样机技术的车路耦合环境下的联合实时在线仿真试验系统。其次,选取车路耦合关键动力学响应参数作为收费站匝道标准极限的动力学一致性分析指标,并进行一致性判定。最后,利用获得的动力学一致性分析指标,对选取的收费站区域行车安全进行案例分析。

(5) 考虑感知安全风险和自我概念的收费站ETC推广策略研究。首先,选取ETC用户和非ETC用户作为研究对象,构建ETC用户/非ETC用户持续使用意愿/使用意愿影响因素作用机理研究的概念模型。其次,提出研究假设,完成调查数据采集,并进行数据统计分析与模型验证。最后,探讨感知安全风险和自我概念因素的调节效应和技术特征因素的中介效应机制,提出收费站ETC管理优化与推广策略。

1.3.2 技术路线

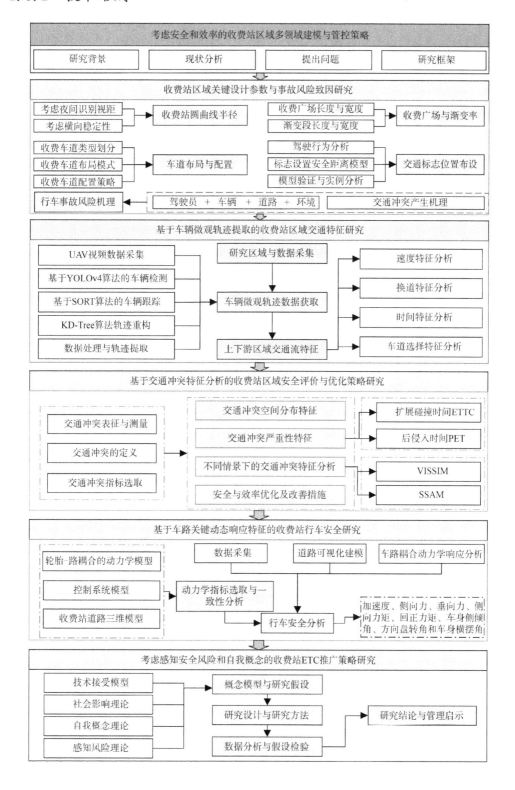

1.4　本章小结

本章对收费站关键设计参数、收费站交通特征与交通冲突理论、收费站安全风险致因与评价、收费站行车安全机理、收费站 ETC 推广策略等内容的国内外研究现状进行了详细梳理,针对现有研究存在的问题及不足,搭建了本书的研究框架和技术路线。

第二章
收费站区域关键设计参数与事故风险致因研究

收费站是高速公路系统的重要组成部分,本章将收费站区域界定为由收费站上下游连接路段、渐变段、收费广场、收费通道等构成的区域。收费站区域关键参数科学合理的设计,对于提升收费站通行能力、减少污染物排放,降低交通冲突和提升行车安全等至关重要。因此,本章首先对收费站区域线形及圆曲线最小半径、收费广场规模与渐变段渐变率、车道布局与配置以及交通标志位置布设等关键设计参数进行分析;其次,对收费站区域行车事故风险致因及发生机理进行分析。相关工作可为收费站区域交通组织优化与安全管理提供参考,也是后续章节的重要理论基础。

2.1 研究背景

根据收费站在高速公路中布设位置的不同,其类型主要分为主线收费站和匝道收费站两类。主线收费站一般位于高速公路主线直线段上,具有交通量大、行车速度快的特点;匝道收费站一般位于高速公路沿线出入口或高速公路互通区。收费站线形和规模等关键参数往往受到地理位置和交通量等因素制约,呈现出较为多样的形态,见图2-1。特别是一些不合理的收费站关键设计参数,如收费站的线形或线形组合、渐变段渐变率、车道规模与布局以及标志标线布设等一些核心要素,会降低道路的通行能力,甚至增加道路交通事故的风险,从而造成难以预计的损失。

根据《公路路线设计规范》(JTG D20—2017,以下简称《规范》)、《公路工程技术标准》(JTG B01—2014,以下简称《标准》)等设计要求,收费站线形设计与布局既要满足收费站各种功能所需的空间和使用需求,同时要兼顾经济性、安全性、舒适顺畅等原则。目前,我国收费站线形设计主要参考《公路立体交叉设计细则》(JTG/T D21—2014)中的相关指标,尚未有明确的依据收费站区域特征的设计规范。除此之外,对于匝道收费站还应重点考虑从收费站出口到连接道路的距离,以避免因连接路段处滞留的车辆过多而对主线交通流和交叉口通行效率造成影响。因此,本章首先在收费站区域线形设计影响因素分析的基础上,对收费站的平面线形和横断面指标等进行分析,确定收费广场规模及渐变段渐变率,分析车道布局与配置特点,建立 ETC 车道指示标志设置的安全距离模型,并与《规范》和《标准》进行比较研究;其次,就收费站区域交通事故风险的影响因素及发生机制进行初步探讨,一方面为后续章节的研究奠定了基础,另一方面也可为收费站建设及改扩建工程应用等提供理论与实践指导。

图 2-1　收费站区域平面线形示意图

2.2　收费站区域圆曲线最小半径设计

理想情况下,在地理空间等条件良好时,收费站区域平面一般宜采用直线线形。当收费站设置在圆曲线路段时,需要合理设计平面圆曲线最小半径长度,以保障道路线形顺畅,为驾驶员提供安全舒适的行车环境(图 2-2)。通过对工程实践经验和相关理论的梳理,影响收费站平面线形设计的因素主要有收费站平面线形的顺畅性、车辆行驶横向稳定性和视距等。本节将在分析上述收费站线形设计影响因素基础上,基于不同的环境场景建立相应的计算模型,并与《规范》和《标准》进行对比分析,为收费站线平面线形参数确定提供理论分析与设计参考。

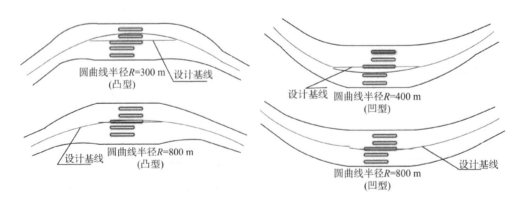

图 2-2　收费站区域圆曲线半径设计图

2.2.1 收费站区域圆曲线最小半径指标的影响因素

2.2.1.1 布设位置对收费站区域圆曲线最小半径的影响

当收费站设置在圆曲线上时,收费站区域平面线形的平顺程度对道路行车轨迹连续性和驾驶员的操纵舒适性、安全性影响较大。此外,收费站作为一个复杂的道路交通节点,合理的平面指标设计也可以减少对周围环境的影响。而道路线形平顺性与圆曲线半径大小密切相关,半径过小将使得收费站渐变段和收费广场区域线形变化剧烈,造成车辆轨迹变化幅度较大,影响车辆从基本路段过渡到收费站渐变段的行车安全。因此,需要结合收费站特征,合理设计收费站区域的平面线形和控制圆曲线半径的大小,以满足《规范》要求和车辆安全行驶条件。

此外,圆曲线的测量与施工也对道路行车安全有一定的影响[84]。例如,已知 R 为圆曲线半径,α 为线路转角,JD 为交点(转角点),ZY 为直圆(圆曲线起点),QZ 为曲中(圆曲线中点),YZ 为圆直(圆曲线终点),见图 2-3,则圆曲线测设的几何要素及计算式如下:[84]

$$切线长:T = R\tan\frac{\alpha}{2} \quad (2-1)$$

$$曲线长:L = R\alpha\frac{\pi}{2} \quad (2-2)$$

$$外距:E = R\left(\sec\frac{\alpha}{2} - 1\right) \quad (2-3)$$

$$切曲差:D = 2T - L \quad (2-4)$$

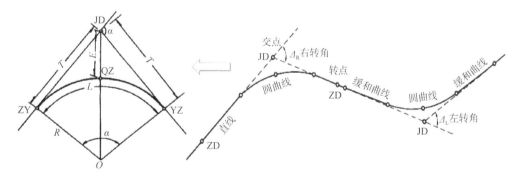

图 2-3 圆曲线测设的几何要素

2.2.1.2 横向稳定性对收费站区域圆曲线最小半径的影响

车辆行驶在布设于圆曲线上的收费站区域时,需要保证车辆行驶横向稳定性。横向稳定性主要取决于横向力系数 μ,值越大车辆稳定性越差。μ 为横向力与竖向力的比值,由离心力 F 和重力 G 决定。将离心力 F 和车辆重力 G 分解为平行于路面的横向力 X 和垂直于路面的竖向力 Y,横向力 X 和竖向力 Y 是反映汽车行驶稳定性的两个重要因素,即横向力是不稳定因素,竖向力是稳定因素[85-86]。采用横向力系数来衡量车辆行驶稳定性程度,其意义是单位车重的横向力,见图2-4。

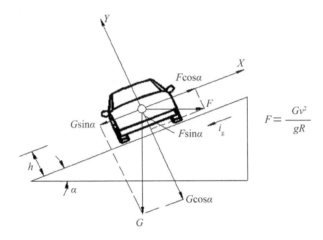

图2-4 车辆在圆曲线路段行驶时的离心力 F

由图可知:

$$X = F\cos\alpha - G\sin\alpha \tag{2-5}$$

$$Y = F\sin\alpha + G\cos\alpha \tag{2-6}$$

由于路面横向倾角 α 一般很小,因此 $\sin\alpha \approx \tan\alpha = i_h$,$\cos\alpha \approx 1$,$g$ 为重力加速度,i_h 为横向超高坡度或路面横向坡度,则有:

$$X = F - Gi_h = \frac{GV^2}{gR} - Gi_h = G\left(\frac{V^2}{gR} - i_h\right) \tag{2-7}$$

根据横向力系数定义有:

$$\mu = \frac{X}{G} = \frac{V^2}{127R} - i_h \tag{2-8}$$

式中:μ 为横向力系数;V 表示行车速度,单位是 km/h;R 为圆曲线半径,单位是 m。

车辆在收费站区域行驶时,在横向力作用下,轮胎由于弹性会产生横向变形,使轮胎的中间平面与轮迹前进方向形成一个横向偏移角 δ,从而增加了驾驶操纵的困难,见图2-5。为避免车辆在圆曲线上行驶时发生横向滑移甚至倾覆,至少需要满足:$\mu \leqslant \varphi_h$。φ_h 为横向附着系数,其与车速、路面类型及状态、轮胎状态等有关[87-88]。由此可得到圆曲线最小半径 R 的计算公式,即:

$$R_{\min} = \frac{V^2}{127(\mu \pm i_h)} \tag{2-9}$$

式中:V 为行车速度,km/h;μ 为横向力系数;i_h 为路面横向坡度;+指在圆曲线

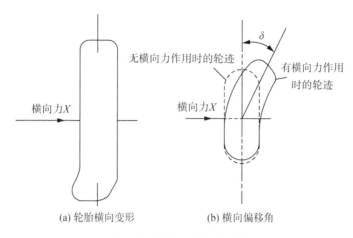

(a) 轮胎横向变形　　(b) 横向偏移角

图 2-5　轮胎的横向偏移角

外侧车道行驶，一指在圆曲线内侧车道行驶。

2.2.1.3　识别视距对收费站区域圆曲线最小半径的影响

《规范》中对于圆曲线半径的计算只考虑了车辆安全行驶的力学因素，没有考虑安全行车所需的平面视距因素限制，且主要针对车辆在白天运行状况下的圆曲线半径。车辆在行驶临近收费站时，驾驶员需及时发现前方收费站及交通状况，以便采取措施使得车辆在到达收费站渐变段入口处达到驶入标准。在此过程中，收费站区域道路平面线形设计需满足驾驶员识别视距的要求。因此，本书选取识别视距作为控制收费站区域圆曲线半径的因素是必要的。相应的平面线形设计必须优先保障驾驶员视距良好、视野开阔，即使在最不利的情况下也必须满足识别视距的要求。

关于识别视距，有学者建议应取大于 1.25 倍的主线停车视距作为极限值[89]，但并未给出明确的适用场景和理论来源。根据停车视距概念可知，停车视距是道路路段中的一个"弧"，而非道路两点间的直线距离[90]。同时，停车视距不足的路段易发生在竖曲线半径较小的凸曲线、小半径圆曲线的右侧净距不足，或者有道路中分带护栏、防眩树遮挡的行车道左侧[91-94]。此外，大量统计数据表明，夜间行车安全风险、事故率及危害性都远高于白天[95]，因此，本书选取最不利情况下，即夜间车辆在最外侧车道行驶，土路肩护栏遮挡视线的情况下的收费站区域圆曲线最小半径，具体示意见图 2-6 阴影区域部分。

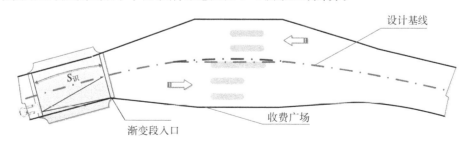

图 2-6　收费站区域平面视距示意图

2.2.2 不同因素影响下的收费站区域圆曲线最小半径计算模型

2.2.2.1 考虑横向稳定性的收费站区域圆曲线最小半径计算

《规范》规定主线收费站横坡设计范围一般应控制在1.5%～2%之间，通常设计成双向横坡形式，以满足排水要求。由上文分析可知，收费站圆曲线最小半径应满足外侧车道反向横坡车辆行驶安全性与舒适性，即横向力系数要满足行车安全舒适的要求。因此，主线收费站区域的圆曲线最小半径可考虑不设超高的最小半径。

(1) 横向力系数及安全性评价

对于横向力系数μ的确定，《规范》中主要从乘客舒适度角度进行了定性分析，见表2-1，μ是圆曲线半径确定的基本参数，极限值不超过路面横向摩阻系数[96]。实际上μ是一个在车辆运行过程中的随机变量，受车型、车速、道路条件、轮胎材料及载荷等多种因素的综合影响，并且作用在轮胎上也呈现出不同的分布规律[97]。美国国家公路与运输协会在进行大量的测试与统计分析研究后，建立了最大横向力系数的计算模型[98]，见式2-10。需说明的是：此处的最大横向力系数并不是横向力系数的极值，实际行车情景中的横向力系数还与路面摩阻系数密切相关。

$$\mu_{\max} = 0.33 - 2.69 \times 10^{-3} V + 0.84 \times 10^{-5} V^2 \quad (2-10)$$

式中：$\mu_{\max}$为车辆行驶速度为V时的最大横向力系数，道路安全性评价可通过比较理论运行车速下的横向力系数与最大横向力系数的大小来进行。当$\mu < \mu_{\max}$时，能够保证车辆行驶安全；当$\mu > \mu_{\max}$时，不能提供车辆安全行驶所需的横向力系数，容易发生侧滑甚至侧翻的风险，不利于行车安全。具体的范围为：$\Delta\mu = \mu_{\max} - \mu \geq 0.01$，道路条件为优，车辆行驶安全；$-0.04 < \Delta\mu = \mu_{\max} - \mu < 0.01$，道路条件一般，车辆行驶较安全；$\Delta\mu = \mu_{\max} - \mu \leq -0.04$，道路条件较差，车辆行驶安全性较差[99]。横坐标为设计速度，纵坐标为横向力系数值，根据式(2-10)和式(2-8)进行理论计算，见图2-7，对比结果分析可知$\Delta\mu$均大于0.01，说明我国《标准》中对横向力系数的确定是合理的。

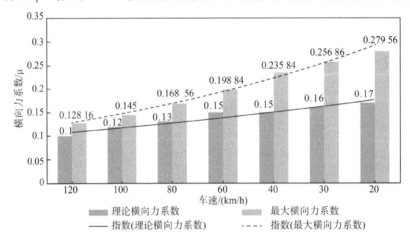

图2-7 横向力系数与车速的关系

表 2-1　横向力系数与行车稳定性、舒适度的关系[100]

影响关系	μ 取值范围	影响程度
稳定性	0.15~0.16	干燥与潮湿路面均可以较高速度安全行驶
稳定性	0.07	结冰路面也能安全行驶
舒适性	<0.10	没感觉到有曲线存在,很平稳
舒适性	0.15	稍微感觉到有曲线存在,尚平稳
舒适性	0.20	已感觉到有曲线存在,稍微不稳
舒适性	0.35	感觉到有曲线存在,感到不稳定
舒适性	0.40	非常不稳定,有倾覆感出现

（2）考虑横向稳定性的收费站区域圆曲线最小半径计算

根据《规范》规定,本书将路拱横坡 1.5% 和 2% 作为不设超高的横坡控制值。此条件下,道路内侧车道行驶的车辆由路拱提供超高,对于外侧车辆则存在反超高或负超高,由于不设超高的圆曲线半径通常较大,需用来抵消横向离心力和反超高的横向摩阻力。因此,不同设计车速下的横向力系数,在路拱横坡为 1.5% 时,横向力系数的均值在 0.033 左右,范围为[0.029,0.038];在路拱横坡为 2% 时,横向力系数的均值在 0.044 左右,范围为[0.032,0.051]。由式(2-9)可计算得到相应的不同车速条件下的最小圆曲线半径,以保证线形能够满足一定速度范围内的车辆行驶安全性和舒适性的要求,见表 2-2。结果显示,考虑横向稳定性因素在现有的标准体系中得到了较高的重视,此处仅限于初步理论分析,具体结合研究背景的深入探索在第五章中展开,从车辆动力学的角度来对现有的标准参数值进行分析与验证。

表 2-2　考虑横向稳定性的圆曲线半径

设计车速/(km/h)		120	100	80	60	40	30	20
横向力系数	路拱横坡(1.5%)	0.038	0.037	0.035	0.033	0.030	0.029	0.029
横向力系数	路拱横坡(2.0%)	0.051	0.049	0.046	0.045	0.043	0.040	0.032
本书计算的最小半径/m	路拱横坡(1.5%)	2 608	1 732	1 008	510	189	99	44
本书计算的最小半径/m	路拱横坡(2.0%)	3 515	2 283	1 310	709	290	142	38
规范值/m	路拱横坡(≤2.0%)	5 500	4 000	2 500	1 500	600	350	150

2.2.2.2　考虑夜间识别视距的收费站区域圆曲线最小半径计算

（1）识别视距与圆曲线半径的关系

驾驶员夜间驶临收费站渐变段过程中,当转角较大但圆曲线半径较小时,驾驶员的水平视野受车前灯水平散射角的限制,且驾驶员水平视野不超过车前灯水平散射角。为保障驾驶员在收费站渐变段入口处的行车安全,圆曲线半径至少应保证驾驶员在识别视距范围内的要求,见图 2-8。

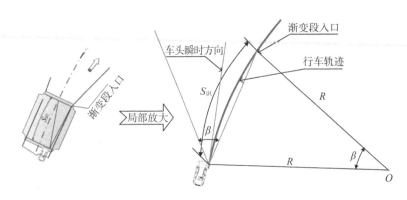

图 2-8 识别视距与圆曲线半径的关系

由图 2-8 中的几何关系可得：

$$S_{识} = R \frac{\pi \beta}{180} \quad (2\text{-}11)$$

式中：$S_{识}$ 为识别视距，m；R 为车辆行驶在圆曲线上的轨迹半径，m；β 为车前灯计算水平散射角，°。

(2) 相关参数的确定

关于车前灯计算水平散射角 β：美国汽车工程师学会(Society of Automotive Engineers, SAE)规定是 24°，欧洲经济委员会规定是 10°，目前国内尚未有具体的规定。交通运输部公路科学研究院结合人视觉遮光要求、车前灯几何可见角和会车时眩光影响等因素，通过大量的野外试验，确定了车前灯计算水平散射角应是防眩设施遮光角的 2 倍，认为车前灯计算水平散射角 16°是合适的。综合远光灯发光面可见度、防眩设施遮光角并结合国外的经验，本书选取车前灯计算水平散射角 $\beta = 16°$。

关于识别视距的极限值 $S_{识}$：规范中建议值是 1.25 倍的停车视距并给出了不同车速下的停车视距。由于车辆在驶入渐变段入口时，无须停车只要达到渐变段的限速驶入标准即可，通过驾驶员从识别收费站至驶入渐变段入口，这一阶段的反应、行动过程分析可知，主要有反应时间行驶距离(S_1)和车辆减速调整距离(S_2)。因此，需要保证安全识别视距以给驾驶员提供足够的决策时间和行动距离。基于此，本书定义极限(安全)识别视距 $S_{识}$ 的计算模型如下：

$$S_{识} = S_1 + S_2 = \frac{V_1}{3.6} t_1 + \frac{V_1^2 - V_2^2}{254(\varphi + i)} \quad (2\text{-}12)$$

式中：S_1 为反应时间行驶距离；驾驶人在发现前方指示标志或者特殊路段时，将视觉接收的信息传输到中枢神经，经处理后传送给肢体，然后进行驾驶行为决策，这一过程通常为 2.5 s 左右[91]，考虑到夜间行车驾驶员视认和动态视觉迟钝的影响，本书将 t_1 确定为 3 s；V_1 为初始驾驶速度，km/h。

S_2 为车辆减速调整距离,与车辆驶入渐变段调整前后的行车速度(收费广场限速:$V_1=V_2=20$ km/h)有关,此外,还与路面附着系数 φ 和道路纵坡度 i 有关。结合《规范》并考虑收费站处的一般情况,取 $\varphi=0.6,i=0.02$。车辆减速调整距离用以保证驾驶员有足够的空间来进行安全减速操作[101]。

(3) 考虑夜间识别视距的收费站区域圆曲线最小半径计算

基于以上分析,考虑夜间识别视距的收费站区域圆曲线最小半径计算公式如下:

$$R_{\min}=\frac{180\times S_{识}}{\beta\pi}=\frac{180\times(S_1+S_2)}{\beta\pi}=\frac{180\times\left[\frac{V_1}{3.6}t_1+\frac{V_1^2-V_2^2}{254(\varphi+i)}\right]}{\beta\pi}$$

(2-13)

将相关参数代入式(2-13)中,可得不同初始速度下的收费站区域圆曲线最小半径,见表2-3。

表2-3 考虑夜间识别视距的收费站区域圆曲线最小半径

设计速度/(km/h)	120	100	80	60	40	30	20
停车视距/m	210	160	110	75	40	30	20
本书中的识别视距/m	189	144	105	70	41	28	17
《规范》中一般最小半径/m	1 000	700	400	200	100	65	30
《规范》中极限最小半径/m	650	400	250	125	60	30	15
考虑夜间视距的最小半径/m	675	515	374	251	146	101	59

从表2-3中可以发现,考虑满足夜间视距的收费站区域圆曲线最小半径均大于《规范》中的极限最小半径,且在速度为60 km/h和80 km/h的情况下最为明显,差距分别达到了126 m和124 m。在设计速度低于80 km/h时,考虑夜间识别视距的圆曲线最小半径甚至呈现出比《规范》中一般最小半径值还大的特征,这反映出《规范》中这一指标制定过程中忽视了夜间安全行车视距对收费站圆曲线最小半径控制的重要影响,给夜间收费站区域的行车安全带来了较大的风险。

匝道收费站线形尚未有明确的设计要求,一般参照互通式立交匝道设计标准。《公路立体交叉设计细则》(JTG/T D21—2014)、《公路几何设计细则》中规定,匝道收费站采用的圆曲线半径一般应不小于200 m,竖曲线半径一般应大于80 m。同时,在收费广场中心线两侧50~100 m范围(设计车速不同情况下),横坡范围应控制在1.5%~2%之间,纵坡原则上不得大于2%,特殊情况下不得超过3%。同时,收费站线形设计还涉及纵坡与竖曲线半径等纵断面指标以及不同线形间的合理衔接等,如图2-3所示。考虑地理条件限制,收费站设置在竖曲线上时主要考虑竖曲线半径和竖曲线长度的合理性。凸形竖曲线的视距条件较差,应选择适当的半径以保证安全行车的需要。凹形竖曲线的视距一般能得到保证，但由于在离心力作用下汽车会产生增重，因此，应选择适当的半径来使离心力不要过大，以保证行车的平顺和舒适。同时，将竖曲线与圆曲线恰当地组合将有利于路面排水和改善行车的视线诱导和舒适感。

2.3 收费广场规模与渐变段渐变率

2.3.1 收费广场长度与宽度

收费广场区域是供收费等基础设施，如收费通道、收费岛、天棚、收费机电设备等布设和车辆排队缴费的空间区域。如图 2-9 所示，收费广场等宽段长度为 L_2，该段路面宽度与收费广场中心线所需的宽度同宽，两端向路基标准宽度过渡。相关设计参数应保证线形过渡平滑、顺畅，以满足车辆行驶轨迹平顺和行车安全需要，也可根据工程实际需要因地制宜。《规范》中建议，主线收费站为收费广场中心线两侧各 50～100 m，推荐值 100 m 以上；匝道收费站为收费广场中心线两侧至少各 30～100 m，推荐值 50 m 以上。收费广场宽度由收费车道数、收费岛和路肩宽度等决定，受收费站交通量大小和设计服务水平的影响。同时，收费广场宽度与渐变段的渐变率控制也是密切关联的。

此外，收费广场的路面附着系数也是影响行车安全的一个重要因素，一般来说危险路段，路面附着系数应大于 0.6，良好路段应大于 0.45，在使用条件下，应大于 0.3[102]，见表 2-4。随着收费广场路面使用年限的增加及在恶劣天气等环境作用下，路面附着系数也会出现一定程度的下降，当路面附着系数小于要求的最小限度时，车辆行驶容易产生侧滑甚至侧翻，极易导致交通事故的发生。

表 2-4 不同路面条件下附着系数对比[102]

路面参数	路面类型			
	水泥混凝土刻槽	SMA-13	AK-13	彩色防滑路面
干燥，$\Delta F=0$	0.58	0.79	0.72	0.83
干燥，$\Delta F=3$	0.59	0.82	0.76	0.89
水膜 1 mm，$\Delta F=0$	0.41	0.59	0.54	0.63
水膜 2 mm，$\Delta F=0$	0.40	0.56	0.46	0.56
水膜 3 mm，$\Delta F=0$	0.39	0.53	0.44	0.54

注：ΔF 为温度修正值。

2.3.2 渐变段渐变率的确定

连接高速公路基本路段和收费广场的路面拓宽区域为收费站渐变段，其为进出收费站的车辆提供了驾驶行为调整的缓冲空间。渐变段渐变率的大小会影响车辆行驶轨迹的平顺性，合理设置渐变段渐变率能够有效提升车辆安全平稳进出收费站的能力。

如图 2-9 所示,渐变段渐变率为 S/L_1;S 为渐变段相较基本路段增加的道路宽度,m;L_1 为收费广场渐变段的长度,m;L_2 为收费广场等宽段长度,m。

影响渐变率的因素主要有地形条件、保障行车稳定性和安全视距等。在平原地区地理条件较好的情况下,渐变率的设置相对灵活一些,但也要考虑到建设成本和运营管理的经济性和方便性。在一些地形条件严格受限的山区则要重点考虑满足行车安全性的需要。渐变率的大小应保证车辆具备临近收费站前的安全驶入条件,渐变长度过短会造成驾驶员反应不及时、操作紧张及激进决策等情况的出现,不利于行车安全。同时渐变率的大小也应保证车辆在驶入收费广场前为驾驶员提供良好视野,以便驾驶员及时观察收费广场处的交通状态,选择合理的收费通道,平稳顺畅地进出收费站。

关于渐变率的取值范围,对主线收费站,《规范》中推荐 1/8~1/6 较为合适,对匝道收费站 1/6~1/4 为宜,最大渐变率不超过 1/3。工程应用中由于受地理因素等影响常出现收费广场过渡过陡的情况,造成车流过分集中于中央车道,收费广场外侧的通道不能得到很好的利用,在高峰期间甚至影响了主线或匝道的正常交通通行。特别是,随着我国 ETC 系统应用的深入推广,也要考虑未来在 ETC 车辆占比交通量达到一定程度以后,现有渐变率设计的适用性和安全性问题。

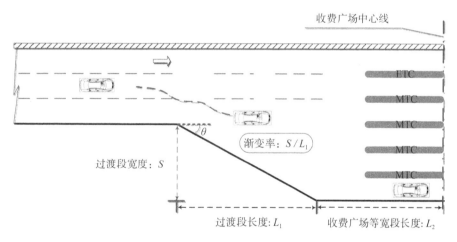

图 2-9 收费广场区域示意图

2.4 车道布局与车道配置

2.4.1 收费车道类型划分

按照收费方式不同,收费车道可分为人工收费(MTC)车道、电子不停车收费(ETC)车道、混合收费(MTC/ETC)车道和自由流收费车道等,见图 2-10。

(1) 人工收费(MTC)车道需要车辆停车等待,在收费员和相关收费配套设施的辅助下完成缴费过程,效率比较低。近年来随着移动支付应用的普及,国内众多的收费通道已经普遍支持微信或支付宝等电子支付手段,但在本质上仍需要停车完成缴费,对于提升收费车道通行能力作用有限。

(2) 电子不停车收费(ETC)车道是由信息化手段实现无须人工参与即可完成不停车收费的一种收费车道模式,但需要车辆预先安装车载设备,通过 OBU 与收费通道的信息交换,实现车辆的信息识别、费用计算和自动扣费与放行等,目前应用最为广泛。

(3) 混合收费(MTC/ETC)车道是适应不同交通环境下的一种应急应用模式,尤其是目前在国家大力推动 ETC 普及的背景下,仍有相当规模的车辆尚未安装 OBU,为动态调节收费站不同类型车辆的短时高峰缴费需求,仍有其存在的现实背景。

(4) 自由流收费车道是目前最先进的一种收费车道模式,目前在新加坡、日本和中国台湾地区等已有成功应用的经验。自由流收费车道可以使车辆通行不受物理障碍的影响,通过在路段门架上集成相应的通信设施即可实现一种真正意义上的无感支付车道,但相应地对技术及基础设施投入的要求较高。

(a) 人工收费车道

(b) 电子不停车收费车道

(c) 混合收费车道

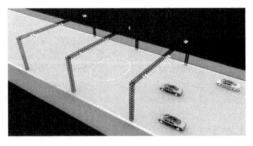

(d) 自由流收费车道

图 2-10 常见收费车道类型

2.4.2 收费车道布局模式

2.4.2.1 收费车道布局

依据收费站地理条件、交通流量及服务需求的不同,收费车道可以采用不同的布局方案以满足道路通行和收费站运营与管理的需要。常见的收费车道布设有单侧一体式、单侧分离式、卫星式和往复式等,相应的示意图见图 2-11。我国现有收费站应用得比较广泛的车道布局形式为单侧一体式和往复式两种类型。

（1）单侧一体式收费车道：ETC 车道和 MTC 车道平行并列设置，可根据不同类型车辆的交通流情况进行 ETC/MTC 车道数量的选定。由于收费广场前区域道路不分离，存在 ETC 车辆和 MTC 车辆混行，容易发生车辆冲突，造成刮擦、追尾、车道误入、强行换道与拥堵等不利后果，从而降低收费站的通行效率和增加安全风险。因此，此类型车道的设置适用于 ETC/MTC 车辆比例悬殊较大和地理环境条件受限较小的收费站。

（2）单侧分离式收费车道：ETC 车道和 MTC 车道分离，从而实现了 ETC 车辆和 MTC 车辆的分流，减少了收费站前段的交通冲突，有效地提升了收费站通行效率。但是对地理环境的要求较高，占地面积大，基础设施投入和建设成本也比较大。同时，需要驾驶员能够在收费站前的道路分流处，能及时、准确、平稳地驶入目标收费车道，从而提前完成 ETC 车辆和 MTC 车辆的分流。

（3）卫星式收费车道：也称穿行式车道，此类型车道布设的特点是出入口车道分开布置，沿前进方向分为前后两处，也可根据具体地理环境条件进行灵活设置，车道的后置部分要留适当空间供前面已完成缴费的车辆穿行。其优点是可以在地形条件受限较大的情况下合理利用地形进行布设，解决通行能力差的问题。但也存在交通组织结构复杂，需要设立专用的穿行车道。此类型车道较多适合于受限条件多、无法单纯依靠大面积征地拓宽的收费站。

（4）往复式收费车道：需要收费站中间的部分车道根据不同交通管理需求情况改变行车方向，以提高收费站总体通行能力和效率。该方式对交通标志和护栏等的设置及防护措施要求较高，需要驾驶员能够及时响应车道管理的变化环境，适用于早高峰和晚高峰时段车流量和车流方向发生明显变化的收费站。

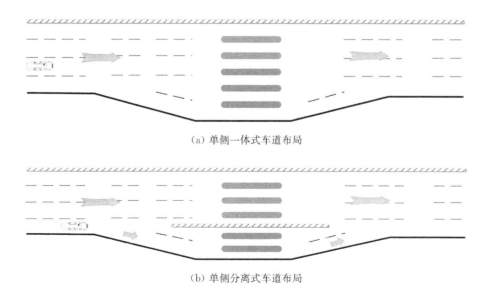

(a) 单侧一体式车道布局

(b) 单侧分离式车道布局

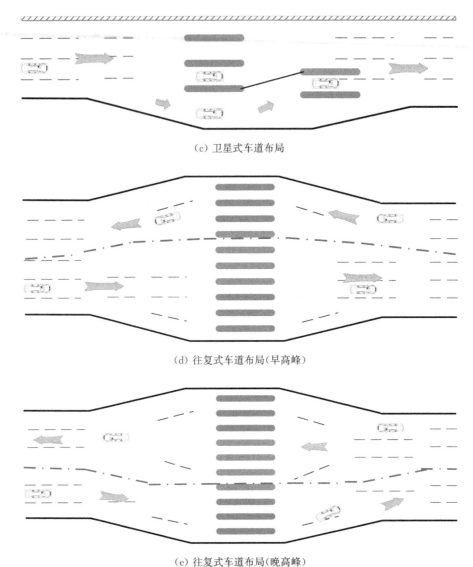

(c) 卫星式车道布局

(d) 往复式车道布局(早高峰)

(e) 往复式车道布局(晚高峰)

图 2-11 收费站车道布局类型示意图

2.4.2.2 ETC 车道布设位置

鉴于目前我国多数收费站是 ETC 和 MTC 车道混合布设,对 ETC 车道在收费站中的布设位置,可分为内置式、外置式和中置式三种常见类型,见图 2-12,应根据交通流及短时高峰需求等具体交通管理实际需要进行组合设置和动态调整。

(1) 内置式 ETC 收费车道:是将 ETC 收费车道布设在出、入口收费广场的最内侧,若需增加车道,则从内侧向外侧增加。其优点是 ETC 收费车道与收费站上游路段的高速公路行车道的线形连接自然,使 ETC 车辆可以以一个较高的车速通过收费站,减少与 MTC 车辆在收费站区域的交织。同时内置式 ETC 车道改造成双向 ETC 车道的成本较低,交通组织简单,可作为应对收费站潮汐车流的一种有效解决方案,有利于减少收费车道建设,节约成本。但如果上游路段没有明确的 ETC 车道指示标志引导或设置距离不够使车辆变道和减速,则会存在较多的车辆误入,进而影响通行效率。

(2)外置式 ETC 车道:是将 ETC 收费车道布设在出、入口收费广场的最外侧,若需增加车道,则从外侧向内侧增加。其优点是有较强的专用性,车辆误入较少。但是在收费广场前会造成复杂的车辆交织行为,ETC 车辆驾驶员需要依据 ETC 车道标志的引导,完成车道搜寻、变换车道及驶向目标车道等一系列复杂驾驶操作,同时复杂的车辆交织行为也会给驾驶员造成一定的心理压力,增加驾驶操作失误的风险。

(3)中置式 ETC 车道:是将 ETC 车道设置在出、入口收费广场的中部位置,若需增加车道,则分别向两侧增加。其优点是能将不同类型车辆按车速进行分流,依次形成 MTC 小型车、ETC 车辆和 MTC/ETC 大型车等不同车速的车流,使得误入车辆有充足的时间向两侧分流,在保证 ETC 车辆通行效率的情况下,减少车辆误入。一般收费站车道数较多时适合采用中置式。

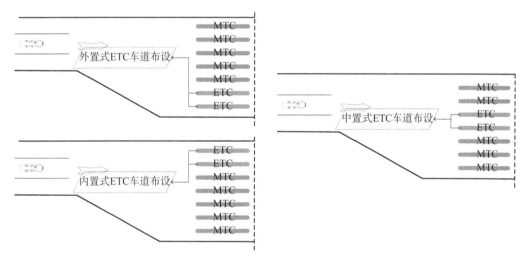

图 2-12 ETC 车道布设位置示意图

2.4.3 收费车道配置策略

影响收费站收费车道数量配置的主要因素有:交通量、服务时间和服务水平等三个方面,其常规情况下的计算如下。

(1)交通量:一般按设计小时交通量(DHV)确定,采用第 30 位高峰小时交通量计较为合适,由年平均日交通量(ADT)计算:

$$DHV = ADT \times K \times D$$

式中:DHV 为设计方向高峰小时交通量(即设计小时交通量),pcu/h;ADT 为设计年限的年平均日交通量,pcu/d;K 为高峰小时系数,即第 30 位高峰小时交通量与 ADT 之比;D 为方向分布系数,即高峰小时期间主要方向交通量与双向总交通量之比。

(2) 服务时间:指车辆进出收费站所用的时间,以秒计。服务时间越短,服务效果越好,通行能力就越大。区间收费服务时间一般入口为 6 s,出口为 14 s,统一收费为 8 s,一般服从正态分布。

(3) 服务水平:用各收费车道平均等待车辆数表示。在一定交通量条件下,平均等待收费的车辆越少,其服务水平就越高,但所需要的车道数相应就越多。一般等待车辆数以 1 辆为宜,因受地形或其他因素限制时,可适当增加但通常不多于 3 辆。

上述方式通常仅适用于传统的收费站收费通道数的确定,考虑的影响因素和情况也比较单一。随着 ETC 的大力推进,收费站交通流及出行特征均发生显著的变化,因此,有学者对收费站收费车道配置策略进行了更加深入地研究。一类是基于排队论和成本约束的车道配置优化策略,分析不同交通流和 ETC 车辆比例情况下,从建设运营成本、外部社会成本、使用者成本、延误或环境成本等不同角度探讨达到成本最小的收费车道建设方案,包括收费车道规模和 MTC/ETC 车道的比例关系等[13,15,103]。相关研究具有一定的参考和借鉴意义,但多是基于一定假设前提的静态研究,对于收费站的日常运营过程的动态管理需求响应尚不充分。另一类是通过仿真建立不同试验场景,结合交通量、交通组成及 ETC 使用率等开展收费车道合理化配置研究[16-17]。鉴于目前收费站拥堵发生频繁且安全形势亦不乐观,本书提出未来研究需要考虑收费站的实时管理运营需求,针对已建成收费站,基于历史日和小时交通流量,利用机器学习开展基于实时交通流的预测,进而进行实时动态车道开启响应。

2.5 交通标志位置布设

2.5.1 标志标线的设置与应用

根据国家交通运输部《高速公路区域联网不停车收费示范工程暂行技术要求》文件要求,应在高速基本路段和收费广场处设置相应的交通标志标线,提醒驾驶员前方驶入收费站,做好减速、变换车道、缴费等准备工作。对具有 ETC 车道的混合收费站,应设置 ETC 车道指示标志、ETC 车道岛头标志、ETC 车道天棚信号灯以及 ETC 车道地面标线与文字等内容。

常见的收费站区域交通标志标线设计样式和布设位置要求见图 2-13 和图 2-14。交通标志标线版面设计需满足方便驾驶员视认区别的要求。交通标志设置方式可以根据实际情况选择路侧单柱式或悬臂式。科学合理地设置收费站区域的标志标线,对有效疏导交通流、提升通行效率、减少换道次数和换道误操作、减少交通冲突发生量和提升行车安全保障具有十分重要的作用。

目前,国内在收费站区域交通标志标线的布设结构和设置位置一般多以借鉴国外的经验和国内的工程实践为主,缺乏具体的科学理论论证,在实践应用中仍需进行深入系统地分析和研究。本节以 ETC 车道指示标志的安全设置距离为例进行分析,建立数学模型,为 ETC 车道指示标志设置提供科学的理论参考。

提示前方收费站,设置在距收费广场渐变段起点 2 km 处

提示前方收费站,设置在距收费广场渐变段起点 1 km 处

提示前方收费站,设置在距收费广场渐变段起点 0.5 km 处

提示前方收费站,设置在收费广场渐变段起点处

ETC 车道指示,设置在距收费广场渐变段起点前 300 m 处,指示 ETC 车道位置在收费站右侧

ETC 车道指示,一般附着在 ETC 车道正上方的天棚上

ETC 车道指示,设置在距收费广场渐变段起点前 300 m 处,指示 ETC 车道位置在收费站左侧

ETC 车道指示,一般附着在 ETC 车道正上方的天棚上

图 2-13　标志版式与设置要求

图 2-14　限速标志与标线

2.5.2　ETC 车道指示标志安全设置距离模型

ETC 和 MTC 混合收费站交通流运行情况比较复杂,也是交通事故易发的特殊道路节点。ETC 车道指示标志的设置可以引导 ETC 车辆事先分流,从而避免在分流区紧急换道或盲目超车,有效降低事故冲突率和发生事故的风险。但美国《统一交通控制设施手册》(Manual on Uniform Traffic Control Devices,MUTCD)和我国相关规范中 ETC 车道指示标志设置距离推荐值并没有考虑交通条件、车道数以及驾驶员等因素的

影响。研究表明,在类似分流区(匝道出口处、收费站分流区等)发生交通事故的主要原因是驾驶员在主客观因素作用下,如受外侧车道大车遮挡影响标志识别或驾驶分心等使得标志视认时间减少,从而采取激进的驾驶行为[92]。因此,根据收费站区域驾驶员标志视认行为特点,并结合换道需求所需的时间和空间,合理确定 ETC 车道指示标志的安全设置距离对改善行车安全具有重要意义。

由 2.4 节内容可知,混合收费站的车道布设情况各异,ETC 车道位于收费站的内侧、外侧或者中间部位的不同情况均存在,不同 ETC 车道布设位置会对 ETC 车辆的车道选择行为产生重要影响。因此,在收费站区域设置合理的 ETC 车道引导标志,为驾驶员提供充足的标志认读时间和车道变换空间,可有效减少盲目变道、车道误入等行为,提升车辆运行协同性,降低收费站安全风险。

配备 ETC 标签的车辆在驶近收费站区域时,为安全顺畅地通过收费站,驾驶员会根据 ETC 车道前置指示标志及时改变驾驶行为,如减速调整、变换车道等。不考虑天气因素,选取在白天能见度良好情况下的标志视认情况为例,分析驾驶员在收费站区域的驾驶行为过程。同时,为保障驾驶员在发现 ETC 车道指示标志后有足够的时间和空间完成驾驶行为的调整,ETC 前置指示标志的位置设置需要满足最不利(即 ETC 车辆位于最内侧车道,ETC 车道位于收费站最外侧)情况下仍能够保障驾驶员安全地驶入收费站接受服务。

因此,本小节以高速公路基本路段三车道的 MTC 和 ETC 混合收费站为背景,以 ETC 收费通道位于收费站最外侧位置,ETC 车道前置指示标志设置在高速公路基本路段靠近末端的路侧直立式为例,对驾驶员通过收费站的驾驶行为过程及 ETC 前置指示标志的位置设置进行数学建模分析,计算不同条件下的 ETC 车道指示标志安全设置距离,以保障车辆的安全顺畅运行。

2.5.2.1 驾驶行为分析

如图 2-15 所示,依据驾驶行为心理学理论,驾驶员视认交通标志的过程,一般可分为"发现—认读—判断—行动"四个阶段[104]。在到达点 A 之前,ETC 车辆在最内侧车道正常行驶,在到达点 A 时,驾驶员发现标志牌,在经过一段反应时间后,开始在点 B 读取标志牌信息,直至点 C 时标志牌信息读取完毕,并在点 D 处标志牌从驾驶员视野中消失。一般来说,驾驶员对标志牌的视认过程在标志牌可视区间范围 AD 内完成都认为是有效的。

由于 ETC 车道前置指示标志显示 ETC 车道位于收费站的最外侧一端,为降低因没有足够的换道空间和时间以致盲目换道所带来的安全风险,假设在 ETC 车道前置指示标识的影响下,驾驶员一般会在高速公路基本路段就事先从最内侧车道变换至最外侧车道。因此,在经历标志读取完毕并进行判断和决策的一段反应时间后,驾驶员在点 E 开始寻找安全可接受变道间隙,如满足则执行车辆换道行为,否则等待下一安全可接受变道间隙。点 F 为 ETC 车道前置指示标识布设位置,点 G 为高速公路基本路段终点(收费站渐变段起点)。图 2-15 中,经过两次变道后,ETC 车辆已经位于高速公路最外侧车道并开始进入收费站渐变段。在 GH 路段内,车辆将进行减速和向目标 ETC

车道行驶操作,点 H 为收费通道排队收费起点,此处车辆将不能再进行换道,直至经过收费通道驶离收费站。

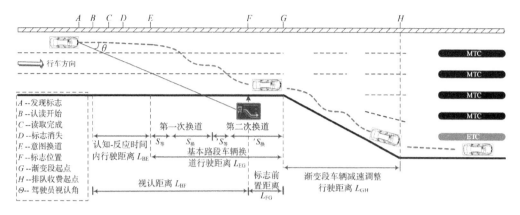

图 2-15 标志设置安全距离模型

2.5.2.2 ETC 车道指示标志设置安全距离模型

ETC 车道指示标志安全设置距离需满足驾驶员在发现标志后有足够的时间和空间做出合理的决策反应,以确保车辆能够安全平稳通过收费站。由上节分析可知,ETC 车道指示标志安全设置距离由认知—反应距离、基本路段车辆换道行驶距离、安全视认距离和渐变段减速调整距离等决定。根据图 2-15,相关距离含义及定义如下:

◇读取点 B 到换道意图点 E 的距离 L_{BE} 为驾驶员认知—反应时间内行驶距离;

◇读取点 B 到标志点 F 的距离 L_{BF} 为驾驶员安全视认距离;

◇换道意图点 E 至渐变段起点 G 的距离 L_{EG} 为基本路段车辆换道行驶距离,包括两次换道行驶距离和执行换道位移;

◇换道意图点 E 至点 H 的距离 L_{EH} 为安全行动距离;

◇L_{FH} 为标志前置距离,L_{GH} 为渐变段车辆减速调整行驶距离;

◇标志消失点 D 至标志点 F 的距离 L_{DF} 为不可视距离,为保障驾驶员有效读取和接受标志牌信息,读取完成点 C 至 ETC 车道指示标志点 F 的距离 L_{CF} 要不小于 L_{DF}。

由此可得,ETC 车道指示标志安全设置距离(L_{FH})模型为:

$$L_{FH}=L_{BE}+L_{EG}+L_{GH}-L_{BF}$$

式中:
$$L_{BE}=\frac{V_1}{3.6}PRT=1.472V_1-0.006\,9V_1^2$$

$$L_{EG}=S_{等}+S_{换}+S'_{等}+S'_{换}$$

$$L_{GH}=\frac{V_1^2-V_2^2}{254(\varphi+i)}$$

$$L_{BF}=\max\left(\frac{V_1}{3.6}t_1+\sqrt{\frac{\Delta H^2+d^2}{\tan\theta}},\frac{V_1}{3.6}t_2+\frac{(n-0.5)W_d+W_1+W_p}{\tan\theta}\right)$$

(2-14)

式中：PRT 为认知反应时间；V_1 为行驶速度（基本路段行车速度）；t_1 为读取和反应时间；t_2 为 ETC 车道指示标志；θ 为视认角；ΔH 为标志与驾驶员平面视高的差；d 为驾驶人的视高到标志的侧距；W_d 为车道宽度；W_1 为路肩宽度；W_p 为标志牌到路肩边缘的宽度。

模型假设、参数确定和具体计算模型如下：

◇ 所有驾驶员在视认角内视力均匀分布、驾驶特征和换道规则相同，并符合安全驾驶要求。

◇ 车辆到达服从泊松分布，且在同一时刻同一横断面上不发生超过一次的换道行为。

◇ 不考虑渐变段渐变率的影响，车辆换道过程中车速保持不变，在基本路段尾部和渐变段起点连接处开始减速，并使得车辆到达 ETC 收费通道前的车速不大于限速值。

◇ 满足最不利情况下行车安全距离，即满足车辆从最内侧车道换道至最外侧车道有足够的时间和空间距离。

(1) 认知—反应时间内行驶距离(L_{BE})

认知—反应时间内行驶距离 L_{BE} 包含两个阶段：一是发现标志后在 $B \sim C$ 段进行标志信息读取阶段行驶的距离；二是在 $C \sim E$ 段驾驶员根据接收的标志信息做出判断决策的信息反馈阶段行驶的距离。因此，认知—反应时间内行驶距离 L_{BE} 主要由认知—反应时间(Perception-Reaction Time, PRT)和行驶速度 V_1 决定，认知—反应时间段内行车速度保持不变，而 PRT 与 V_1 相关，速度每增加 8 km/h，驾驶员的 PRT 将减少 0.2 s[105]，参考文献[106]，可得：

$$L_{BE} = \frac{V_1}{3.6} PRT = 1.472 V_1 - 0.006\ 9 V_1^2 \tag{2-15}$$

(2) 驾驶员安全视认距离(L_{BF})

安全视认距离 L_{BF} 受驾驶员的动态视觉特性影响，与车速相关，同时为确保行驶安全性，要求驾驶人能够在标志消失前认读完标志的信息[107]。因此，安全视认距离需要综合考虑这两个因素，取其最大值作为本书分析的依据。

在视力正常情况下，驾驶员的视野会随着车速的提高而降低，而驾驶员对于侧前方物体的辨识主要受视认角 θ 的影响，一般 θ 在 3°~5°之间时视野最清晰，在 10°~12°之间时视野较为清晰，超过 14°时可认为视野消失[108]，因此：

① 考虑驾驶员动态视觉特征条件下的安全视认距离 L'_{BF}(m)计算公式如下[109-110]：

$$L'_{BF} = \frac{V_1}{3.6} t_1 + \sqrt{\frac{\Delta H^2 + d^2}{\tan\theta}} \tag{2-16}$$

式中：t_1 为读取和反应时间，一般为 5 s；ΔH 为标志与驾驶员平面视高的差，一般为 1.3 m；d 为驾驶人的视高到标志的侧距，取 $d = 7.88$ m，$\theta = 14°$。

②考虑行驶安全性的视认距离 L''_{BF}(m)，即必须驾驶员要能在 ETC 车道指示标志消失前认读完标志的信息，其计算公式如下：

$$L''_{BF} \geqslant L_{BD} + L_{DF} \tag{2-17}$$

式中：L_{BD} 为驾驶员认读距离，m，即 $L_{BD}=V_1 t_2/3.6$；t_2 为 ETC 车道指示标志读取时间，一般取 2 s；L_{DF} 为 ETC 车道指示标志消失点 D 至 ETC 车道指示标志设置点 F 的距离，m，则有：

$$L_{DF} = \frac{(n-0.5)W_d + W_1 + W_p}{\tan\theta} \tag{2-18}$$

式中：n 为车道数，示例为 3 车道；W_d 为车道宽度，取 3.75 m；W_1 为路肩宽度，取 3.5 m；W_p 为标志牌到路肩边缘的宽度，取 0.25 m。

综合以上分析，驾驶员安全视认距离

$$L_{BF} \geqslant \max(L'_{BF}, L''_{BF}) = \max\left(\frac{V_1}{3.6}t_1 + \sqrt{\frac{\Delta H^2 + d^2}{\tan\theta}}, \frac{V_1}{3.6}t_2 + \frac{(n-0.5)W_d + W_1 + W_p}{\tan\theta}\right) \tag{2-19}$$

(3) 基本路段车辆换道行驶距离（L_{EG}）

为降低车辆在渐变段紧急和盲目换道所带来的行车安全风险，考虑车辆驾驶员在发现 ETC 车道指示标志后，在基本路段即完成换道操作行为，从而平顺地过渡到渐变段安全驶向 ETC 收费车道。在此过程中，驾驶员从高速公路基本路段点 E 靠近中央隔离带内侧向外侧进行车辆横移换道需要等待和判断可插入间隙，此时车辆纵向行驶距离受车道数、交通条件的影响。由前文驾驶行为分析可知，车辆换道行驶距离包括等待换道行驶距离 $S_{等}$ 和执行换道行驶距离 $S_{换}$，等待换道行驶距离与车辆所处位置概率分布、可穿越间隙和右侧车流车头时距有关，执行换道行驶距离与换道轨迹、路面条件和车道宽度等有关[111]。

①等待换道行驶距离

由前文分析可知，驾驶员在识别完 ETC 车道指示标志后，经过点 E 产生换道意图，此时存在判断右侧车道是否具备换道条件的情况，如果可穿越间隙满足换道条件，则立即进行换道；如果可穿越间隙非常小不满足换道条件，则等待下一个可穿越间隙，车辆在原车道上继续行驶一个等待换道的距离。为求解等待换道行驶距离，假设在点 E 处 $y=0$，车辆从 $y=0$ 开始行驶至 $y=S_{等}$ 处，开始换道的概率为 $P(S_{等})$，由于出现可穿越间隙的概率随机，且符合一定的概率分布，设为 $F(t)=P(\tau \geqslant t)$，τ 为目标车道车头时距，t 表示时间。求解右侧车道可穿越间隙概率比较成熟的连续交通流车头时距分布模型有负指数分布、移位负指数分布、爱尔朗分布、拉格朗日分布和 Cowan M3 等[112-113]。本书采用形式简便、精度高和参数容易获得的 Cowan M3 模型来求解右侧

车道车头时距分布,其分布函数为:

$$F(t) = \begin{cases} 1 - \eta \exp[-\lambda(t - \tau_m)], & t \geq \tau_m \\ 0, & t < \tau_m \end{cases} \quad (2\text{-}20)$$

式中:$\lambda = \eta q/(1-q\tau)$;$\eta$ 为车流中自由流的比例;q 为车道流量;t 为时间;τ_m 为最小车头时距。由换道驾驶行为的物理背景可知,成功实施换道行为的前提条件是右侧车道车头时距大于可穿越间隙 $t_{穿}(S_{等})$,因此,车辆在换道等待距离结束点($y = S_{等}$)存在大于可穿越间隙的换道间隙概率为:

$$P[t \geq t_{穿}(S_{等})] = 1 - P[t < t_{穿}(S_{等})] = \eta \exp[-\lambda(t_{穿}(S_{等}) - \tau_m)] \quad (2\text{-}21)$$

车辆在 $y = S_{等}$ 处有可穿越间隙的概率分布函数是其等候期间的几何分布,因此,采用微分法,设内侧车道车辆在 $y = S_{等} + \Delta S_{等}$,$\Delta S_{等} \to 0$ 处成功换道的概率为 $P(S_{等} + \Delta S_{等})$,则

$$P(S_{等} + \Delta S_{等}) = P(S_{等}) + [1 - P(S_{等})] P[t \geq t_{穿}(S_{等})] \Delta t \quad (2\text{-}22)$$

式中:Δt 为车辆行驶 $\Delta S_{等}$ 所需时间,当 $\Delta S_{等} \to 0$ 时,可以认为从 $S_{等}$ 到 $S_{等} + \Delta S_{等}$ 区间内车辆可穿越间隙 $t_{穿}(S_{等})$ 和速度 V_1 保持不变,则 $\Delta t = \Delta S_{等}/V_1$,$V_1$ 为基本路段行车速度,则式(2-22)可改写为:

$$\frac{P(S_{等} + \Delta S_{等}) - P(S_{等})}{\Delta S_{等}} = \frac{[1 - P(S_{等})] \eta \exp[-\lambda(t_{穿}(S_{等}) - \tau_m)]}{V_1} \quad (2\text{-}23)$$

根据微分方程定义,求解 $\Delta S_{等} \to 0$ 时的通解为:

$$P(S_{等}) = 1 + \Phi \exp\left\{-\int_0^{S_{等}} \frac{\eta \exp[-\lambda(t_{穿}(y) - \tau_m)]}{V_1} dy\right\} \quad (2\text{-}24)$$

由方程连续性和 $\Delta S_{等}$ 的物理意义可知,在生成换道意图的初始点,车辆均未能实现成功换道,即当 $y = S_{等} \leq 0$,$P(S_{等}) = 0$,方程两端取 $S_{等} \to 0$,得到 $\Phi = -1$。则车辆等待换道行驶距离为 $S_{等}$ 的概率为:

$$P(S_{等}) = 1 - \exp\left\{-\int_0^{S_{等}} \frac{\eta \exp[-\lambda(t_{穿}(y) - \tau_m)]}{V_1} dy\right\} \quad (2\text{-}25)$$

此时,$P(S_{等})$ 的密度函数为:

$$P_1(S_{等}) = P'(S_{等}) = \frac{\eta \exp[-\lambda(t_{穿}(y) - \tau_m)]}{V_1} \cdot \exp\left\{-\int_0^{S_{等}} \frac{\eta \exp[-\lambda(t_{穿}(y) - \tau_m)]}{V_1} dy\right\} \quad (2\text{-}26)$$

假设车辆换道过程相互独立,则每次车辆换道概率分布相同,第二次换道的密度函数

$$P_2(S'_{等}) = P'(S'_{等}) = \frac{\eta\exp[-\lambda(t_{穿}(y')-\tau_m)]}{V_1} \cdot \exp\left\{-\int_0^{S'_{等}} \frac{\eta\exp[-\lambda(t_{穿}(y')-\tau_m)]}{V_1}dy\right\} \quad (2-27)$$

令 $S_1 = S_{等} + S'_{等}$,则 S_1 的概率为:

$$P(S_1) = \int_0^{S_1} p_3(y)dy \quad (2-28)$$

忽略行驶距离对驾驶员判断可穿越间隙的影响,即 $t_{穿}(S_{等}) = t_{穿}$,令

$$D = \frac{\eta\exp[-\lambda(t_{穿}-\tau_m)]}{V_1} \quad (2-29)$$

则等待换道行驶距离为 S_1 的概率为:

$$\begin{cases} P(S_1) = 1-(1+DS_1)\exp(-DS_1) \\ P_0(S_1) = 1-P(S_1) = (1+DS_1)\exp(-DS_1) \end{cases} \quad (2-30)$$

根据小概率事件原理,当 $P_0(S_1)$ 足够小时相应的等待换道行驶距离也可以满足驾驶员成功换道的需要,因此,可求解小概率下车辆等待换道行驶距离。

②执行换道行驶距离

换道是车辆行驶过程中最为复杂的一种驾驶行为,为了刻画车辆换道轨迹,国内外众多学者利用数学模型、仿真分析以及实测数据特征提取等多种手段构建了形式多样的换道行为微观表示方法[114-117]。目前一些常见的车辆换道轨迹数学模型有等速横移模型、正(余)弦函数模型、梯形加速度模型、圆弧模型以及模型组合应用等。

通过对 ETC 车辆在收费站基本路段的换道过程分析,见图 2-16,其换道轨迹特征主要有车辆在换道轨迹开始点处横移宽度为零;完成一次换道的轨迹横移宽度为一个车道的宽度 W_d;换道轨迹开始点和结束点的曲率为零;一个完整的换道轨迹长度与余弦函数半周期近似。基于上述特征,结合等速横移模型的侧向加速度不变特点和余弦函数刻画轨迹平滑性的优点,建立等速横移余弦函数曲线模型来表示 ETC 车辆的换道轨迹模型如下:

$$x_y(y) = \frac{W_d}{2\pi}\left\{\pi + \frac{\pi}{L/2}\left(y-\frac{L}{2}\right) - \cos\left[\frac{\pi}{L/2}\left(y-\frac{L}{2}\right)\right]\right\}, y \in [0,L] \quad (2-31)$$

式中:W_d 为两车道中心线间距,m;x 为换道车辆任意时刻的横向位移距离,m;y 为换道车辆任意时刻的纵向位移距离,m;L 为换道行驶前进距离,m。将上式对换道时间 t 分次求导,分别得到横向速度、横向加速度和横向加速度变化率如下:

$$x'_y(t) = \frac{V_1 W_d}{L}\left\{1 + \sin\left[\frac{\pi}{L/2}\left(y - \frac{L}{4}\right)\right]\right\}$$

$$x''_y(t) = 2\pi W_d \left(\frac{V_1}{L}\right)^2 \cos\left[\frac{\pi}{L/2}\left(y - \frac{L}{4}\right)\right]$$

$$x'''_y(t) = -4\pi^2 W_d \left(\frac{V_1}{L}\right)^3 \sin\left[\frac{\pi}{L/2}\left(y - \frac{L}{4}\right)\right]$$

其中，
$$x''_y(t) \leqslant 2\pi W_d \left(\frac{V_1}{L_{\min}}\right)^2 \leqslant \alpha_{\max}$$

$$x'''_y(t) \leqslant 4\pi^2 W_d \left(\frac{V_1}{L_{\min}}\right)^3 \leqslant \beta_{\max} \tag{2-32}$$

考虑驾驶员换道过程中的舒适性和安全性，需要满足横向加速度 α 和横向加速度变化率 β 的最大条件约束，如式(2-32)所示。取最大横向加速度变化率 $\beta_{\max}=1\text{ m/s}^2$，最大横向加速度 $\alpha_{\max}=(\mu-i)g$，μ 为横向力系数，横坡值 i 为 0.02，g 为重力加速度，将式(2-32)化简整理后可得：

$$L \geqslant L_{\min} = \max\left(\frac{V_1}{3.6}\sqrt{\frac{2\pi W_d}{\alpha_{\max}}}, \frac{V_1}{3.6}\sqrt[3]{\frac{4\pi^2 W_d}{\beta_{\max}}}\right)$$

即

$$S_{\text{换}} = \frac{V_1}{3.6}\max\left(\sqrt{\frac{2\pi W_d}{(\mu-i)g}}, \sqrt[3]{4\pi^2 W_d}\right) \tag{2-33}$$

式中：$S_{\text{换}}$ 为一次换道纵向行驶位移距离，m。

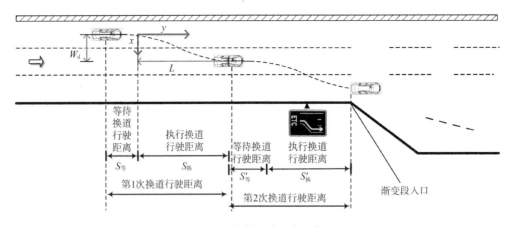

图 2-16 换道行驶距离示意图

(4) 渐变段减速调整行驶距离(L_{GH})

车辆减速距离与车辆驶入收费站调整前后的行车速度(V_1、V_2 为 ETC 收费车道前限速)有关，此外，还与路面摩擦系数 φ 和道路横坡 i 有关，φ 主要取决于路面的粗糙程度和潮湿泥泞程度、轮胎的花纹和气压以及车速和载荷等，本书取 0.4。因此，渐变段

减速调整行驶距离 L_{GH} 的计算公式为：

$$L_{GH}=\frac{V_1^2-V_2^2}{254(\varphi+i)} \qquad (2\text{-}34)$$

2.5.3 算例分析

本节选取淮安南收费站为例，采用高清分辨率对地摄影镜头的无人机对目标观测区域进行垂直对地航拍，数据采集目标区域路段内标志标线完整，ETC 车道指示标志牌位于路侧，位置距离等指标以符合规范要求进行设置，基本路段为双向六车道，车道宽度 3.75 m，内侧车道设计速度 100 km/h，视频拍摄时段内天气晴朗，交通流顺畅。为获得收费站区域基本路段车辆换道特征，以渐变段起点为初始点向上游方向取 1 km 距离为观测区域，利用第三章的基于 YOLOv4 算法＋SORT 算法＋KD-Tree 算法的车辆轨迹提取方法，对车辆的运行轨迹进行跟踪识别，解析出 64 辆车的运动轨迹微观参数，结果显示一次换道的横向位移距离和纵向位移距离的平均值分别为 3.15 m 和 149.86 m，且符合正态分布，见图 2-17 和图 2-18，对轨迹数据进行模型拟合得到 $R^2=0.8745$，表明 2.5.2 节式(2-31)建立的车辆换道轨迹模型可以较好地拟合车辆换道行为，结果具有良好的信度。确定相关参数，并根据式(2-14)计算相关距离长度，求解 ETC 车道指示标志安全设置距离。

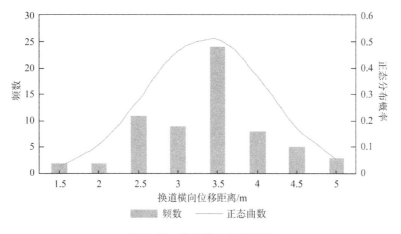

图 2-17 换道横向位移距离

由图 2-17 和图 2-18 可以发现，换道横向位移距离主要分布在 2.8～3.6 m，换道纵向位移距离主要分布在 135～200 m，这与上节所建立的理论模型分析结果和实际情况比较契合，亦验证了模型的适用性。结合本书研究情景，取 $V_2=20$ km/h，$q=1000$ veh/h，$\eta=0.9$，$\tau_m=2$ s，$t_\text{穿}=2.8$ s，则在不同小概率（横坐标）及 V_1 条件下，车辆等待换道行驶的距离 S_1 如图 2-19 所示。结果显示，随着速度的提高，在不同的小概率取值条件下，车辆等待换道行驶距离 S_1 呈现增加的趋势。本书取 $V_1=100$ km/h，并结合上一小节的式(2-33)求得换道行驶距离，进而确定基本路段车辆换道行驶距离(LEG)，

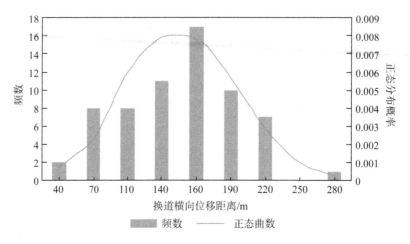

图 2-18　换道纵向位移距离

再结合认知—反应时间内行驶距离（LBE）、驾驶员安全视认距离（LBF）和渐变段减速调整行驶距离（LGH），最终可以确定 ETC 车道指示标志安全设置距离 L_{FH}，见表 2-5。

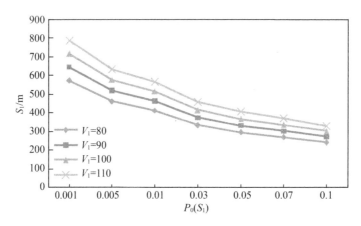

图 2-19　不同条件下的等待换道行驶距离

表 2-5　ETC 车道指示标志安全设置距离 L_{FH}

单位：m

V_1(km/h)	$P_0=0.1$	$P_0=0.07$	$P_0=0.05$	$P_0=0.03$	$P_0=0.01$	$P_0=0.005$	$P_0=0.001$
80	480	650	533	571	651	700	811
90	543	574	603	646	735	790	916
100	608	643	675	852	821	883	1 023
110	675	712	747	800	909	976	1 130

表 2-5 是在考虑安全性的前提下，基于不同的车速和小概率，能够满足驾驶员在发现标志后，有足够的时间和空间做出科学合理的决策反应的 ETC 车道指示标志安全设

置距离,基于本书研究情景,选取 $V_1=100$ km/h 和 $P_0=0.05$ 时,ETC 车道指示标志安全设置距离为 675 m。为便于与现有工程应用中的推荐值(300 m)相比较,先统一标准,即考察渐变段起点至标志牌布设点间的距离,将 L_{FH} 减去 L_{GH} 后的值作为比较参考值。结果表明:在速度 $V_1=80$ km/h 和 $P_0=0.1$ 时的比较参考值最小为 424 m 仍远大于 300 m 的推荐值,表明我国现有的推荐值过小,会给收费站区域的行车安全带来一定的隐患。同时,考虑到驾驶员的认知特征,如设置的车道指示标志距离过大也会使效果大打折扣,因此,应当依据具体道路环境来综合确定设置距离。

2.6 收费站区域行车事故风险致因分析

收费站区域作为高速公路的一个复杂交通节点,影响其安全性的事故风险致因纷繁众多,从广义来分有人、车、路、环境等四大类因素,且各类因素间存在着交织耦合并共同对收费站区域道路行车安全产生作用,见图 2-17。

驾驶员因素包括驾驶员的心理和生理状态、驾驶熟练程度等。由于收费站区域的交通流构成复杂,极易在外部环境影响下出现车道选择错误、加减速期望过大或过小、驾驶姿态调整不及时、违规换道/停车甚至倒车,以及 MTC 车辆蹭 ETC 收费通道等违规和不利驾驶行为,从而影响交通流运行的稳定性,增加交通冲突严重性和发生交通安全事故的风险。

车辆因素主要包括车辆的机械、操控及物理性能,如制动性、操控稳定性、轮胎性能等。制动性要求车辆能够在短距离内停车且保持行驶方向的稳定性,是保障主动安全性能的重要前提,其次轮胎的性能,如气压、负荷、防滑耐磨、侧偏性等对行车安全也十分重要,良好的轮胎性能可以最大限度地降低侧滑甚至侧翻的风险。

道路因素主要包括道路几何线形和路面铺设材料等,由前文分析可知,收费站位于道路几何线形特征路段对行车轨迹的平顺性具有重要影响,同时,收费站区域的渐变段的线形和渐变率等情况,也影响到车辆在换道过程中能否有足够的空间和时间来完成安全驾驶操作过程。此外,不同的路面材料能够提供的横向摩阻系数也不一样,加之道路的超高和横坡坡度等因素,也会对车辆的横向稳定性造成一定的影响。

环境因素主要包括交通流特征、收费站收费设施设置以及气候天气等。收费站交通流流量过大时会出现排队拥堵等情况,使得交通流稳定性产生较大波动,同时也增大了收费站区域的车辆驾驶行为的不确定性,如插队、误入车道,甚至倒车重新选择排队少的车道等,极易造成追尾和侧碰等交通事故。此外,ETC 和 MTC 车辆的混行、车辆类型的不同特征也容易产生较大的交通冲突风险。同时,收费站相关设施设置、天气气候等因素在众多研究中都证实了会对收费站的安全水平产生不同的影响,如收费车道的数量及位置布设、标志标线以及收费站服务水平、特殊天气等。

由于交通冲突分析技术是目前微观交通安全研究领域内最为有效的一种非事故指标评价方法,具体将在后续章节中详细展开。为此,本书考虑的主要交通冲突参与者为车辆与车辆间的冲突(暂不考虑车辆与物理设施间的冲突),且是在人车路环境等多因素耦合作用下的收费站区域交通安全风险分析。基于以上的分析,本书将收费站区域交通事故致因机理及发生过程抽象概括如图 2-20 所示,其本质上是交通参与者在人车路环境等多因素耦合作用下的安全状态和不安全状态间的一个不断转化和平衡的过程,当不安全状态无法转化为安全状态时,即产生了交通事故的后果。因此,可以通过考察不同的相关因素与交通冲突的关系及其影响程度,进一步明晰交通事故的发生机制,从而为改善安全管理提供理论指导和借鉴。

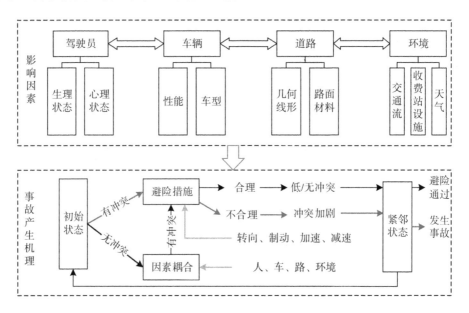

图 2-20 收费站区域行车事故风险机理示意

2.7 本章小结

(1)基于收费站布设位置、车辆行驶横向稳定性和夜间视距等影响收费站安全行车的主要因素,构建了不同环境场景下的收费站圆曲线半径计算模型,并与《规范》和《标准》进行对比分析。结果表明:横向稳定性因素在现有的标准体系中得到了较高的重视,而考虑满足夜间视距安全的收费站圆曲线最小半径计算值均大于规范中的极限最小半径,且在速度为 60 km/h 和 80 km/h 的情况下最为明显,分别达到了 126 m 和 124 m。说明《标准》忽视了夜间安全行车视距对收费站圆曲线最小半径控制的重要影响,给夜间收费站区域的行车安全带来了较大的风险。

(2)系统地梳理了收费站广场长度与宽度的确定及其影响因素,分析了现有工程实践中由于受地理条件等因素的限制,对于收费站渐变段的不合理设置,如渐变段连接长大下坡路段、渐变率不合理造成渐变段空间利用率不均衡等容易引起行车安全风险的一些问题,同时,对收费车道类型、收费车道布局、ETC 车道布设位置,以及收费车道配置策略等进行了分析,提出将来在 ETC 车辆占据交通流的比例达到一定程度以后,在收费站的渐变率设计、收费车道的配置策略等方面的一些研究设想,以应对未来发展的新情势和新变化。

(3)鉴于美国《统一交通控制设施手册》和我国相关规范中 ETC 车道指示标志设置距离推荐值并没有考虑交通条件、车道数以及驾驶员等因素的影响,本书根据收费站区域驾驶员标志视认及驾驶行为特点,并结合换道需求所需的安全时间和空间,对 ETC 前置指示标志的位置设置进行了数学建模分析,并以高速公路基本路段三车道的 MTC 和 ETC 混合收费站为背景,计算不同条件下的 ETC 车道指示标志安全设置距离。相关结论对于丰富现有标准相关内容,保障行车安全具有重要意义。

(4)影响收费站行车安全的事故风险致因纷繁众多,广义来分有人、车、路、环境等四大类因素,且各类因素间存在着交织耦合共同对收费站区域道路行车安全产生作用。本章主要考虑交通冲突参与者为车辆与车辆间的冲突,且是在人车路环境等多因素耦合作用下的一种自然状态下的收费站区域交通安全风险分析,在此基础上,阐释了收费站区域行车事故风险机理。

第三章

基于车辆微观轨迹提取的收费站区域交通特征研究

目前国内关于收费站交通特征及安全等问题的研究,主要围绕主线收费站分流区展开,而一种具有普遍典型特征的收费站——与城市道路衔接的收费站(匝道收费站)的相关研究还比较匮乏。为此,本章将以与城市道路衔接的收费站为例,进行交通特征分析及基于交通冲突模型的安全评价研究,并将研究视域扩大到包含收费站上游和下游区域构成的完整区间,同时针对传统交通流特征研究的数据采集手段、数据精度以及维度不够丰富的问题,利用一种新型的基于视频识别技术的车辆轨迹自动提取算法框架,获取车辆在不同特征路段区间内的完整行驶轨迹等车辆微观信息,为收费站区域的车辆运动行为及交通特征分析提供丰富的基础数据支撑。

3.1 研究背景

3.1.1 数据采集与研究样本

通过车辆连续微观轨迹可以获取车辆行驶过程中的大量实时运动信息,为从微观层面研究实时交通流特征及交通安全等诸多方面提供了有力支撑。传统的车辆轨迹信息可以通过高点录像、试验车、驾驶模拟器或仿真软件等渠道获取,其中视频录像在经济性、可操作性和真实性等方面都具有比较好的优势。特别是近年来无人机高清摄像技术在交通领域的大量应用,为交通数据采集提供了巨大的便利。

本书预先设想的是选取三种不同类型特征的收费站进行无人机高空视频数据采集,分别是宁杭高速南京站收费站(主线收费站)、长深高速淮安南收费站(与城市道路信号交叉口衔接收费站)和杭州绕城高速转塘收费站(匝道收费站),见图 3-1。由于宁杭高速南京站收费站禁止航拍,因此采用在建筑物高处架设摄像机倾斜角拍摄的方法来采集数据,其余两种类型的收费站均是采用大疆御 2Pro 无人机在收费站区域上空 280 m 至 360 m 处垂直俯拍角度进行视频拍摄采集数据。

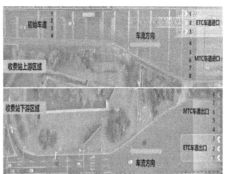

(a) 长深高速淮安南高速收费站

(b) 杭州绕城高速转塘收费站

(c) 宁杭高速南京站收费站

图 3-1 收费站航拍示意图

随着国家取消主线收费站政策的推进,以及倾斜角拍摄数据处理复杂度较高及存在车辆遮挡等原因,本书对宁杭高速南京站收费站的数据不再进行分析,只选取另两种收费站类型进行分析,其中淮安南收费站的原始数据拍摄于 2020 年 10 月 30 日 14:00~16:00,用来进行第三章和第四章相关内容的研究,杭州绕城高速转塘收费站的原始数据拍摄于 2020 年 11 月 10 日 13:30~15:00,用来进行第五章相关内容的研究。视频清晰度达到 4K 超高清和 28 帧/s(fps),同时为减少车辆拥堵和排队对车辆自然驾驶行为和交通冲突分析的影响,选择平峰时段进行拍摄,天气良好,车流量适中。因受电池性能和拍摄调试等限制,两个收费站相关区域的视频拍摄的总有效时长各为半小时。参考 Wu & Zangenehpour 等人的研究,结合本书的实际需要,选取其中 10 min 的数据集作为初始样本分析数据,用于后续研究[118-119]。

3.1.2 研究区域界定

目前关于高速公路收费站的交通流特征及安全性等问题研究多集中在收费站分流区,但通过对多处收费站的实地调研发现,在收费站的上游基本路段受到一系列交通引导标志的作用,部分谨慎型驾驶员会在进入收费站渐变段前就开始执行驾驶行为的调整,如变换车道或减速。同时,对于收费站下游区域,车辆在完成缴费通过收费通道后由低速到加速驶离合流区以及其连接路段和相邻的信号交叉口(即一类具有与城市道路衔接特征的收费站),这一过程中合流区的交通冲突和连接路段的长度大小对于行车安全的影响亦不容忽视,与之相关的交通冲突与通行效率的研究将在下章展开。

为更加准确和全面地了解收费站上下游区域的交通流特征及交通冲突的时空分布情况,从而建立一个较为完整的研究视域,本章和第四章将针对具有与城市道路衔接的收费站类型进行研究,即以淮安南收费站为例,将研究视域扩大到包含收费站上游区域:主线基本路段(指示标志前)、有车道标线分流区(指示标志后)、无车道标线分流区和收费通道;以及下游区域:无标线直线合流区、无标线渐变合流区(指示标志前)、有标线连接路段(指示标志后)、衔接的有信号控制的交叉口等构成的完整区间,具体见图 3-2 和 3-3。第五章将重点聚焦一类具有匝道类型特征的收费站,即以杭州绕城高速转塘收费站为例,进行道路特征与行车安全的研究。

通过实地测量,对于淮安南收费站上游区域,未进入渐变段之前主线道路路段和有车道标线分流区部分时,单车道宽度为 3.75 m;进入渐变段后,无车道标线分流区内的 ETC 单车道宽度为 5.3 m。此处 ETC 通道布设位置位于收费通道内侧,除此布设方式之外,ETC 通道还可置于中间或者外侧。ETC 和 MTC 通道的不同布设位置组合直接影响到驾驶员对收费通道的选择决策,从而影响车辆的分流行为及其安全态势。同时,淮安南收费站下游区域无标线直线合流区的宽度与行驶方向收费车道宽度之和相等,无标线渐变合流区是收费站后广场的收缩渐变段,车辆可以在此区域无限制地换道合流。收费站与信号交叉口间为有标线连接路段,由于车辆行驶需求不同,此区域内存在较为频繁的换道交织现象。在指示标志前的连接路段内,车辆驾驶员根据地面标线和悬臂式车道指示标志明晰换道需求,基本完成换道动作;在进入指示标志后的连接路段内时,车辆先完成满足行驶需求的换道收尾工作,而后根据前方交通流情况(排队长度、前车速度等)进一步调整车道位置以满足驾驶员的心理和行驶需求。

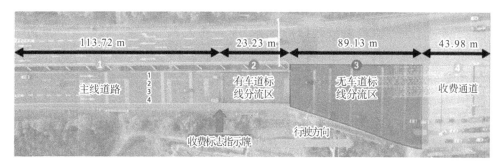

图 3-2　收费站上游研究区域划分示意图

图 3-3　收费站下游研究区域划分示意图

3.2　车辆轨迹提取算法框架

本书通过一种新型的车辆轨迹提取算法框架对采集的视频进行车辆行驶轨迹提

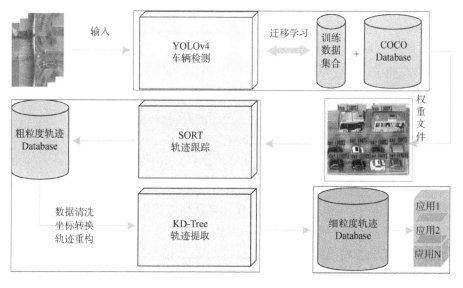

图 3-4　轨迹提取算法框架结构

取,见图3-4,主要分为三大模块:基于YOLOv4算法的车辆目标检测、基于SORT算法的车辆跟踪和基于KD-Tree算法的轨迹提取。相关工作为收费站区域交通流特征分析以及第四章的交通冲突与行车安全评价等研究提供了基础数据支撑。

3.2.1 基于YOLOv4算法的车辆目标检测

传统目标检测算法主要流程分为区域选择、特征提取和分类器分类。区域选择采用滑动窗口机制对整幅图像遍历,确定图像中目标位置[120];图像特征提取常用方法有尺度不变特征变换(Scale-Invariant Feature Transform,SIFT)和方向梯度直方图(Histogram of Oriented Gradient,HOG)[121];最后采用支持向量机(Support Vector Machine,SVM)或Adaboost等分类器进行分类[120]。随着深度学习的快速发展,基于卷积神经网络(Convolutional Neural Network,CNN)的目标检测算法被广泛运用于图像识别领域,其大致可分为两类:一类是基于选择搜索的R-CNN、Fast R-CNN、Faster R-CNN和R-FCN[122-124];另一类是基于回归的目标检测算法,如SSD、YOLO系列、Retina-net等[120,125-128],主要特点是省去了候选帧提取步骤,提高了图像检测速度。本书使用YOLOv4算法对收费站上下游研究区域的车辆类型进行目标检测与识别。

YOLOv4集合了路径聚合网络(Path Aggregation Network,PANet)、空间金字塔池化(Spatial Pyramid Pooling,SPP)、镶嵌数据增强、Mish激活函数、自对抗训练、CmBN等多种最新的技术,大大提高了其目标检测精度[129]。YOLOv4主要包括以下三个组件:Backbone,在不同图像细粒度上聚合并形成图像特征的卷积神经网络;Neck,一系列混合和组合图像特征的网络层,并将图像特征传递到预测层;Head,对图像特征进行预测,生成边界框并预测类别。YOLOv4的结构框架如图3-5所示。

YOLOv4的BackBone主干网络采用CSPDarknet53,集成了跨阶段局部网络(Cross Stage Partial Network,CSPNet),在保持精度的同时减少了计算量[130]。CSPDarknet53是在Yolov3主干网络Darknet53的基础上,借鉴2019年CSPNet的经验,产生的Backbone结构,其中包含了5个CSP模块。此外,YOLOv4中只在Backbone中采用了Mish激活函数,网络后面仍然采用Leaky_relu激活函数,并直接采用了更优的Dropblock,对网络的正则化过程进行了全面的升级改进[129]。

Neck特征提取层主要特点是目标检测网络在BackBone和最后的输出层(Output layer)之间往往会插入一些层,如Yolov4中的SPP模块、FPN+PAN结构。SPP模块仍然是在Backbone主干网络之后,其使用$k=\{1\times1,5\times5,9\times9,13\times13\}$的最大池化的方式,再将不同尺度的特征图进行Concat操作。集合SPP模块的方式,比单纯使用$k\times k$最大池化方式,能更有效地扩大主干特征接收范围,可以显著分离最重要的上下文特征[131]。

Head输出层的锚框机制和Yolov3相同,主要改进的是训练时的损失函数CIOU_Loss,以及预测框筛选的nms变为DIOU_nms。目标检测任务的损失函数一般由Classificition Loss(分类损失函数)和Bounding Box Regeression Loss(回归损失函数)

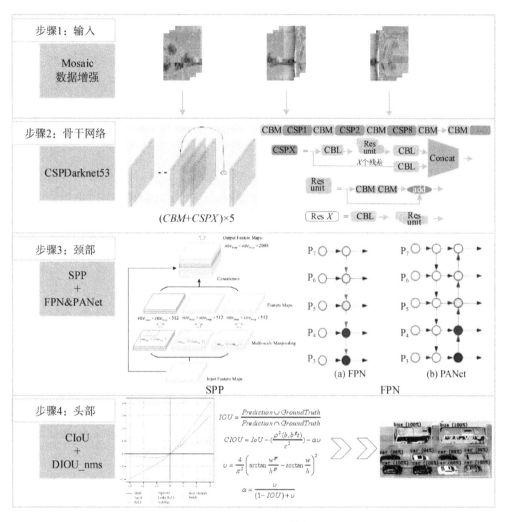

图 3-5　YOLOv4 结构框架

两部分构成。Bounding Box Regression Loss 近些年的发展过程是：Smooth L1_Loss→IoU_Loss(2016)→ GIoU_Loss(2019)→ DIoU_Loss(2020)→CIoU_Loss(2020)，Yolov4 中采用了 CIOU_Loss 的回归方式，使得预测框回归的速度和精度更高一些。

在本书中，从交通视频中截取图形并在其中标记每辆车的位置和类型，在捕获的数据中，80% 被用作训练数据集，20% 被用作测试集，并在官方 COCO 数据集训练的权重文件的基础上，通过基于 YOLOv4 框架的迁移学习方法来训练本书所收集的交通视频中的车辆数据集。之后，通过执行 YOLOv4 检测程序来输出所采的交通视频每一帧中每个车辆的位置、类型和置信度。训练结果表明：本书基于 YOLOv4 的目标检测算法的 mAP 为 95.1%，具有较好的检测准确率和检测效率。

3.2.2 基于 SORT 算法的车辆跟踪

结合每帧的车辆检测结果,利用 SORT 算法在连续帧中寻找最优的车辆匹配,实现每辆车的初始轨迹数据提取。SORT 算法主要由三部分组成:目标检测器、匈牙利算法和卡尔曼滤波算法。在本书中,基于 SORT 算法的车辆跟踪可以分为以下两个过程:

一是采用匈牙利算法在第一帧和第二帧中的车辆检测结果中找到最佳的车辆匹配。通过计算每个匹配对的位置方差,以初始化卡尔曼滤波器。

二是利用卡尔曼滤波器对第三帧中的车辆位置进行预测,采用匈牙利算法在第三帧中的预测结果和检测结果之间找到最佳匹配对,更新卡尔曼滤波器中的参数,并在随后的帧重复此步骤,以获得初始车辆轨迹数据。在本书中,如果连续 4 帧都无法检测到车辆目标,则该轨迹被终止。

3.2.3 基于 KD-Tree 算法的轨迹提取

本书利用 KD-Tree(K 维树)算法和三次样条插值法重建了轨迹数据。KD-Tree 算法广泛用于在多维空间中对关键数据进行范围搜索和最近邻搜索,并且用于搜索与先前的破碎轨迹数据具有最高特征相似性的后续破碎轨迹数据,用三次样条插值法连接成功匹配的折断轨迹数据。具体而言,车辆轨迹数据的重建过程可以分为以下四个步骤:

首先,将轨迹数据分为三种类型:完全轨迹(CT)、发起终端完全破坏轨迹(ITC-BT)和没有发起终端破坏轨迹(NIT-BT),计算出起始点和轨迹区域在 ROI 区域中的相对位置;

其次,跟踪边界框的长度、宽度及中心坐标,提取并形成特征向量;

再次,将所有轨迹的特征向量作为训练数据来构建 KD-Tree,连接匹配完成后,检查新轨迹的终点位置,如果它在 ROI 区域的范围内,则成功重建了一条新的完整轨迹;否则,继续通过 KD-Tree 寻找最佳匹配的轨迹;

最后,使用三次样条插值法将匹配的 ITC-BT 和 NIT-BT 连接起来,可以获得新的完整轨迹数据。

3.2.4 数据处理与轨迹提取

初始车辆轨迹数据的提取结果包括帧数、车辆 ID、跟踪边界框的左下点像素坐标及跟踪边界框的右上点像素坐标和跟踪边界框的中心点坐标。数据处理的主要对象是中心点像素坐标,车辆轨迹数据集中,其他参数保持不变。由于视频识别系统处理获得的车辆坐标是基于视频画面的像素坐标系,与实际道路中大地坐标系并不一致,为了便于后续研究以及减少误差,分别从两个坐标系中选取 4 个固定点进行坐标系的标定,从而将像素点坐标与大地坐标系统一,以获取轨迹在现实环境中的实际位置。

对于收费站上游区域,取收费站主线道路一地面车道标线端点为大地坐标系的原点 O,将车道线的延长线作为大地坐标系的 x 轴,将相邻两个车道线端点的连接线作为大地坐标系的 y 轴,如图 3-6 所示。4 个基准点大地坐标为 $A(0,0)$,$B(6\,300,0)$,$C(6\,300,3\,500)$,$D(0,3\,500)$,其对应的像素坐标为 $A(630,546)$,$B(675,546)$,$C(675,517)$,$D(630,517)$。

对于收费站下游区域,同理,取收费站合流区与交叉口直线连接路段上第一个地面车道标线区域内的点为大地坐标系的原点 O,将车道线的延长线作为大地坐标系的 x 轴,将相邻两个车道线端点的连接线作为大地坐标系的 y 轴,如图 3-7 所示。4 个基准点的大地坐标为 $A(0,0)$,$B(6\,300,0)$,$C(6\,300,3\,500)$,$D(0,3\,500)$,其对应的像素坐标为 $A(849,313)$,$B(892,313)$,$C(892,289)$,$D(849,289)$。

图 3-6　上游区域大地坐标系 xOy 示意图

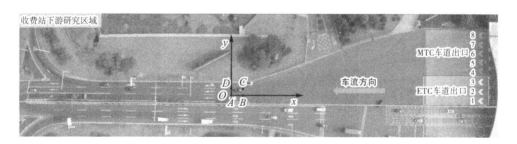

图 3-7　下游区域大地坐标系 xOy 示意图

为降低因风力等因素影响造成无人机在高空作业时可能出现的视频图像抖动等问题影响轨迹提取质量,需要进行视频稳像处理。为此,本书通过比较相邻两帧中相同车辆 ID 的传输坐标,根据车辆不会后退并改变与交通线垂直的车道的事实,假定同一车辆的水平中心坐标在连续的两帧中不会减小,而同一车辆的垂直中心坐标也不会减小,静态车辆将在连续两帧中保持不变。

在此基础上,需要进一步对轨迹数据进行平滑处理,在以往的研究中,MA(移动平均)方法、EWMA(指数加权移动平均)方法、卡尔曼滤波器等常被用于轨迹数据的平滑处理[132]。在本书中选择 SG(Savitzky-Golay)滤波器作为中心点坐标的平滑工具,该方法被证明可以有效地去除异常值,并且在通过多次测试平滑轨迹数据时不会丢失关键点信息[133-134]。

因此,本书采用基于最小二乘法原理的 SG 滤波器进行视频稳像处理和轨迹平滑处理,且为获得更高的精度和更好的效果,使用 SG 滤波器对中心点坐标进行了两次平滑处理。在完成误差消除以及数据检验之后,可获得每辆车的完整轨迹数据。

如图 3-8 所示为随机选取的淮安南收费站上游分流区区域 10 辆车的运动轨迹情况,轨迹重构有效率达到 97.34%。从图中可以发现,本书基于 YOLOv4 算法+SORT 算法+KD-Tree 算法的车辆轨迹提取方法,可以清晰地标定车辆的完整轨迹,未出现轨迹路径数据缺失的现象,再次验证了本书采用的算法框架的有效性。相关工作为接下来的交通特征分析及第四章的交通冲突与管理策略优化等内容的研究,提供了丰富的车辆微观运动数据分析支持。

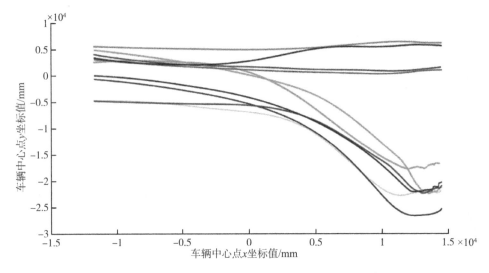

图 3-8 收费站上游区域车辆轨迹提取示意图(10 辆车)

3.3 基于轨迹数据的收费站上游区域交通特征分析

本书将车辆按车型分为小型车、中型车和大型车三种,按收费类型分为 MTC 车辆和 ETC 车辆。选取淮安南收费站上游区域十分钟视频数据集进行分析处理,除去残缺轨迹样本,共获得 117 辆车的完整轨迹数据,有效提取率为 95.91%,得出交通量及车辆类型特征,见表 3-1。从表中可以看出,收费站上游区域小型车数量最多,占总量的 81.97%,中型车和大型车所占比例相对较少。MTC 和 ETC 车辆占比分别为 37.70% 和 62.30%,这与我们对 ETC 使用情况的问卷调研情况类似,第六章会专门就 ETC 使用影响因素及作用机理进行重点研究。同时,由于交通数据采集当日第三和第五收费通道关闭,因此未有车辆选择第三和第五收费通道驶出收费站上游区域,也说明该收费站上游区域在交通平峰期间的车道利用率较低。

表 3-1 样本车辆类型特征情况

分类标准	类型	样本数	比例/%	二级分类	样本数
车辆类型	小型车	100	81.97	MTC	32
				ETC	68
	中型车	8	6.56	MTC	5
				ETC	3
	大型车	14	11.48	MTC	9
				ETC	5
收费类型	MTC 车辆	46	37.70		
	ETC 车辆	76	62.30		
车辆总数			122		

3.3.1 速度特征分析

3.3.1.1 主线基本道路速度特征分析

车辆在收费站上游主线道路行驶时,定义沿行驶方向的速度为纵向速度,该方向的加速度为纵向加速度;垂直于行驶方向的速度为横向速度,该方向的加速度为横向加速度。结果显示:纵向平均速度为 62.86 km/h,纵向平均加速度为 1.31 m/s^2,横向平均速度为 -0.84 km/h,横向平均加速度为 0.04 m/s^2。纵向加速度和横向加速度的值有较为明显的波动,这与视频轨迹提取时断面发车会产生瞬时速度有关。样本正态分布 K-S 检验结果显示,主线道路纵向速度的分布情况是最接近正态分布的。

图 3-9 展示了主线道路车辆纵向平均速度的分布情况,纵向平均速度主要集中在 58.51~73.14 km/h 之间,说明大部分车辆在主线道路收费站指示标志前采取了减速行为。同时,纵向平均加速度主要集中在 0.90~1.91 m/s^2,纵向速度样本数据的正态

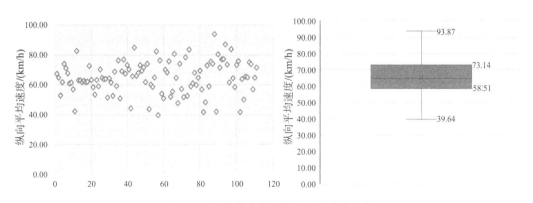

图 3-9 主线道路车辆纵向平均速度分布

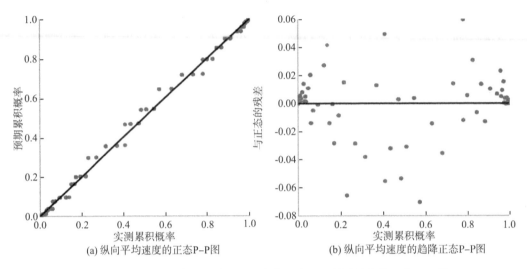

图 3-10　主线道路车辆纵向平均速度的正态 P-P 图以及趋降正态 P-P 图

P-P 图以及趋降正态 P-P 图，见图 3-10。在正态 P-P 图中，样本的实际分布与理论分布基本接近，并且在趋降正态 P-P 图中，残差虽然有一定的上下波动，但大部分绝对差异较小。因此，可以认为样本原始数据近似服从正态分布，且纵向平均加速度的值不仅存在正值（加速），也存在部分负值（减速），说明车辆在通过不断地加速和减速，实现速度调整，而速度的变化受多种复杂原因的影响，本书认为这是在前一阶段交通标志提示下完成速度调整后，为进入收费站分流区前进行车辆换道或者驾驶姿态的调整做准备。

3.3.1.2　分流区路段速度特征分析

（1）有车道标线分流区的速度特征分析

车辆在收费站上游区域有车道标线分流区纵向平均速度为 65.48 km/h，其中，MTC 车辆平均速度为 59.99 km/h，低于 ETC 车辆平均速度 68.55 km/h；横向平均速度为 -1.44 km/h。MTC 车辆横向平均速度与 ETC 车辆横向平均速度符号均为负值，说明大多数车辆在进入有车道标线分流区有向右变道的倾向。样本正态分布 K-S 检验结果如表 3-2 所示，P 值越小则该指标越接近正态分布，可得其正态 P-P 图以及趋降正态 P-P 图，见图 3-11。

表 3-2　有车道标线分流区速度特征

速度类别	车辆类型	速度/(km/h)				K-S 检验 P 值
		平均值	标准差	最大值	最小值	正态分布
纵向速度 /(km/h)	所有车辆	65.48	14.84	100.20	34.20	0.125
	MTC 车辆	59.99	15.04	90.58	34.20	0.164
	ETC 车辆	68.55	13.89	100.20	35.80	0.096

续表

速度类别	车辆类型	速度/(km/h)				K-S 检验 P 值
		平均值	标准差	最大值	最小值	正态分布
横向速度/(km/h)	所有车辆	−1.44	5.17	12.00	−18.10	0.362
	MTC 车辆	−3.30	5.84	10.43	−12.10	0.286
	ETC 车辆	−0.41	4.47	12.00	−18.10	0.390

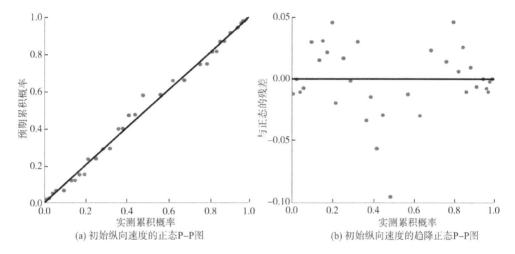

图 3-11 有车道标线分流区纵向速度的正态 P-P 图以及趋降正态 P-P 图

(2) 无车道标线分流区的速度特征分析

无车道标线分流区内 MTC 车辆的纵向平均速度主要集中在 13.71～27.65 km/h 之间,ETC 车辆的纵向平均速度主要集中在 27.22～39.28 km/h 之间。ETC 车辆的纵向平均速度普遍大于 MTC 车辆的纵向平均速度。MTC 车辆的横向平均速度与 ETC 车辆的横向平均速度符号相异,这与车道布设的位置有关。MTC 车辆的纵向平均加速度为 −0.14 m/s²,低于 ETC 车辆的纵向平均加速度 −0.75 m/s²,MTC 车辆的纵向平均加速度主要集中在 −0.48～−0.09 m/s² 之间,ETC 车辆的纵向平均加速度主要集中在 −1.22～−0.70 m/s² 之间,见图 3-12。车辆在无车道标线分流区内整体处于减速的情况,对比上节的分析结果可以发现,在无车道标线分流区内,MTC 车辆的减速期望紧迫性要低于 ETC 车辆。样本正态分布 K-S 检验结果显示,无车道标线分流区车辆纵向速度的分布情况是最接近正态分布的,其正态 P-P 图以及趋降正态 P-P 图,见图 3-13。

3.3.2 换道特征分析

3.3.2.1 主线道路基本路段换道特征分析

主线道路车道编号,见图 3-2,最内侧车道为第 1 车道,由内向外为 1～4 车道,其

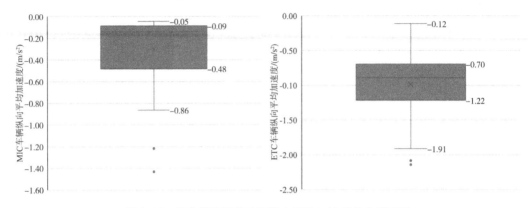

图 3-12　无车道标线分流区纵向平均加速度分布箱型图

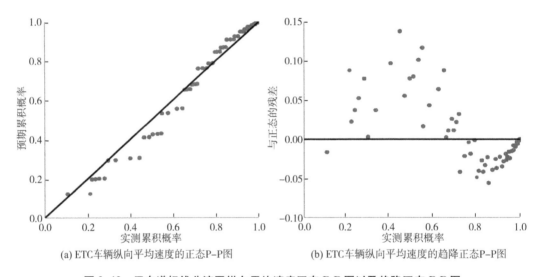

(a) ETC车辆纵向平均速度的正态P-P图　　(b) ETC车辆纵向平均速度的趋降正态P-P图

图 3-13　无车道标线分流区纵向平均速度正态 P-P 图以及趋降正态 P-P 图

中第 4 车道由盐洛高速和长深高速交叉的淮安南枢纽匝道引入而来。通过对采集时段的样本统计发现,第 2 车道的小型车最多,其次为第 1、3 车道,第 4 车道的小型车最少,而中、大型车辆较多分布在第 4 车道。从 MTC 车辆和 ETC 车辆来看,大部分 MTC 车辆的初始车道为第 2、3 车道,其中第 2 车道的 MTC 车辆最多。ETC 车辆主要从第 1、2 车道驶入分流区,选择第 4 车道的 ETC 车辆最少,从第 1 车道驶来的 ETC 车辆远多于 MTC 车辆。总体而言,呈现出小型车/ETC 车辆多选择内侧车道,而中大型的车辆多偏向选择外侧车道行驶,MTC 车辆在各车道分布上呈现出不均衡性。

本书选取 30 个样本车辆进行主线道路行车轨迹与换道点位研究,结果如图 3-14 所示。可以看出,大多数车辆在收费站上游区域主线道路行驶时并未变换车道,30 个样本车辆仅有 5 辆车进行了一次换道,4 辆车进行了二次换道,共产生 13 个换道点位,换道率为 30%。

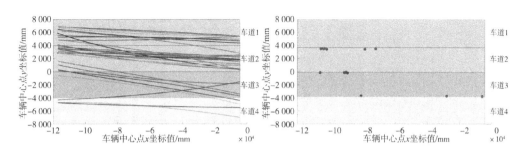

图 3-14 主线道路样本车辆行车轨迹与换道点位图(30 辆)

3.3.2.2 分流区道路换道特征分析

收费站上游分流区的车辆换道特征分析结果,见表 3-3。结果显示:小型车较少变换车道,其次为向外侧变换 1 车道,有两辆向外侧变换 2 车道;由于大型车和中型车多采用 MTC 收费方式,因此,大型车多为向外侧变换 5 车道,中型车没有向内侧变道的情况。MTC 车辆均为向外侧变换车道,ETC 车辆偏向于不变换车道,还有较多 ETC 车辆选择向外侧变换 1 车道。图 3-15 展示了样本车辆在分流区的行车轨迹,分别从三维立体图、X-Y 图、X-T 图和 Y-T 图四个方面进行多角度呈现。图 3-16 展示了样本车辆在收费站上游分流区的换道点位,由于无人机拍摄时有轻微环境风的干扰,导致收费站上游区域前 5 min 视频数据集与后 5 min 视频数据集大地坐标不一致,因此换道点位图分开展示。从图中可以看出,大部分车辆选择在无车道标线分流区进行换道,少部分车辆在有车道标线分流区就已经开始换道,几乎没有车辆进入收费通道后再进行换道。

表 3-3 车辆在收费站上游分流区的车道变换情况

车道变换方向	变换车道数	样本车辆数量				
		小型车	中型车	大型车	MTC 车辆	ETC 车辆
道路内侧	2	6	0	1	0	7
	1	8	0	0	0	8
不变换	0	39	1	3	0	43
道路外侧	1	15	1	2	0	18
	2	2	1	0	3	0
	3	6	2	1	9	0
	4	8	2	2	12	0
	5	7	1	5	13	0
	6	4	0	4	4	0

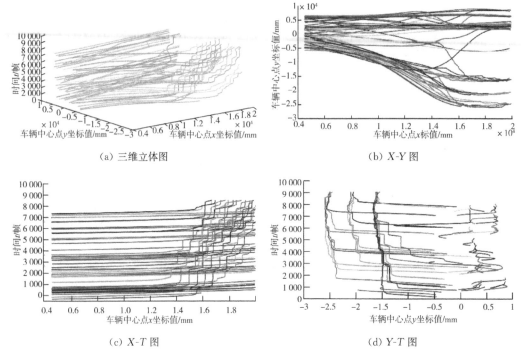

图 3-15 分流区样本车辆行车轨迹图

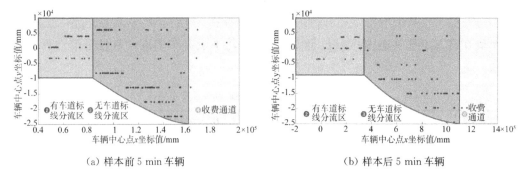

图 3-16 分流区样本车辆换道点位图

3.3.3 时间特征分析

3.3.3.1 ETC 服务时间

定义 ETC 服务时间为 ETC 车辆车头从收费通道始端到车尾通过收费通道末端的时间,其主要与收费站区域的速度限制大小和驾驶员的操作熟练程度等有关。ETC 车辆在车道无排队的情况下,不需要停车,收费自动完成,其服务时间是通过收费通道的时间[135]。本书选取样本中的 75 个 ETC 车辆服务时间进行统计分析,见图 3-17。结果显示:ETC 车辆的平均服务时间为 7.96 s,最长服务时间为 15.30 s,最短服务时间为 3.63 s。由于 ETC 车辆服务时间在 0.05 显著水平下 K-S 检验 P 值为 0.083,说明

ETC 车辆服务时间服从正态分布，其正态 P-P 图，如图 3-18 所示。

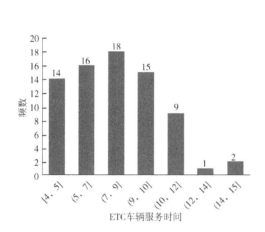

图 3-17　ETC 车辆服务时间分布图　　　图 3-18　ETC 车辆服务时间的正态 P-P 图

3.3.3.2　行驶时间分析

本书研究的车辆行驶时间是指车辆从进入主线有标线分流区开始到离开无标线分流区结束这一过程所经历的时间。结果显示：车辆在分流区总行驶时间平均为 10.87 s，MTC 车辆平均行驶时间为 14.55 s，ETC 车辆平均行驶时间为 9.35 s。MTC 车辆大多以低于 ETC 车辆的速度进入分流区，所以需要更多的行驶时间，此外，MTC 车辆的减速期望要比 ETC 车辆大，这也影响了行驶时间。车辆行驶时间频率累积分布，如图 3-19 所示，总行驶时间主要分布在 5～13 s，MTC 车辆行驶时间主要分布在 7～15 s，ETC 车辆行驶时间主要分布在 5～11 s。考虑到样本量的原因，采用 K-S 检验对不同收费类型车辆的行驶时间进行对数正态分布的假设检验，可知 ETC 车辆行驶时间最接近对数正态分布情况，为更好地对行驶时间进行直观判断，各类型车辆行驶时间对数正态 P-P 图以及趋降对数正态 P-P 图如图 3-20 所示。

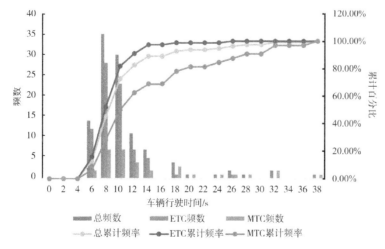

图 3-19　收费站上游区域车辆行驶时间频率累积分布　　　彩图链接

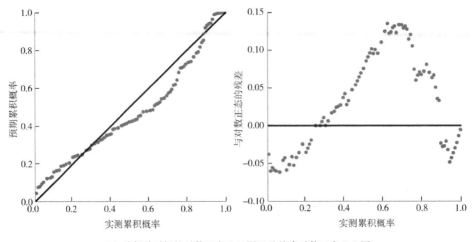

(a) 总行驶时间的对数正态 P-P 图以及趋降对数正态 P-P 图

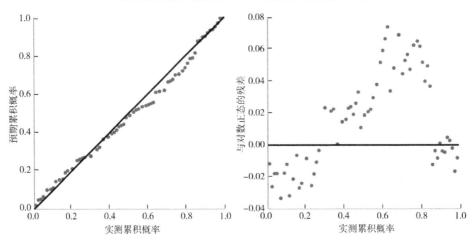

(b) ETC 车辆行驶时间的对数正态 P-P 图以及趋降对数正态 P-P 图

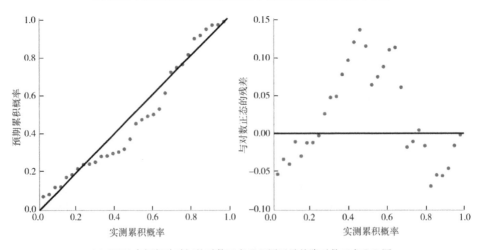

(c) MTC 车辆行驶时间的对数正态 P-P 图以及趋降对数正态 P-P 图

图 3-20　各类型车辆行驶时间对数正态 P-P 图以及趋降对数正态 P-P 图

3.3.3.3 车头时距分析

车头时距是对驾驶安全性评价的重要指标,它与交通流组成以及驾驶行为等密切相关,是反映道路通行能力和服务水平的重要依据,对于优化道路设计和管理具有重要意义。车头时距代表着前后两辆车的前端通过同一地点的时间差,一般可使用前后车的车头间距除以后车速度来计算[136]。

采用3.2节的车辆轨迹提取算法框架提取轨迹数据并处理,获得符合条件的轨迹信息个案数 41 800,通过计算得到收费站上游区域车辆车头时距:车头时距平均值为 5.96 s,最大值为 38.59 s,最小值为 0.24 s,标准差为 4.17。从图 3-21 收费站上游区域车辆车头时距频率累积分布可以看出,车头时距主要分布在 2~8 s,极少数车辆的车头时距大于 20 s。本书使用分参数检验方法中的 K-S 检验对车辆车头时距进行对数正态分布的假设检验($P=0.008$),结果如图 3-22 所示。

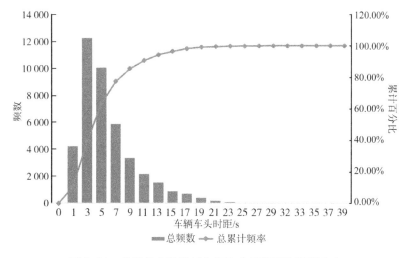

图 3-21 收费站上游区域车辆车头时距频率累积分布

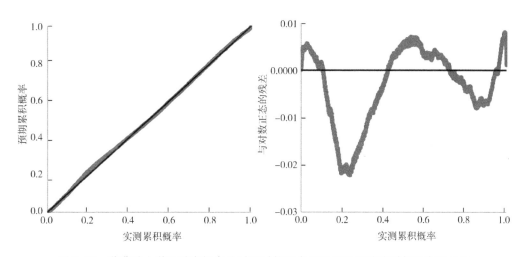

图 3-22 收费站上游区域车辆车头时距对数正态 P-P 图以及趋降对数正态 P-P 图

3.4 基于轨迹数据的收费站下游区域交通特征分析

3.4.1 车辆速度特征

(1) 纵向速度和纵向加速度

为探究收费站下游区域纵向车辆速度特征,选取完整轨迹样本进行分析。研究区域的位置特征及相关参数,见图3-3,鉴于1-无标线直线合流区(简称1区)、2-无标线渐变合流区(简称2区)、3-有标线直线连接路段(指示标志前)(简称3区)、4-有标线直线连接路段(指示标志后)(简称4区)四个分区的交通流运行情况受道路空间、标志标线、交叉口等外界因素的影响,为此,本书分别对不同区域的车辆全程纵向速度和纵向加速度分布情况进行分析,结果如表3-4所示。

由表3-4可知,车辆在下游区域内整体纵向速度较低,全程呈现出先加速后减速的变化趋势。在3区的平均速度最大,为41.34 km/h,且大多分布在30~50 km/h区间内。由于存在交叉路口及信号灯,车辆可能需要停车等待,因此在4区的平均速度相比其他3个区域最小,为19.15 km/h。由图3-23可知,全程平均速度分布情况相对车辆到达先后顺序存在着明显的周期性,在5~45 km/h的范围内逐渐增加,当到达4区需要等待红灯时达到最小值,不需要等待红灯时达到最大值。在1区内,由于ETC车辆不需要停车缴费,即初始速度不为零,因此ETC车辆的平均速度31.20 km/h要大于MTC车辆的平均速度20.34 km/h;随后两种类型的车辆均在2区内加速。

表3-4 收费站下游不同区域车辆全程纵向速度特征

下游区域		车辆类型	平均值/(km/h)	轨迹数据样本数量	标准偏差/(km/h)	最小值/(km/h)	最大值/(km/h)
合流区域	1	所有车辆	27.61	15 072	8.47	5.17	48.98
		ETC车辆	31.20	8 528	7.38	5.17	48.98
		MTC车辆	20.34	7 456	5.24	7.50	36.57
	2	所有车辆	39.12	30 376	9.63	5.87	65.55
		ETC车辆	41.82	22 861	9.26	21.45	65.55
		MTC车辆	33.54	7 515	7.45	5.87	57.11
连接路段	3	所有车辆	41.34	13 982	16.25	0	64.02
	4	所有车辆	19.15	130 380	16.05	0	56.71

全程纵向平均加速度特征,见表3-5。车辆经收费站完成缴费进入1区和2区后整体处于加速状态,由于车辆在渐变段受道路尺寸和周边车辆变道的影响,平均加速度为0.29 m/s²,相比直线段加速度0.74 m/s² 较小。驾驶员在3区内需依据路侧车道指示标志选择不同车道,同时可能与周围车辆存在决策重叠和交通冲突。因此,车辆在3

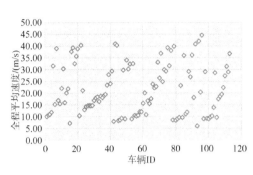

图 3-23 车辆全程纵向平均速度分布

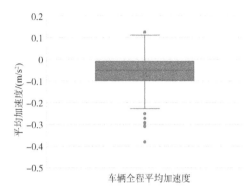

图 3-24 车辆全程纵向平均加速度分布

表 3-5 收费站下游不同区域车辆全程纵向加速度特征

下游区域		车辆类型	平均值 /(m/s²)	轨迹数据样本数量	标准偏差 /(m/s²)	最小值 /(m/s²)	最大值 /(m/s²)
合流区域	1	所有车辆	0.74	15 072	0.62	−4.45	7.67
		ETC 车辆	0.84	8 528	0.67	−2.91	7.67
		MTC 车辆	0.61	7 456	0.70	−4.45	5.98
	2	所有车辆	0.29	30 376	0.67	−5.06	5.44
		ETC 车辆	0.18	22 861	0.67	−5.06	2.83
		MTC 车辆	0.52	7 515	0.64	−4.28	5.44
连接路段	3	所有车辆	−0.16	13 982	0.78	−5.31	3.94
	4	所有车辆	−0.59	130 380	0.76	−7.59	6.66

区内整体处于减速状态,平均加速度为 −0.16 m/s²。由于在 4 区车辆需要减速以避免与其他低速车辆发生碰撞并且有序排队等候信号灯,整体加速度大小为 −0.17 m/s² 且停留时间相对其他区域更长。车辆加速度的平均值为 −0.59 m/s²,加速度不仅存在负值(减速),也存在正值(加速),说明车辆在分流区范围内的速度变化存在不均一性,车辆不仅有减速行为,也存在加速行为,见图 3-24。

此外,在 1 区内,由于 ETC 车辆不需要停车缴费,车辆处于正常低速行驶状态更容易加速,而 MTC 车辆需要停车完成缴费后重新起步,因此 ETC 车辆的平均纵向加速度 0.84 m/s² 要大于 MTC 车辆的平均纵向加速度 0.61 m/s²;随后两种类型的车辆均在 2 区内加速,但由于 ETC 车辆在前一阶段的加速后已经处于较高的行驶速度,并处于满足安全行驶的最高速度附近,因此 ETC 车辆的平均纵向加速度 0.18 m/s² 要小于 MTC 车辆的平均纵向加速度 0.52 m/s²,此时 MTC 车辆在该过程中加速以满足安全行驶需求。

(2) 横向速度和横向加速度

鉴于 1 区、2 区、3 区、4 区四个分区的交通流运行情况受道路空间、标志标线、交叉口等外界因素的影响不同,本书分别针对不同区域的车辆全程横向速度和横向加速度分布情况进行描述性统计,结果如表 3-6 所示。

由表 3-6 可知,车辆在下游区域内整体横向速度较低,为 -0.25 m/s,说明车辆整体向道路内侧加速。由于该收费站下游收费通道及衔接区布局使得车辆在进入连接路段前需要从道路外侧向道路内侧汇入,因此符合该合流区的实际交通特性。在 2 区的横向平均速度最大,为 -0.74 m/s,说明受渐变段线形改变的影响车辆变道情况较为频繁,ETC 车辆倾向于向外侧变道,MTC 车辆倾向于向内侧变道,1 区内的车辆行驶情况与 2 区相同。由于存在交叉路口及车道指示标志,车辆可能需要变道以达到到达指定路线,因此在 4 区的平均速度相比其他 3 个区域最小,为 -1.01 m/s。

表 3-6 收费站下游不同区域车辆全程横向速度情况

下游区域		车辆类型	平均值/(km/h)	轨迹数据样本数量	标准偏差/(km/h)	最小值/(km/h)	最大值/(km/h)
合流区域	1	所有车辆	-1.20	15 072	0.53	-3.80	8.51
		ETC 车辆	0.57	8 528	0.97	-3.80	1.89
		MTC 车辆	-3.08	7 456	2.05	-2.86	8.51
	2	所有车辆	-0.74	30 376	0.95	-3.25	12.60
		ETC 车辆	0.99	22 861	2.59	-3.25	11.43
		MTC 车辆	-7.13	7 515	2.45	1.57	12.60
连接路段	3	所有车辆	0.10	13 982	0.23	-0.38	1.22
	4	所有车辆	-1.01	130 380	2.15	-10.32	0.70

不同车辆全程横向平均速度的波动情况如图 3-25 所示,基于车辆 ID 分布的横向平均速度在一定程度上反映了个体车辆的变道方向和换道次数,横向平均速度为正值表明车辆在收费站下游区域整体向外侧换道,为负值表明车辆在收费站下游区域整体向内侧换道,同时绝对值的大小反映了换道次数的多少。从全程的横向平均加速度变化情况来看,车辆经收费站缴费完成进入 1 区后整体向道路外侧加速,平均加速度为 0.115 m/s²,相比直线段纵向加速度 0.74 m/s² 较小,这可能与驾驶员在刚驶出收费站后为排除收费站狭窄空间心理限制而倾向于向道路外侧行驶有关。

MTC 车辆的横向加速度大于 ETC 车辆。由于驾驶员在 2、3 区内需依据路侧车道指示标志选择不同车道,同时可能与周围车辆存在决策重叠和交通冲突,该收费站收费通道布局使得车辆在进入连接路段前需要从道路外侧向道路内侧汇入,因此车辆在 3 区内整体向道路内侧加速以进入 3 车道连接路段,平均加速度分别为 -0.061 m/s² 和 -0.075 m/s²。同时,由于 MTC 车道在道路外侧,因此在相同条件下需要行驶更多的距离以换道至道路内侧衔接车道,因此 MTC 车辆的平均横向加速度 -0.081 m/s² 要

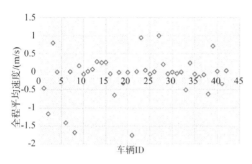

图 3-25 车辆全程横向平均速度分布

图 3-26 车辆全程横向平均加速度分布

大于 ETC 车辆的平均横向加速度—0.055 m/s²。

不同车辆全程横向平均加速度的波动情况如图 3-26 和表 3-7 所示。在 4 区的车辆需要提前驶入满足行驶目的的车道，同时要避免与其他低速车辆发生碰撞并且有序排队等候信号灯，整体横向加速度大小为—0.203 m/s²，说明车辆在此区域变道行为更为剧烈，这与驾驶员的变道行为方式和心理状态有较大关联。

表 3-7　收费站下游不同区域车辆全程横向加速度情况

下游区域		车辆类型	平均值/(m/s²)	轨迹数据样本数量	标准偏差/(m/s²)	最小值/(m/s²)	最大值/(m/s²)
合流区域	1	所有车辆	0.115	15 072	0.103	−0.216	0.661
		ETC 车辆	0.020	8 528	0.066	−0.216	0.200
		MTC 车辆	0.209	7 456	0.136	−0.023	0.661
	2	所有车辆	−0.061	30 376	0.186	−1.007	1.511
		ETC 车辆	−0.055	22 861	0.192	−1.007	0.533
		MTC 车辆	−0.081	7 515	0.167	−0.591	1.511
连接路段	3	所有车辆	−0.075	13 982	0.161	−0.667	0.264
	4	所有车辆	−0.203	130 380	0.456	−2.650	0.789

3.4.2　车辆换道特征

（1）行车轨迹

采用 3.2 节的车辆轨迹数据提取算法框架，识别车辆在规定区域内行驶时位置跟踪框的中心坐标，完成误差消除以及数据检验之后，共获得 113 辆车的完整轨迹数据，从拍摄所得数据集中选择 50 条完整的车辆轨迹，如图 3-27 所示，其中图中轨迹的 $X\text{-}Y$ 坐标为转换后的大地坐标，可以清楚地看到车辆轨迹完整，没有缺失的现象。

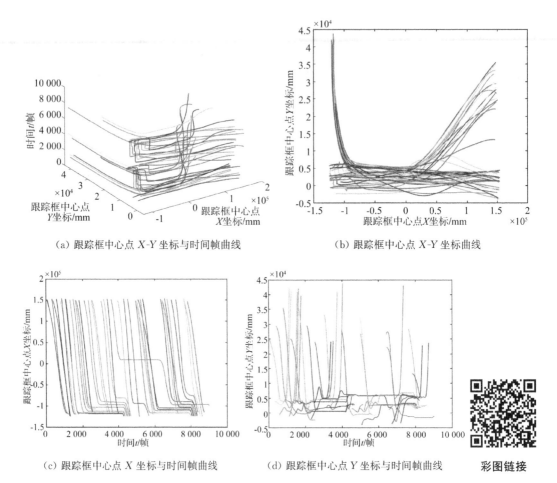

图 3-27 拍摄数据集中 50 条完整车辆轨迹时空分布图

(2) 车道选择

因受外界风力影响,在无人机进行拍摄时拍摄角度有所倾斜,为了获得更为精准的目标检测结果以反映实际的大地坐标位置,对前 5 min 和后 5 min 视频剪辑片段中的大地坐标系分别进行标定,两个时间段内车辆变道的位置分布如图 3-28 所示。统计发现,在 1 区内两侧车道位置车辆倾向于提前变道,处于中间车道的车辆变道次数相对较少。车辆进入 2 区后,由于受渐变段道路尺寸变化和车道指示标志的影响,位于 5、6、7、8 车道内车辆产生换道行为以进入直线连接路段对应的直行或转向车道,因此换道行为更加频繁。在 3 区前一阶段未进入指定车道的部分车辆继续换道,由于直行车道 2 和 3 内的车辆数量不同,驾驶员为缩短排队时间以尽快通过前方交叉口,在 4 区内仍会产生变道行为,这与直行与左转车道划分有关,同时与前方车辆交通流特征(排队长度、前车速度等)有关。

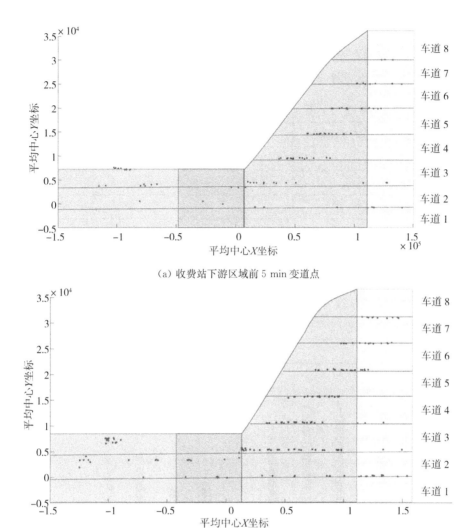

(a) 收费站下游区域前 5 min 变道点

(b) 收费站下游区域后 5 min 变道点

图 3-28 收费站下游区域变道点分布图

(3) 换道次数

为了分析车辆在收费站下游区域内的车道变换行为,本书将车辆刚驶入合流区至离开连接路段过程中车道变换次数进行定量分类,具体分类结果如表 3-8 及图 3-29 所示。可以看出,车辆离开下游区域时换道次数的分布具有不均匀性。61.9% 的车辆在行驶过程中的发生 2 次(包含不换道)以内的换道行为,样本中仅有 2 辆车全程进行了 3 次换道,进行 4 次、5 次、6 次和 7 次换道的车辆样本数分别为 11、10、14 和 6,共产生换道 289 次,每辆车的平均换道次数为 2.56 次。

通过观察原始数据可知,变道次数较多车辆的初始车道多位于收费站外侧(第 6、7、8 MTC 车道),而变道次数较少的车辆的初始车道多位于收费站内侧(第 1、2、3 ETC 车道)。车辆换道宽度由在收费站下游区域内产生的换道总次数乘道路实测宽度

3.5 m得到,换道次数越多对应于车辆产生较大的换道宽度,更容易导致交通流紊乱。由此可见,收费通道的布设形式以及不同种类收费通道的布设位置对车辆在收费站分流区的车道变换会产生直接影响,并且会间接影响车辆在分流区的碰撞风险。

表3-8 车辆换道次数统计表

换道次数	换道宽度/m	频率	百分比/%	累积百分比/%
0	0	25	22.1	22.1
1	3.5	27	23.9	46.0
2	7	18	15.9	61.9
3	10.5	2	1.8	63.7
4	14	11	9.7	73.5
5	17.5	10	8.8	82.3
6	21	14	12.4	94.7
7	24.5	6	5.3	100.0
总计	—	113	100.0	—

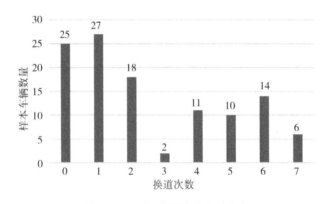

图3-29 车辆全程换道次数分布

3.4.3 车道选择特征

(1) 初始车道特征

车辆进入收费站合流区的初始车道分布具有不均匀性,图3-30展示了车辆初始车道的具体分布情况,初始车道的编号以及布局见图3-7,最内侧车道为第1车道,由内向外依次为1~8车道。如图3-30,初始车道为第2车道的车辆数量最多,其次为第1、8、7、6、3、4车道。总的来看,ETC车辆偏向于从道路内侧车道驶入合流区,而MTC车辆较多选择道路外侧车道,这与ETC与MTC车道的布设位置有关,也反映出初始车道选择会对后续合流区的驾驶行为产生重要影响。

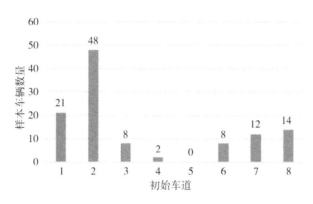

图 3-30 车辆初始车道分布

(2) 换道长度与换道时间

本书将车辆在收费站下游区域内从第一次换道开始到最后一次换道结束,这整个过程经历的时间称为车辆在下游区域的总换道时间,整个过程发生的纵向位移称为车辆在下游区域的总换道长度。以车辆检测框中心点坐标越过车道线为换道开始与结束的标志,本书主要对 2 次及以上的变道行为进行分析。由表 3-9 可知,车辆单次换道时间的平均值为 3.83 s,其中 2 次换道和 4 次换道的车辆平均换道时间较长,分别为 5.36 s 和 4.84 s。换道次数为 3 次、6 次和 7 次的车辆平均换道时间相对较短,主要分布在 2~3 s 区间范围内。由图 3-31 可知,在换道次数较小时,车辆平均换道时间的标准差较大,可能的原因是相邻两次换道的时间波动情况较大。而在换道次数较大时,车辆多由收费站合流区外侧通道驶出并在短时间内变动到目标车道,从而迅速达到最终的平稳固定车道运行状态。

从平均换道行驶长度来看,车辆单次换道平均纵向位移为 36.46 m,且随着换道总次数的增加平均值逐渐减小,这与车辆平均换道时间呈现出相同的变化趋势,在换道次数较小时,车辆的平均换道行驶长度波动性较大,而在换道次数较大时纵向位移对应较小的标准偏差,变化也较为稳定,并且与平均换道时间呈现出明显的相关性,如表 3-10 和图 3-32 所示。

表 3-9 平均换道时间

单位:s

换道次数	平均值	标准偏差	最小值	最大值
2	5.36	3.82	0.12	12.29
3	2.25	0.12	2.17	2.34
4	4.84	3.01	1.65	10.89
5	3.83	1.33	2.30	6.37

续表

换道次数	平均值	标准偏差	最小值	最大值
6	2.75	1.00	1.13	4.91
7	2.30	0.59	1.36	3.20
总计	3.83	2.59	0.12	12.29

表 3-10 平均换道行驶长度

单位：m

换道次数	平均值	标准偏差	最小值	最大值
2	52.35	37.97	1.14	121.51
3	29.94	6.74	25.17	34.70
4	40.30	17.68	14.80	58.79
5	33.84	10.52	20.15	44.16
6	28.07	8.48	11.66	36.93
7	19.24	7.12	14.97	33.16
总计	36.46	23.30	1.14	121.51

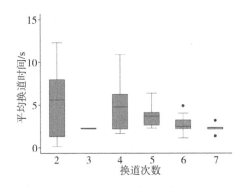

图 3-31 平均换道时间箱型图

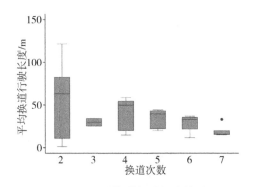

图 3-32 平均换道行驶长度箱型图

3.4.4 行驶时间特征

本书将车辆从进入收费站合流区开始到离开连接路段结束，整个过程经历的时间称为车辆在收费站下游区域的总行驶时间，表 3-11 对车辆总行驶时间进行统计分析。数据显示，车辆在合流区的总行驶时间平均为 14.28 s，标准偏差为 3.39 s。受交通信号控制及车道数量减少的影响，整体上位于连接路段的车辆都需要更长的时间通过收费站分流区，连接路段的总行驶时间平均值(45.43 s)高于合流区，且标准偏差为 31.49 s，远大于合流区。整个下游区域内车辆总行驶时间的平均值为 59.70 s，大部分车辆的行驶时间处于 25~90 s 的区间范围内，最大行驶时间为 165.56 s。

表3-11 车辆在收费站下游区域的总行驶时间分布

单位：s

研究范围	车辆总行驶时间				
	车辆数量	均值	标准偏差	最小值	最大值
合流区		14.28	3.39	9.43	30.56
连接路段	113	45.43	31.49	10.03	147.53
整个下游区域		59.70	32.13	22.02	165.56

由于样本数据量会在一定程度上影响分布假设检验结果，例如K-S检验会在样本量较小时不够敏感，而样本量较大时过于敏感，因此建议绘制P-P图或者Q-Q图对数据分布进行直观判断。图3-33列举了完整轨迹车辆样本在合流区总行驶时间的对数正态P-P图以及趋降对数正态P-P图。在正态P-P图中，样本的实际分布与理论分布基本接近，并且趋降正态P-P图中，残差虽然有一定的上下波动，但大部分的绝对差异小于0.10，因此可以认为样本原始数据在90%置信度下近似服从对数正态分布。

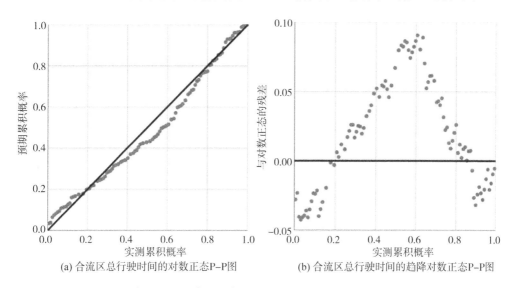

(a) 合流区总行驶时间的对数正态P-P图　　(b) 合流区总行驶时间的趋降对数正态P-P图

图3-33　合流区总行驶时间的对数正态P-P图和趋降对数正态P-P图

3.5　本章小结

（1）以与城市道路衔接的一类典型收费站为例，将研究视域扩大到包含收费站上游区域：主线基本路段（指示标志前）、有车道标线分流区（指示标志后）、无车道标线分流区和收费通道；以及下游区域：无标线直线合流区、无标线渐变合流区（指示标志前）、有标线连接路段（指示标志后）、衔接的有信号控制的交叉口等构成的完整区间，针对这一区间的不同特征路段的车辆运动行为及交通流特征进行研究。

（2）针对传统交通流特征研究的数据采集手段、数据精度以及维度不够丰富的问题,本章利用一种新型的基于视频识别技术的车辆轨迹自动提取算法框架,获取车辆在不同特征路段区间内的完整行驶轨迹的微观信息。该算法框架主要包括:利用集合了路径聚合网络、空间金字塔池化、自对抗训练等技术的 YOLOv4 算法进行车辆目标检测,算法的 mAP 为 95.1%,证实具有较好的检测准确率和检测效率;搭建基于 SORT 算法的车辆跟踪,在视频连续帧中识别最优的车辆匹配,实现每辆车的初始轨迹数据提取;在此基础上,进行数据清洗、坐标系转换,利用 KD-Tree 算法和三次样条插值方法进行轨迹数据重建,并基于 SG 滤波器进行视频稳像处理和轨迹平滑处理,轨迹重构有效率达到 97.34%。相关工作为后续研究提供了坚实的数据基础。

(3) 从宏观特征、速度特征、换道特征和时间特征四个方面探究了收费站上游区域不同特征路段的交通流特性。结果显示:主线道路基本路段、主线有车道标线分流区、无车道标线分流区的纵向平均速度分别为 62.86 km/h、65.48 km/h、14.87 km/h,表明多数车辆在进入收费站区域前已根据指示标志进行了减速调整,且通过加速或减速来为进入收费站分流区前进行车辆换道或者驾驶姿态的调整做准备;在主线基本路段的换道率为 30%,在整个分流区小型车较少变换车道,其次为向外侧变换 1 车道,大型车多为向外侧变换 5 车道,中型车没有向内侧变道的情况;ETC 车辆平均服务时间为 7.96 s,最长和最短服务时间分别为 15.30 s 和 3.63 s;车辆在分流区总行驶时间平均为 10.87 s,MTC 车辆和 ETC 车辆平均行驶时间分别为 14.55 s 和 9.35 s;车头时距平均值为 5.96 s,最大值为 38.59 s,最小值为 0.24 s。

(4) 从车辆纵向/横向的速度/加速度特征、车辆换道特征、车道选择特征和行驶时间特征四个方面探究了收费站下游区域不同特征路段的交通流特性。结果显示:不同区域全程纵向速度为 28.05 km/h,其中有道路标线直线连接路段最大为 41.34 km/h;有 61.9% 的车辆在行驶过程中发生 2 次以内的换道行为,每辆车的平均换道次数为 2.56 次,车辆单次换道时间的平均值为 3.83 s,主要分布在 2~3 s 的区间范围内;从平均换道行驶长度来看,车辆单次换道平均纵向位移为 36.46 m,且随着换道总次数的增加平均值逐渐减小;初始车道为第 2 车道的车辆数量最多,其次为第 1、8、7、6、3、4 车道;车辆在合流区的总行驶时间平均为 14.28 s,连接路段的总行驶时间平均值为 45.43 s,远高于合流区;整个下游区域内车辆总行驶时间平均值为 59.70 s,大部分车辆的行驶时间处于 25~90 s 的区间范围内,最大行驶时间为 165.56 s。

第四章

基于交通冲突特征分析的收费站区域安全评价与优化策略研究

基于目前我国高速公路收费站安全现状与管理优化的现实需要,本章以收费站的上游区域和下游区域为研究场景,在第三章基于视频的车辆轨迹数据提取算法框架基础上,结合本章提出的改进的交通冲突测量模型,在MATLAB中设计实现基于车辆微观轨迹数据的交通冲突自动提取算法,建立收费站上下游区域交通冲突提取与安全评估的一套完整的研究体系,实现对区域空间内车辆行车安全的状态识别。同时,基于VISSIM+SSAM构建了多场景下收费站上下游区域交通冲突仿真分析模型,对收费站区域相关参数与交通冲突和通行效率的关系及影响机制等方面进行积极地探索。相关工作为交通冲突快速分析及其在理论与工程中的应用提供了良好的方法论支持。

4.1 研究背景

目前国内以收费站为背景的研究多集中于收费站的通行能力、车道配置及环境相关等[28,137-142],而高速公路收费站安全的研究尚未得到足够重视[48,143-144]。大量的交通事故数据显示当前国内收费站的安全态势并不乐观,如2018年11月5日兰海高速兰州南收费站发生特大交通事故导致15人死44伤,其中重伤10人,31车受损;2019年8月24日西安东郊灞桥收费站交通事故造成四车连撞,1人当场死亡,3人受伤;2021年5月12日,江苏淮安南高速收费站出口发生严重交通事故,3人重伤。交通事故在收费站区域频发且造成的后果严重程度较高,一方面说明收费站区域是高速公路道路交通事故黑点,急需重视;另一方面,随着交通流量的不断提升及交通流组成的显著变化,如ETC车辆比例的快速提升等,尤其是目前ETC和MTC车道混合布设的收费模式以及存在MTC/ETC混合车道等情况,导致混合收费站的安全状况变得更加复杂。这些都对收费站的交通安全研究提出了新的挑战。因此,十分有必要针对收费站区域特征建立一套完整的安全分析理论及技术研究框架,以应对高速公路收费站不断复杂化的行车安全需求。

关于高速公路收费站安全的研究目前主要基于两种途径：一是基于历史事故的调查分析，但存在数据获取周期长、仅限于静态的分析等不足[48]；二是以交通冲突技术为代表的基于安全替代指标的研究[144-145]。其中，交通冲突技术（Traffic Conflicts Technique，TCT）是国际交通安全研究领域普遍采用的一种非事故指标评价方法[146-147]，相较于以历史事故数据的安全评价研究方法，其规避了传统方法样本小、周期长、采集难以及影响因素多等一些问题和缺陷，也是了解交通事故内在机理的重要途径[148]。但目前仍缺乏真实环境下对区域相互作用车辆间的连续精确轨迹追踪数据的获取手段[149]，这在一定程度上制约了该领域的深入研究。

基于此，本书选取收费站的上游区域（高速公路基本路段、分流区和收费通道）和下游区域（收费通道、合流区、连接路段和衔接交叉口）为研究场景，通过上一章构建的模型框架获取车辆轨迹的微观交通参数，设计基于轨迹数据的交通冲突自动提取算法，建立收费站上下游区域的交通安全评价分析框架，尝试在揭示收费站区域交通事故产生机理及其与收费站区域相关设计参数间的关系等方面做出探索性的贡献。

4.2 交通冲突表征与测量

4.2.1 交通冲突类型

通过对高速公路收费站上下游区域行车特点分析可知，上游区域车辆速度由高速向低速过渡，同时存在由收费车道选择等所带来的车道变换等不安全驾驶行为；下游区域车辆速度由低速向高速过渡，同时也面临着驶离车道选择与车道变换等驾驶行为决策。因此，在此过程中的主要交通冲突类型为由速度差及其他与驾驶行为有关的人车路环境等因素共同作用导致的追尾冲突和侧碰冲突，见图4-1。交通冲突的产生主体可以是MTC-MTC、MTC-ETC以及ETC-ETC等车辆间的作用形式，同时，由于收费站区域道路中间分隔设施设置的作用，基本上不存在对向的行车冲突。

4.2.2 交通冲突测量

交通冲突依据一定的测量方法和判别标准，对其发生过程与严重程度进行定量测量和判别，是目前微观交通安全评价领域内最重要的研究方向之一[149]。交通冲突的定义反映的是对交通事故发生概率及严重程度的主观性判断，其主要分类有基于是否有避险行为和时间/空间上的接近程度，两种分类表征的方法均在一定程度上揭示了交通冲突与交通事故间的关联，即交通冲突可以视为潜在的交通事故，其区别在于是否发生直接的事故后果。国内外众多学者认为只有在大量聚集的交通冲突情况下才可能出现交通事故，且不同程度的交通冲突和交通事故呈现分级排列特征。常见的交通事件分

第四章
基于交通冲突特征分析的收费站区域安全评价与优化策略研究

(a) 追尾冲突（左：上游区域，右：下游区域）

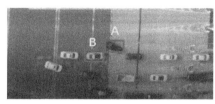 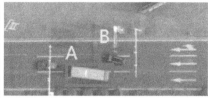

(b) 侧碰冲突（左：上游区域，右：下游区域）

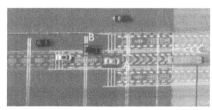 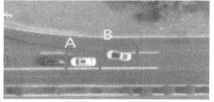

(c) 后方车辆换道与前车冲突（左：上游区域，右：下游区域）

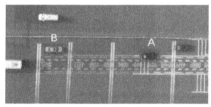 

(d) 前方车辆换道与后车冲突（左：上游区域，右：下游区域）

图 4-1　收费站区域交通冲突类型

级模型有事故接近程度分布模型、金字塔分级模型和钻石分级模型[149]。相关模型试图从逻辑框架上区分各级交通事件而建立连续的安全分析模型，但目前各级交通事件的严格分界点仍处于理论分析阶段并未被清晰区分。

基于是否有避险行为的定义存在观测人员主观性较强的问题，难以进行高精度的定量观测和持续记录；基于时间/空间上的接近程度定义较为客观且易于直观定量测量。因此，国内外常用的交通冲突测量模型主要有：①基于时间的度量模型，如碰撞时间(Time to Collision,TTC)、暴露碰撞时间(Time Exposed TTC,TET)、累计危险碰撞时间(Time Integrated TTC,TIT)、后侵入时间(Post Encroachment Time,PET)以及 TDTC(Time Difference to Collision)等[149-152]；②基于距离的度量模型，如停车距离比(Proportion of Stoping Distance,PSD)、冲突距离、制动距离以及横向偏移距离(Lateral Distance to Departure, LDD)等[34,149]；③基于避免冲突的最大减速度（Deceleration Rate to Avoid Crash, DRAC）测量模型等[153]，以及其他的一些自定义指标[148,154-155]，各类指标均具有特定的优势、不足及适用情况。考虑到本书情景适应性及获取的高精度连续的车辆行车轨迹信息，主要选取基于TTC的扩展距离碰撞时间（Extended TTC, ETTC）和PET两个指标的综合来定义交通冲突，进而研究收费站区域的交通冲突及安全与效率问题。

4.2.2.1 碰撞时间（TTC）

碰撞时间（TTC）作为一种安全替代指标，广泛应用于交通冲突评估研究领域，指某一时刻下，若道路上相邻两车的速度和行车轨迹不变（不采取任何避险措施），则必然会在后续某个时刻发生事故的情况下，由其中一方开始采取避让行为的瞬间至事故发生相距的时间段称为碰撞时间[156-158]。TTC值越小，发生碰撞事故的概率越大。TTC可以有效评估交通冲突的严重性，但使用该判别标准的前提条件为：前车速度小于后车速度，且同时假定两车保持运动状态不变，对冲突的判断是瞬时的；且与PET等指标相比更有信息性，可以对比冲突的量级，适用于多种冲突情景[46]。

根据冲突角的划分，可将交通冲突分为正向冲突（冲突角 $\varepsilon[135°,180°]$）、横穿冲突（冲突角 $\varepsilon[45°,135°]$）和追尾冲突（冲突角 $\varepsilon[0°,45°]$）等[159]，见图4-2。本书研究的情景为收费站区域，由于对向道路之间的隔离，正向冲突发生的可能性几乎为0，因此考虑收费站车辆交通冲突时，仅考虑车辆之间的追尾冲突和横穿冲突。一般而言，TTC只统计车辆在平行和垂直两种方向上的潜在冲突，且TTC<3 s被认为是一次有可能导致事故的严重冲突[46,160]。

当车辆间发生追尾冲突时，此时TTC计算公式为：

$$TTC = \begin{cases} \dfrac{X_i - X_j - L_i}{v_i - v_j}, & v_j > v_i \\ \infty, & v_j \leqslant v_i \end{cases} \quad (4-1)$$

式中：v_i、v_j 分别表示前车 i 和后车 j 在某时刻的行驶速度；X_i 和 X_j 为当前道路的坐标位置；L_i 为前车 i 的长度；L_j 为后车 j 的长度；D_i、D_j 分别表示前车 i 和后车 j 车头距冲突区域的距离。

4.2.2.2 扩展碰撞时间（ETTC）

通常，传统TTC模型仅考虑平行和垂直方向上的潜在交通冲突，难以处理一些复杂的不受限角度的碰撞冲突的测量和评估[161]。为提升传统TTC的适用性，一些学者基于传统TTC提出了适用于二维平面不受碰撞角度假设限定的车辆冲突测量与评估的扩展TTC（Extended TTC, ETTC）[162-164]。ETTC的定义与传统TTC类似，假定车辆发生交通冲突时的加速度恒定，可以通过平面直角坐标系标定，来提供丰富的车辆运动微观信息，以及进行ETTC的测算，见图4-3。

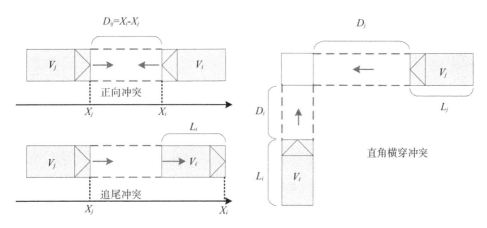

图 4-2　不同类型 TTC 示意图

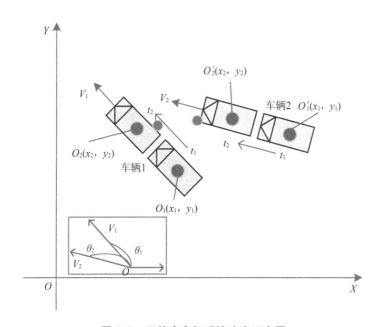

图 4-3　无约束车辆碰撞冲突示意图

将车辆1(前车)和车辆2(后车)的运动轨迹投影到平面直角坐标系中,则在任意某一连续时刻$(t_1 \to t_2)$,车辆1和车辆2的抽象中心点连续坐标可以用$O_1(x_1, y_1)$、$O_2(x_2, y_2)$和$O'_1(x_1, y_1)$、$O'_2(x_2, y_2)$表示。考虑到实际情况,车辆发生碰撞事故是由车辆最外侧边缘临近点接触导致,如图4-3中的小圆点位置示意,而两车中心点间距离与两车边缘临近点距离的差值,理论上会随着两车行驶角度的变化而变化,见图4-3中的θ_1和θ_2。为便于处理这种复杂的情况,将两车车长和的一半作为两车中心点和临近点间差值的测量基准,以保证考虑车辆尺寸条件下的两车距离的计算值比实际距离小,以降低因车辆外形尺寸对碰撞冲突预测计算结果的影响,从而提升车辆的行驶安全性。同时假定任意连续时刻的间隔较小,两车接近时的中心点靠近速度和临近点靠近速度保持恒定一致,分别为 V_1 和 V_2。因 ETTC 的定义与 TTC 类似,根据改进的扩展定义的原理,ETTC 的具体计算公式如下:

$$ETTC = -\frac{\sqrt{(O_i - O_j)^T(O_i - O_j)} - 0.5L_1 - 0.5L_2}{\frac{1}{\sqrt{(O_i - O_j)^T(O_i - O_j)}}(O_i - O_j)^T(V_i - V_j)} \quad (4-2)$$

式中:i 代表前车,j 代表后车;O_i 和 O_j 为前车和后车的中心坐标,m;L_1 和 L_2 为前车和后车的长度,可以通过跟踪边界框的角点坐标获得,m;V_i 和 V_j 为前车和后车的速度,m/s。

参考 TTC 预测交通冲突的阈值设定,本书将 ETTC 的阈值也设定为 3 s,根据前一章建立的轨迹数据提取方法,以 28 帧/s 进行数据提取计算 ETTC,当 ETTC 小于 3 s 的设定阈值时,标记为发生交通冲突并记录冲突点的位置,构建收费站上下游区域的交通冲突研究样本。

4.2.2.3 后侵入时间(PET)

MUHLRAD[165]将两个交通参与主体先后通过同一公共区域的时间差定义为后侵入时间,用于衡量两个主体间的交通冲突风险,见图 4-4。后续研究将其扩展为跟随车辆的头部到达侵入线的时间与先导车辆的尾部离开侵入线的时间之差[61],或者为经过各车流流向交叉理论冲突点的时间差[166]。PET 相较于其他指标,定义简单,易于计算。当车辆行驶包含转向或者交织行为时,PET 可适用于视频交通冲突分析,且因为计算 PET 不需要相关车辆的速度、方向和车长等微观数据,只需要前车驶出公共区域的时刻和后车进入公共区域的时刻即可直接观察和测量,故数据采集也较为简单和方便[149]。

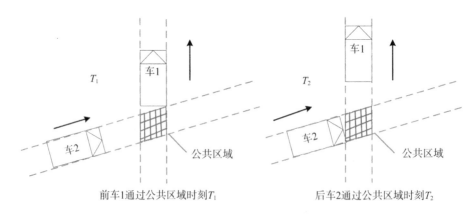

图 4-4 PET 定义冲突示意图

根据 PET 定义,当车辆间发生交通冲突时,其计算公式为:

$$PET = T_2 - T_1 \quad (4-3)$$

式中：T_1 表示前车尾部通过指定断面的时间；T_2 表示后车头部到达指定断面的时间。由于本书采用轨迹提取算法框架提取轨迹数据并处理，根据上一小节提出的方法，为减小车辆尺寸对冲突预测结果的影响，需要对 PET 原始计算公式进行变形转换，因此，应用于本书的 PET 计算公式（不包括固定车辆的轨迹点）为：

$$PET = \frac{\sqrt{(O_i - O_j)^{\mathrm{T}}(O_i - O_j)} - 0.5L_1 - 0.5L_2}{V_j} \qquad (4-4)$$

式中：i 代表前车；j 代表后车；O_i 和 O_j 为前车和后车的中心坐标，m；L_1 和 L_2 为前车和后车的长度，可以通过跟踪边界框的角点坐标获得，m；V_j 为后车的速度，m/s。PET 使用条件相较于 TTC 更加宽松，不需要道路使用者保持相同的运行轨迹，只要求其具有冲突点或冲突面即可，因此，PET 更多地被用于相交运行轨迹的交通冲突衡量，一般认为，当 PET<1.5 s 时，表明车辆间存在较为严重的冲突影响。

4.2.3 交通冲突提取

基于上一章的视频车辆轨迹数据提取算法框架，并结合本章提出的改进的交通冲突测量方法，本书建立了收费站上下游区域交通冲突提取与安全评估的一套完整的研究体系，见图 4-5。

以收费站上下游区域行车视频流为输入，融合基于 YOLOv4 车辆检测模型、SORT 车辆跟踪算法、SG 轨迹平滑法以及 KD-Tree 车辆轨迹重构算法等，完成对车辆行车轨迹数据高精度的识别与追踪，并通过像素坐标和大地坐标之间的转换高度还原车辆在大地坐标系中的对应位置，在分别设置交通安全替代指标合理阈值的前提下，将扩展碰撞时间 ETTC 和后侵入时间 PET 两个指标组合到同一个算法中，在 MATLAB 中设计并实现基于车辆微观轨迹数据的交通冲突自动提取算法，根据上一帧与当前帧中车辆矩形中心点的大地坐标和动力学参数，计算当前帧中所有车辆的交通安全状态，进而对车辆行车安全状态进行识别，输出交通冲突点的轨迹空间参数，从而能够应用于不同场景下收费站区域的交通冲突自动识别与安全评估。

本书将 ETTC 和 PET 的阈值分别设置为 3 s 和 1.5 s，并定义本书采用的交通冲突测量标准，即：如某一时刻的 ETTC 和 PET 同时小于阈值（ETTC<3 s & PET<1.5 s），则认为存在交通冲突情况。在这种情况下，如果保持当前速度和行驶方向，则后车有发生碰撞的危险，将后车的中心坐标记录为冲突点。进一步可以利用数理统计等数据分析处理技术对车辆类型、换道行为以及目标车道选择等不同情况下的交通冲突空间分布状态及严重性等进行更加深入的研究，进而提出相应的安全优化策略。上述处理方案便于从车辆轨迹的丰富的微观信息来进行交通冲突的自动识别与预测，为交通冲突分析快速应用于理论研究以及工程应用提供了良好的方法论的支持。

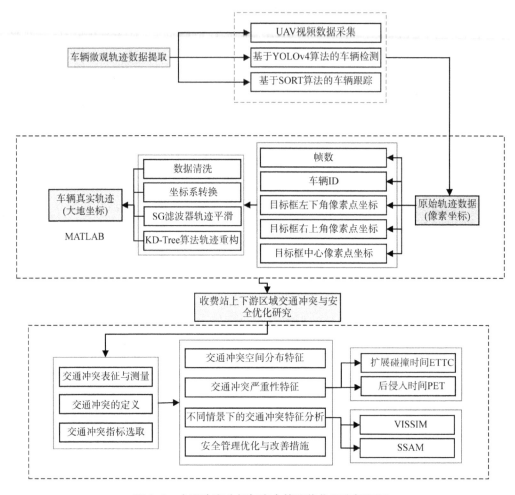

图 4-5　交通冲突分析与安全管理优化研究框架图

4.3　收费站上游区域交通冲突特征分析

4.3.1　交通冲突数分布特征

为便于比较分析,分别采用了 ETTC 和 PET 两个独立指标,对收费站上游区域的交通冲突情况进行了样本采集和分析。具体为:以 28 帧/s 进行数据提取,判断所有车辆在收费站上游区域行驶时每一时间步长内的 ETTC 是否小于 3 s,采用 MATLAB 编程实现任意最相邻的两车间交通冲突自动识别和计算,总共获得 56 058 个样本,包含 49 436 个安全样本(88.19%)和 6 622 个危险样本(11.81%)。危险样本的 ETTC 平均值为 1.99 s。以 PET 阈值为 1.5 s 评判是否处于危险状态,共获得 45 214 个安全样本(80.66%)和 10 844 个危险样本(19.34%)。危险样本的 PET 平均值为 0.94 s。

接下来,筛选 ETTC 值(ETTC<3 s)和 PET 值(PET<1.5 s)同时小于阈值的冲突点为最终危险样本进行交通冲突时空分布特征分析,具体结果如表 4-1 所示。可以看出,上游区域 ETTC 的平均值为 1.81 s,比使用单指标测量,下降了 0.18 s,PET 的平均值为 0.82 s,下降了 0.12 s,说明选取的 4 998 个最终危险样本的危险性更高。使用 Kolmogorov-Smirnov 检验对收费站上游区域最终危险样本进行正态分布的假设检验,检验结果如表 4-1 所示。结果显示,拓展碰撞时间(ETTC)和后侵入时间(PET)均很好地符合正态分布情况。为更好地对 ETTC 和 PET 的计算结果进行直观判断,其正态 P-P 图以及趋降正态 P-P 图如图 4-6 和 4-7 所示。

表 4-1 上游区域最终危险样本的 ETTC 和 PET 计算结果

评价指标	平均值	个案数	标准差	最大值	最小值	K-S 检验 P 值
ETTC/s	1.81	4 998	0.66	2.99	0.28	0.051
PET/s	0.82	4 998	0.35	1.49	0.15	0.046

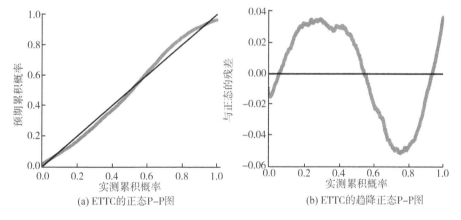

图 4-6 最终危险样本 ETTC 的正态 P-P 图及趋降正态 P-P 图

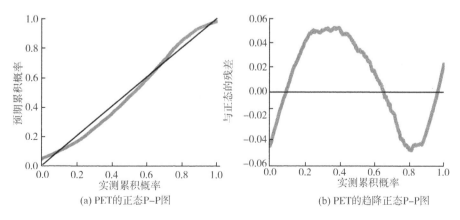

图 4-7 最终危险样本 PET 的正态 P-P 图以及趋降正态 P-P 图

4.3.2 交通冲突严重性特征

收费站上游区域在研究采样的时间段内,整体危险样本 ETTC 的平均值为 1.81 s,最大值和最小值分别为 2.99 s 和 0.28 s,标准差为 0.66,ETC 和 MTC 车辆的冲突严重性特征见表 4-2。结果显示,MTC 车辆危险样本个案为 932 个,ETTC 平均值为 1.72 s,ETC 车辆危险样本个案为 4 066 个,ETTC 平均值为 1.84 s。整体危险样本 PET 平均值为 0.82 s,最大值和最小值分别为 1.49 s 和 0.15 s,标准差为 0.35,MTC 和 ETC 车辆危险样本的 PET 均值分别为 0.90 s 和 0.80 s。可以发现,研究样本的拓展碰撞时间(ETTC)集中分布在 1.0~2.5 s 之间,危险程度较高的冲突数量相对较少;后侵入时间(PET)集中分布在 0.25~1.0 s 之间,危险程度较高的冲突数量相对较多。最终研究样本的交通冲突频率分布如图 4-8 所示。

表 4-2 交通冲突严重性特征

类别	ETTC/s					PET/s				
	平均值	个案数	标准差	最大值	最小值	平均值	个案数	标准差	最大值	最小值
所有类型	1.81	4 998	0.66	2.99	0.28	0.82	4 998	0.35	1.49	0.15
MTC	1.72	932	0.63	2.99	0.57	0.90	932	0.33	1.49	0.22
ETC	1.84	4 066	0.66	2.99	0.28	0.80	4 066	0.35	1.49	0.15

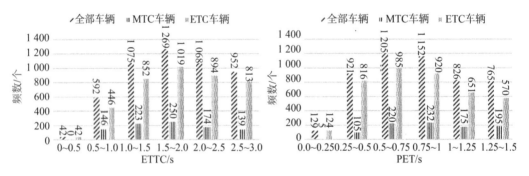

图 4-8 交通冲突频率分布图

4.3.3 交通冲突空间分布特征

由于受人车路环境等多种复合因素的影响,收费站上游区域的车辆在任意时刻的交通冲突具有多频性、随机性和差异性等特征,最终危险样本交通冲突点的空间分布如图 4-9 所示,X 轴和 Y 轴为像素坐标轴。结果显示,MTC 车辆和 ETC 车辆的交通冲突在收费站上游区前端处于混杂状态,随后交织分布在分流区内,随着车辆逐渐完成分流,冲突点在分流区后段逐渐分隔开来,交织情况减少;由于车道布设等因素,MTC 车辆冲突点多在下方靠近收费通道的空间,而 ETC 车辆冲突点多在上方空间。

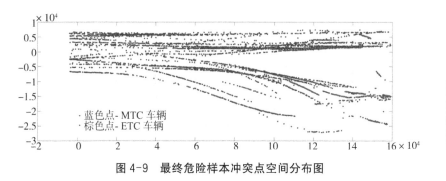

图 4-9　最终危险样本冲突点空间分布图　　　　彩图链接

4.3.4　交通冲突与车辆换道行为

车辆换道行为易造成冲突加剧,且车辆换道冲突危险样本在不同车道上的分布存在差异性,为便于对比分析,此处定义危险性得分,将各种不同的车道变换类型标准化处理,具体计算如下式:

$$\text{危险性得分} = 1\,000 \times \frac{\text{危险样本数}}{\text{该车道变换类型样本总数}} \tag{4-5}$$

由式(4-5)可以看出,某一车道变换类型样本中危险样本的比例越高,则说明该车道变换类型危险性越大,其危险性得分相应也越大。从表 4-3 结果分析可知,向道路内侧变换 1 车道的危险性得分最高(139.25),其次为向道路内侧变换 2 车道(65.23),可能的原因是内侧车道的行车速度较大。向道路外侧变换车道的危险性显著低于向道路内侧变换车道的危险性,这可能与分流区由车道 4 向道路外侧拓宽有关。选择向道路外侧变换 6 车道的危险样本 ETTC 平均值最高(2.03),反之向道路外侧变换 2 车道的危险样本平均 ETTC 最小(1.34),说明车辆向道路外侧变换 2 车道发生的事故严重性最高,换道数和冲突严重性的正相关性不明显,可能原因是样本量还不够大。

表 4-3　车辆换道对交通冲突的影响

换道方向	换道数	危险样本				
		危险样本数	样本总数	危险性得分	ETTC 平均值	PET 平均值
道路内侧	−2	352	5 396	65.23	1.91	0.74
	−1	635	4 560	139.25	1.72	0.91

续表

换道方向	换道数	危险样本				
		危险样本数	样本总数	危险性得分	ETTC平均值	PET平均值
道路外侧	1	599	15 126	39.60	1.83	0.7
	2	2	7 615	0.26	1.34	1.1
	3	274	40 168	6.82	1.43	1.04
	4	342	47 240	7.24	1.87	0.89
	5	275	41 501	6.63	1.78	0.78
	6	39	11 009	3.54	2.03	1

4.4 不同条件下收费站上游区域交通冲突及方案比选

4.4.1 基于VISSIM+SSAM的收费站上游区域交通冲突仿真建模

结合实地调查结果,确定收费站上游区域的道路几何特征及相关参数,包括车道形状、车道宽度、车道类型及数目、车道流向、收费时间长度、分隔设施以及交通流数据等,其中交通流数据以多次调查整理后取均值作为参数进行输入,从而减少因固定时刻环境变化引起的交通流数据变化。在第三章中相关参数数据已详细报告,此处不再赘述,并基于此建立VISSIM仿真模型的基础环境。

同时,传统的交通安全评价方法依赖于完备的历史交通事故资料,无法适用于统计资料缺乏或仍处于规划阶段的交通项目。随着交通仿真技术的不断发展,一些学者提出间接安全评价模型(Surrogate Safety Assessment Model,SSAM),即利用交通仿真软件建立研究对象的仿真模型,通过分析仿真模型中的交通冲突,输出特定的安全评价指标,来代替事故数据对实际或规划的交通场景进行安全评价。该方法一经提出便引起了国内外学者的广泛关注和应用[33,167-168]。SSAM采用的冲突分析指标有碰撞时间(TTC)、后侵入时间(PET)、初始减速度(DR)、最大速度(MaxS)和相对速度(DeltaS)等,其中,碰撞时间(TTC)与后侵入时间(PET)与本书选取的交通冲突表征指标类同,方便将不同仿真情景下的交通冲突结果与第三节的分析方法结果进行对比参照。由此收费站上游区域VISSIM仿真模型和基于SSAM的现状交通冲突分布见图4-10和图4-11。

4.4.2 换算冲突量

通过VISSIM对收费站上游区域现状进行交通仿真,仿真时长共计10 min,采用5 min预热与5 min交通冲突数据采集相结合的方式,设置与上节TTC和PET相同的阈值($TTC<3$ s,$PET<1.5$ s),通过交通冲突量进行交通安全评价。多次仿真后取平

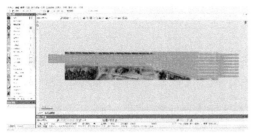 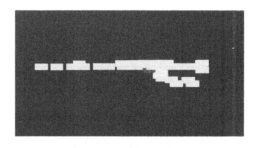

图 4-10　收费站上游区域 VISSIM 仿真模型示意图　　图 4-11　基于 SSAM 的现状交通冲突分布图

均值,可得现状收费站上游区域 VISSIM 仿真模型在 5 min 的时间内共产生冲突量为 81。由于基于视频识别技术的车辆轨迹数据提取方法每秒提取 28 帧作为数据集,而 VISSIM 仿真模型以 1 s 为基础单位进行数据集的提取,因此需要对冲突量进行相应的换算。本书定义换算冲突量(Converted Amounts of Conflicts,CAC)作为试验指标,其计算公式为:

$$CAC = kC \tag{4-6}$$

式中:CAC 为换算后每小时的交通冲突量;C 为 VISSIM 仿真模型 5 min 交通冲突量;k 为换算系数。共产生 4 998 个符合条件的交通冲突点,若与 VISSIM 仿真模型相同以 1 s 为基础单位进行数据集的提取,5 min 应产生冲突量为(4 998/28.11)×(5/10)＝89,则本书换算系数 k 值为:(89/81)×(60/5)＝13.19,现状收费站上游区域换算冲突量 CAC 的值为:13.19×81＝1 068。由于收费站上游区域 VISSIM 仿真模型 5 min 交通冲突量为 81,而通过上述分析,基于车辆轨迹视频识别技术以 1 s 为基础单位进行交通冲突分析,5 min 交通冲突量为 89(91.01%),说明本书建立的 VISSIM 仿真模型具有较高的拟合度与可靠性。

4.4.3　不同条件下的收费站上游区域交通冲突特征分析

(1) ETC 车道数量影响分析

保持收费站上游区域现有布局参数和交通量参数不变,改变其中 ETC 车道的数量及相关设置参数,对产生的 TRJ 文件进行获取并使用 SSAM 分析计算换算冲突量(CAC),结果如表 4-4 和图 4-12 所示。从表中可以看出,当设置 2 条 ETC 车道时,冲突量较现状有所减少;当设置 4 条 ETC 车道、4 条 MTC 车道时,冲突量最低;仿真考虑未来发展趋势下 ETC 车辆大幅提升情景的影响,设置了 6 条 ETC 车道,发现其冲突量与现状并没有太大差别,可见 ETC 车道数并不是越多越好,其中原因可能是仍存在 MTC 和 ETC 车流混合运行的影响作用,较之现状混合交通流而言,如未来全部为 ETC 车道,则交通流将恢复稳定,交通冲突亦会显著下降。

表 4-4 ETC 车道数量对冲突量的影响

ETC 车道数 a_E	2	4	6
CAC	922	843	1 054

注：ETC 车道布设时均为紧密型布设，下同。

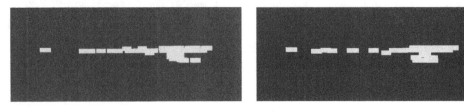

(a) $a_E=2$　　　　　　　　(b) $a_E=4$

图 4-12 不同 ETC 车道数量的交通冲突分布图

(2) ETC 车道位置影响分析

保持收费站上游区域现有的布局参数和交通量参数不变，改变其中 ETC 车道位置及相关设置参数，对产生的 TRJ 文件进行获取并使用 SSAM 分析计算换算冲突量(CAC)，以车辆前进方向为基准方向，结果如表 4-5 和图 4-13 所示。从表中可以看出，现状收费站上游区域，当 ETC 车道布设在左侧位置时每小时产生的冲突量是最多的；当 ETC 车道布设于中间和右侧位置时，冲突量减少，此结果跟以往的研究相反，主要是由于研究样本的限制，以及 ETC 车辆比例较高和 MTC 车辆间的混合交通流的比例较大，使得交通冲突主要发生在左侧区域，具体情景下应综合考虑位置因素对安全的影响。

表 4-5 ETC 车道位置对冲突量的影响

ETC 车道位置	左侧	中间	右侧
CAC	1 067	935	711

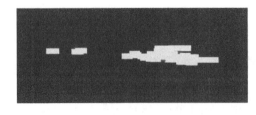

(a) 中间位置　　　　　　　　(b) 右侧位置

图 4-13 不同 ETC 车道位置的交通冲突分布图

(3) ETC 车辆比例影响分析

设 ETC 车辆通过比例与经过该路段的 ETC 车辆以及经过该路段的总车辆数之间的数量关系为：$p=\dfrac{C_E}{C}$。保持淮安南收费站上游区域现有布局参数和交通量参数不变，改变其中 ETC 车辆的比例及相关设置参数,对产生的 TRJ 文件进行获取并使用 SSAM 分析计算换算冲突量(CAC),结果如表 4-6 和图 4-14 所示。从表中可以看出,收费站上游区域每小时产生的冲突量跟 ETC 车辆比例的大小相关,当 ETC 车辆比例增加 25% 或 50% 时,冲突量有所增加;当 ETC 车辆比例减少 25% 时,冲突量最低,其原因可能是 ETC 车辆的行驶速度较快以及混合交通流的影响。

表 4-6 ETC 车辆比例对冲突量的影响

ETC 车辆比例	0.75P	1.25P	1.5P
CAC	856	988	1 040

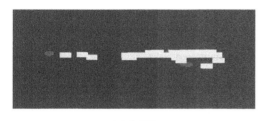
(a) 1.25P

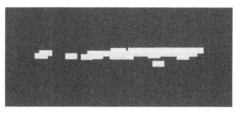
(b) 1.5P

图 4-14 不同 ETC 车辆比例的交通冲突分布图

(4) 交通量影响分析

设经过该路段的总车辆数与经过该路段的 ETC 车辆数及 MTC 车辆数之间的数量关系为: $C=C_M+C_E$。保持淮安南收费站上游区域现有布局参数及 MTC 与 ETC 之间的比例不变,改变其中单位小时的交通量及相关设置参数,对产生的 TRJ 文件进行获取并使用 SSAM 分析计算换算冲突量(CAC),计算结果如表 4-7 和图 4-15 所示。从表中可以看出,增加单位小时的交通量会显著增加冲突量;同时,减少单位小时的交通量也会显著减少冲突量。

表 4-7 交通量对冲突量的影响

交通量	C	0.5C	1.5C
CAC	1 067	132	1 844

(a) 0.5C

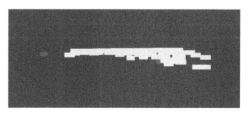
(b) 1.5C

图 4-15 不同交通量的交通冲突分布图

(5) 渐变段长度影响分析

设淮安南收费站上游区域现有渐变段长度为 L，现状 $L=89.13$ m。保持收费站上游区域现有布局参数和交通量参数不变，改变渐变段长度及相关设置参数（在其余各区域长度不变的前提下改变渐变段长度，分流区渐变率会产生相应的改变），对产生的 TRJ 文件进行获取并使用 SSAM 分析计算换算冲突量（CAC），结果如表 4-8 和图 4-16 所示。可以看出，现状收费站上游区域每小时产生的冲突量是最多的；而当渐变段长度减少 25% 时，冲突量有所减少；当渐变段长度增加 25% 时，冲突量最低。

表 4-8 分流区长度对冲突量的影响

渐变段长度	L	0.75L	1.25L
CAC	1 067	738	672

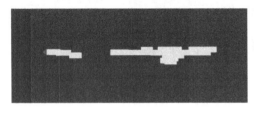
(a) 0.75L

(b) 1.25L

图 4-16 不同渐变段长度的交通冲突分布图

4.4.4 安全评价与方案比选

（1）基于交通冲突评价的正交试验设计

本章建立的试验收费站模型中，设 a_E 和 a_M 分别为 ETC 和 MTC 收费口数量，C_M 和 C_E 为经过该路段的 MTC 和 ETC 车辆数。收费口总数 $a=a_M+a_E$。经过该路段总的车辆数 $C=C_M+C_E$。ETC 车辆通过比例为：$p=\dfrac{C_E}{C}$。选取换算冲突量（CAC）作为试验指标。此次试验包括四个主要因素：①ETC 车道数量；②ETC 车道位置；③ETC 车辆占比；④交通量。

根据第三章收费站上游区域交通流特征分析结果选取四个因素的水平数分别为 3（1、3 条；2、2 条；3、4 条），3（1、内侧位置；2、中间位置；3、外侧位置），3（1、62.30%；2、46.73%；3、93.45%），3（1、732；2、366；3、1 098）。试验中四个因素不考虑交互作用，选取 $L_9(3^4)$ 正交表，利用上文建立的 VISSIM 仿真模型对 9 组收费站试验模型进行仿真。

（2）对比分析与方案比选

9 种方案的交通冲突安全评价试验结果如表 4-9 所示，根据试验结果，采用主体间效应检验方法（方差分析法）确定各因素对试验指标的影响主次顺序，检验结果如表

4-10所示。由分析结果可知,各试验因素对收费站交通安全的影响程度为④＞②＞③＞①,即单位小时的交通量影响程度最大,ETC车道位置影响程度次之,ETC车道数量影响程度最低。根据试验结果可以看出,四条ETC车道设置在最右侧,ETC车辆通过比例为46.73%,且车流量尽可能小时,收费站上游区域安全程度最高。

表4-9 $L_9(3^4)$正交试验结果表

试验方案序号	试验因素				试验评价指标
	①	②	③	④	CAC
1	1	1	1	1	1 067
2	1	2	2	2	198
3	1	3	3	3	2 028
4	2	1	2	3	1 923
5	2	2	3	1	1 238
6	2	3	1	2	132
7	3	1	3	2	250
8	3	2	1	3	2 213
9	3	3	2	1	421

表4-10 主体间效应检验结果表

试验因素	Ⅲ类平方和	均方
①	37 173.556	18 586.778
②	193 576.222	96 788.111
③	190 710.222	95 355.111
④	5 289 579.556	2 644 789.778
主次顺序	④＞②＞③＞①	
最优组合	①$_3$②$_2$③$_2$④$_2$	

4.5 基于车辆微观轨迹的收费站下游区域交通冲突特征分析

4.5.1 交通冲突空间分布特征

本书将收费站的合流区及其与城市道路交叉路口的连接路段作为收费站下游区域进行交通冲突识别与安全评价研究,同前文分析方法类似,在收费站下游区域车辆完整轨迹样本中共识别出4 653个冲突点,危险样本发生的空间分布如图4-17和图4-18所示。其中合流区域有850个冲突点,由于研究时间段收费站车流量不大,合流区域几何空间能在较大程度上满足车辆安全行驶要求,所以冲突点的分布较为稀疏。

图 4-18 显示冲突点(3 803 个)主要集中在合流区与交叉路口的连接路段上,原因是连接路段空间变窄,同时由于前方存在右转匝道、交叉路口及交通指示标志,使得驾驶员在行驶过程中面临更多的决策环境,交通流更为复杂,交通冲突也更加严重。

随机选取 3 个样本车辆的交通冲突空间分布情况,可以看出车辆 1 和车辆 3 的交通冲突主要在合流区且车辆 1 的冲突布满合流区的范围,车辆 2 的冲突则在整个合流区和连接路段多次发生,见图 4-19。随机选取两个样本时间段内发生危险交通冲突的位置见图 4-20。上述结果表明,收费站下游的交通冲突空间分布也存在着多频性、随机性和差异性,且合流区的冲突相比连接路段和合流区的衔接部分要轻一些。ETC 车辆和 MTC 车辆随着合流冲突点在合流区后段逐渐聚集,冲突情况增多。

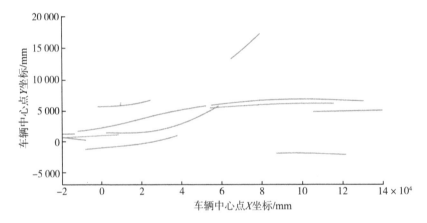

图 4-17　收费站下游合流区交通冲突分布情况

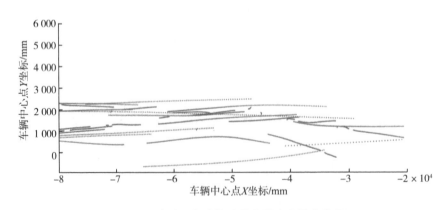

图 4-18　合流区与连接路段交通冲突分布情况

第四章
基于交通冲突特征分析的收费站区域安全评价与优化策略研究

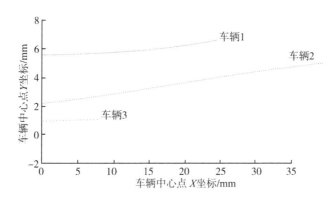

图 4-19　样本车辆危险冲突点位置示意图

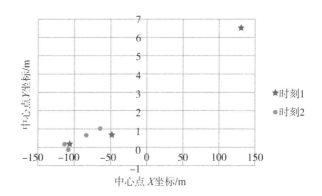

图 4-20　样本时段危险冲突点位置对比图

4.5.2　初始收费车道选择对交通冲突的影响

上游车辆经过不同的收费通道接受收费服务后经下游区域驶离收费站,在这一过程中存在从不同的收费通道进入合流区并选择连接路段不同车道的情况,理论上位于道路内侧的 ETC 车辆已经完成了分流,后续连接路段的车道与 ETC 通道在线形上衔接顺畅,因此对 ETC 车辆驾驶员在车道选择行为决策上较为有利,但是由于 ETC 的初始速度不为 0 且加速度较大,也易与外侧 MTC 在合流区的变道和连接路段的换道产生潜在冲突,从而造成潜在冲突的增加。因此,收费通道选择也在一定程度上影响合流行为和下游区域内的交通冲突风险。

由表 4-11 可知,从初始 ETC 收费通道 2 和初始 MTC 车道 7 驶出的车辆的交通冲突严重性较高,且大体上外侧通道交通冲突相比内侧要低。比较危险样本数量,选择不同初始收费通道的车辆,在发生交通冲突的数量上也体现出外侧少于内侧的特征。

表 4-11 危险样本的初始收费车道分布特征

初始收费车道	样本数量	ETTC		PET	
		平均值/s	标准差/s	平均值/s	标准差/s
1	1 851	1.53	0.62	0.87	0.33
2	808	1.46	0.70	0.81	0.35
3	684	1.73	0.64	0.76	0.33
4	129	1.82	0.43	0.81	0.15
—	—	—	—	—	—
6	565	1.74	0.71	0.86	0.35
7	223	1.49	0.79	0.75	0.33
8	394	1.91	0.72	0.97	0.37
总计	4 654	1.61	0.68	0.84	0.34

4.5.3 终止驶离车道选择对交通冲突的影响

本书对收费站下游车辆选择不同终止车道的样本安全状态进行分析,通过对危险样本 ETTC 和 PET 的计算,结果见表 4-12。由表可知,选择终止车道 3 和 4 的危险性大致相同,但相比终止车道 1 和 2 要略低。选择终止车道 2 的车辆冲突严重性最高,可以发现驶入合流区并到达目标终止车道 2 发生危险交通冲突的车辆大多为 ETC 车辆。进一步比较可知终止车道 1 冲突严重性低于车道 2。同时 ETC 车辆和 MTC 车辆在最终驶离车道选择上的安全性呈现出差异性,ETC 车辆的 ETTC 和 PET 平均值(1.55,0.83)相比 MTC(1.76,0.87)要小,表明 ETC 车辆在下游区域的安全风险要高于 MTC 车辆,这与 ETC 车辆在经过收费站时不需要停车导致其平均速度较大有关。

表 4-12 危险样本的终止驶离车道分布特征

终止驶离车道	车辆类型	样本数量	ETTC		PET	
			平均值/s	标准差/s	平均值/s	标准差/s
1	MTC	515	1.72	0.66	0.82	0.32
	ETC	919	1.69	0.60	0.83	0.33
	总计	1 435	1.70	0.62	0.83	0.33
2	MTC	346	1.50	0.73	0.72	0.33
	ETC	2 038	1.48	0.67	0.80	0.35
	总计	2 384	1.48	0.68	0.79	0.34

续表

终止驶离车道	车辆类型	样本数量	ETTC		PET	
			平均值/s	标准差/s	平均值/s	标准差/s
3	MTC	92	1.86	0.89	1.13	0.30
	ETC	100	1.81	0.58	1.08	0.28
	总计	192	1.83	0.75	1.10	0.29
4 (右转匝道)	MTC	357	2.03	0.63	1.01	0.32
	ETC	286	1.55	0.60	0.99	0.30
	总计	643	1.82	0.66	1.00	0.31
总计	MTC	1 310	1.76	0.72	0.87	0.35
	ETC	3 343	1.55	0.65	0.83	0.34
	总计	4 653	1.61	0.68	0.84	0.34

注：终止驶离车道 1,2,3,4 分别代表连接路段由内向外的 4 条车道。

4.6 考虑连接路段的收费站下游区域安全评价与优化策略

4.6.1 合流区与信号交叉口连接路段安全间距分析

目前我国高速公路多是采用全封闭的管控方式，因而收费站成为控制车流进出高速公路的主要节点，尤其是在全国大力推进取消主线收费站的背景下，大量的收费站与下游交叉口的连接路段成为链接高速公路与城市一般道路的重要纽带。本书将收费站合流区和城市道路交叉口及连接路段这一区域定义为收费站下游区域。这一特殊区域行车环境较为复杂，既有车速快和车辆运行相对稳定的特点，又受城市道路交叉口交通流及信号控制方式和连接路段的设计参数的影响。对于收费站下游区域交通安全的研究，需要综合考虑安全和效率的平衡，不合理的信号控制方式会增加交通流延误，同时连接路段的安全间距可以保障车辆有足够的时间和空间以完成车辆换道和车道选择等驾驶行为，有效降低交通冲突风险。因此，将收费站合流区、交叉口以及连接路段的设计与管理综合起来考虑，针对这一区域的交通冲突和行车安全进行研究，具有重要的理论和现实意义。

一般而言，提升收费站通行能力会使得收费广场的排队压力减轻，但放行交通流量过大又会对下游交叉口产生一定的压力。通过对交叉口的信号配时方案优化可以缓解由高速出口带来的车流压力，但延长该相位的绿灯时间也会增加其他入口道车流的等待时间，降低交叉口整体水平[169]。同时，收费站和交叉口的连接路段的安全间距对于降低交通冲突风险具有重要的作用，但目前《公路立体交叉设计细则》(JTG/T D21—2014)仅规定了匝道收费站中心线与被交叉公路中心线距离不小于 150 m[170-173]，而对于大量属于本书研究情景下的连接路段安全间距并未给出明确的建议值。因此,在综合安全与效率因素情况下,本书对连接路段的安全间距和交叉口信号配时进行分析,并提出具体的分析方法来科学施策,保障交通流安全顺畅。为此,本书定义高速公路收费站与信号控制交叉口间连接路段的安全距离指收费站渐变段起点到信号交叉口停止线间的距离,该距离能满足行车安全和服务水平,见图4-21。

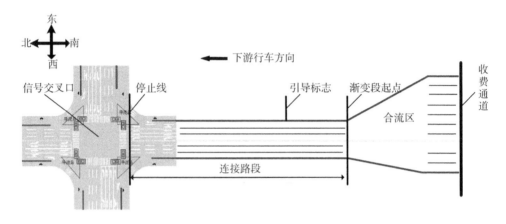

图4-21 收费站与信号交叉口连接路段安全距离示意图

影响连接路段安全距离和收费站下游通行效率的主要因素有车辆变道纵向行驶距离、信号交叉口安全视距以及交叉口信号配时方案等,为此,下面逐项进行详述。

(1) 连接路段安全距离理论值计算

• 车辆变道纵向行驶距离

车辆驶出合流区并识别车道指示标志后,需要进行车道变换以驶入目标车道离开收费站区域。以车辆从一个车道变道至相邻车道的一次变道为例,车辆变道过程一般为匀加速运动过程,可分解为沿公路方向的纵向运动和垂直公路方向的横向运动,车辆横向变道花费的时间由车辆垂直公路的横向移动速度决定,设一个车道宽度为 D(本例为 3.75 m),横向平均速度为 J,根据轨迹数据统计结果取值为 1 m/s,则车辆在一次变道过程中纵向行驶距离

$$L_1 = \frac{v}{3.6J}D \quad (4-7)$$

式中:v 为车辆纵向运动的平均速度。根据轨迹数据统计结果,车辆在连接路段变道次数大多在两次以内,将平均速度 30 km/h 代入计算,可得车辆在最多变换两次车道的情况下总行驶距离 $L_2 = 29.17 \times 2 = 58.34$(m),留出安全余量取 60 m。

• 信号交叉口安全视距

车辆由合流区驶入与信号控制交叉口的连接路段道路范围内时,驾驶员需及时准确了解交叉口的交通情况,为保证行车安全和效率,信号交叉口的安全视距和最大排队

长度成为另一个影响连接路段长度的重要因素。《公路工程技术标准》(JTG B01—2014)指出交叉口视距应符合入口道车道停车视距要求,这项规定仅仅以车辆的停车视距作为依据,没有考虑交叉口车辆的管理、控制方式,不符合实际信号控制交叉口的道路情况[171]。交叉口行车安全视距不仅要考虑停车视距,还需考虑交叉口红灯时的车辆排队长度的影响,因此,基于安全和效率角度,选取红灯时最大车辆排队长度进行计算,交叉口的安全视距

$$L_3 = S_1 + S_2 \tag{4-8}$$

式中:S_1 为停车视距;S_2 为红灯时交叉口车辆最大排队长度。

① 停车视距

在信号控制交叉口区域,车辆的停车视距 S_1 包括驾驶员反应距离 S_{11} 和制动距离 S_{12},计算公式为:

$$S_{11} = \frac{v}{3.6}t \tag{4-9}$$

式中:t 为驾驶员反应时间,取 2.5 s。

$$S_{12} = \frac{v^2}{254\varphi} \tag{4-10}$$

式中:v 为车辆行驶速度,km/h;φ 为附着系数,取值 0.4,因此,在 30 km/h 的速度下,停车距离 $S_1 = 30$ m。

② 红灯时最大排队长度

车辆在信号控制路口排队长度公式为:

$$S_2 = 9N \tag{4-11}$$

式中:N 为道路高峰时期每 15 min 内排队车辆数,由交叉路口的交通量和交通组织方式决定。对航拍视频进行观察得 $N=11$,通过实地测量得车辆在交叉口等待红灯时排队长度最长为 94.08 m,因此取 $S_2 = 100$ m 作为车辆在信号控制路口排队长度的最大值。

综合上述分析,收费站下游合流区域与交叉口连接路段的长度理论计算值 $L_T = L_2 + L_3 = 190$ m。

(2) 韦伯斯特配时法

为减少信号控制交叉口的整体延误,常用韦伯斯特配时法(Webster 模型)对各入口道进行绿信比分配。Webster 模型是以车辆延误时间最小来确定信号配时的一种方法,其核心是对车辆延误与最佳周期时长的确定。因其针对的是一个相位内的延误计算,则基于 n 个信号相位的交叉口的总延误、最佳周期长度、最优化问题可以表示为:

$$MinD = \sum_{i=1}^{n} d_i q_i \qquad (4-12)$$

$$C \geqslant \frac{L}{1-y} \qquad (4-13)$$

式中：d_i 为第 i 相交叉口的单车延误；q_i 为第 i 相的车辆到达率；C 为信号周期长度，s；L 为总损失时间，s；y 为交叉口各进口道交通流量比。对信号周期长度 C 求偏导，进行等价代换与近似计算，得出最佳周期计算公式最终如下：

$$C_0 = \frac{1.5L + 5}{1 - Y} \qquad (4-14)$$

式中：C_0 为最佳周期长度，s；L 为总损失时间，s；$Y = \sum_{i=1}^{n} y_i$ 为交叉口交通流量比，即 Y 为各相信号临界车道的交通流量比 y_i 的和。则总损失时间可以表示为：

$$L = nl + AR \qquad (4-15)$$

式中：AR 为一个周期中的全红时间；l 为一个相位信号的损失时间，s；n 为信号的相位数。则有效绿灯时间 G_e 和各相有效绿灯时间 g_{ei} 分别如下：

$$G_e = C_0 - L \qquad (4-16)$$

$$g_{ei} = G_e \frac{y_i}{Y} \qquad (4-17)$$

式中：C_0 为交叉口最佳周期长度；L 为总损失时间；y_i 为第 i 相位临界车道流量比；Y 为交叉口流量比。基于以上，综合交通调查和该交叉口在拍摄视频现状的交通流量下的最佳配时方案见表 4-13。

表 4-13 韦伯斯特配时方案

	交通流方向	绿灯	红灯	黄灯
韦伯斯特配时方案	南北直行	41	76	3
	南北左转	24	93	3
	东西直行	27	90	3
	东西左转	16	101	3

4.6.2 基于安全和效率的收费站下游区域交通仿真建模

考虑到现环境无法控制以及改变收费站及连接路段的某些固有属性，获取不同因素组合下的交通冲突实测数据困难较大，本书利用交通仿真技术来改变收费站下游区域中的交通流量、信号配时及连接段长度等，构建仿真模型对复杂道路交通环境下的实际车流运行状况进行模拟，进一步分析收费站下游区域交通冲突特征及规律。基于交通安全指标确定连接路段的合适取值,利用正交试验法将实际情况及理论计算结果作为输入值,利用 VISSIM 仿真软件进行模拟和效果评估,获得难以在现实环境中呈现的观测结果,以验证和对比分析不同方案的可行性。

4.6.2.1　基本参数获取

(1) 收费站道路特征

仿真结果的可信度取决于仿真模型的可信度,仿真参数标定是交通仿真建模的关键步骤[174]。本书以淮安南收费站及其连接交叉口路段为仿真背景进行案例分析,通过实地测量和无人机高空垂直拍摄等手段获取收费站道路特征等基本信息,主要包括道路几何线形、交通流组成等收费站基本参数数据,具体如下：

• 道路基本信息

主要描述连接部分的路段长度和收费站及下游交叉口的几何特征,如收费站的车道宽度、车道数目、车道分布、渐变段尺寸等,进行实地收费站信息的获取是建立收费站基本模型的基础。本书所研究的淮安南收费站位于南北行驶方向路段,收费站出口北接十字交叉口,两者间距 275 m,其中合流路段长度为 145 m,连接路段（合流区终点到停车线的距离）的长度为 130 m。

• 渐变段形状

为保证车辆由收费车道接受服务后平稳有序地驶入连接路段车道,需要合理确定渐变段的渐变率,以降低行车安全风险。通过实测,该收费站的渐变段部分长度 L 为 105 m,宽度 H 为 35 m,渐变段形状及下游区域的几何线形见图 4-22。

图 4-22　收费站下游道路几何线形示意图

• 车道宽度

VISSIM 仿真模型需要对车道宽度定义,并基于不同的车道宽度以及车道数目组合来确定收费站的规模等仿真参数。淮安南收费站收费口处 MTC 车道宽度为 3.2 m,ETC 车道宽度为 3.5 m。在进入下游区域连接路段后,车道宽度统一变为 3.5 m。

• 车道数目

此处所述车道数目为驶入高速公路收费站渐变段后的车道数目,可通过目测法对收费站进行计数得到车道数目。下游连接路段为单向三车道,行驶方向左侧为左转车道,右侧两车道为直行车道,在靠近交叉口处有一右转匝道,车道宽度均为 3.5 m,本次研究不考虑小岔路、行人对车流的影响。

(2) 收费站交通流特征

• 交通车辆构成

考虑到收费站车辆通行特殊性,交通流组成可从两个角度进行调查(见表 4-14):一是按车辆类型分类,将车辆分为小汽车、货车、公共汽车三种进行车流量调查,并确定各个车辆通行平均量所占车辆通行总交通量的比例;二是按车辆缴费方式分类,将车辆分为 ETC 车辆和 MTC 车辆,并确定分别通过 ETC 车道和 MTC 车道车辆通行平均量所占车辆通行总交通量的比例,从而确定各个类型车流量占交通流的组成。

表 4-14 交通流构成

	车辆类型分类			车辆缴费方式分类	
	小汽车	货车	公共汽车	ETC 车辆	MTC 车辆
占比	78.6%	9.6%	11.8%	68.14%	31.86%

• 交通流量特征

根据前述车辆轨迹数据得到的交通流特征,收费站下游区域车辆行驶的期望车速主要集中在 30~50 km/h,航拍视频中收费站出口南至北方向左转、直行和右转的车流之比约为 0.19∶0.65∶0.16,交叉口信号控制为两相位(直行和左转),右转车道独立放行。

4.6.2.2 仿真模型建立

根据以上收费站实际信息建立仿真路网条件和环境,仿真环境设置如下:

(1) 建立道路和收费站模型

道路模型主要描述连接部分的路段长度和收费站及下游交叉口的几何特征,通过航拍视频获得,导入所研究收费站的底图在软件中建立收费站的道路模型,确定道路相关属性。收费站下游区域仿真路网,见图 4-23。考虑到不同车辆在经过收费口时行为的区别,对在收费口处需停车进行缴费的 MTC 车辆使用"停车标志"模块,即经过收费口处需要产生停车活动,根据 MTC 收费口收费时间长度进行参数调整,并分别设置小汽车、货车在 MTC 通道的不同缴费时间。针对收费口处 ETC 车辆,使用"减速区域"模块,即经过收费口处需要进行减速至规定通过速度,时间根据 ETC 收费口收费时间长度进行参数调整[61]。

(2) 交通流数据录入

现状交通流数据由实地调查得到,见表 4-15,交叉口 4 个方向的交通流量及车辆比例有所差别,在 VISSIM 中分别设置四个方向的交通量输入,同时设置不同方向车辆的相对流量。参考实地调研的现状交通流峰值和波动情况,其中南至北方向流量为收费站上游车辆离开收费站的交通需求,东、西和北入口流量为交叉口上游 300 m 断面的流量输入,交通状态在低密度与高密度之间随机波动[169]。路径决策的参数主要通过分

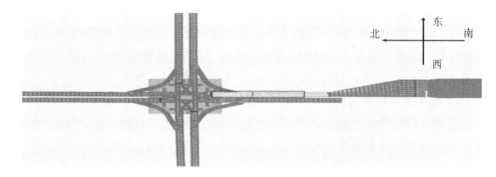

图 4-23 收费站下游区域 VISSIM 仿真路网图

析前期交通调查的数据来获得,在对应路段的前端设置静态车辆路线决策点,并输入左转、右转和直行的车辆比例。在道路模型基础上,确定不同车道内的交通流组成以及交通量大小,对不同车道输入交通流数据并进行仿真,仿真结果需与实际情况进行比较,以保证基础仿真模型的正确性[61]。

表 4-15 现状交通流数据输入

行驶方向	交通量(辆/h)	车辆比例			行驶方向比例		
		小汽车	公共汽车	货车	左转	直行	右转
南至北	862	0.67	0.08	0.25	0.19	0.65	0.16
北至南	608	0.89	0.09	0.02	0.31	0.64	0.05
西至东	360	0.26	0.09	0.66	0.06	0.51	0.43
东至西	509	0.48	0.04	0.48	0.28	0.48	0.24

(3) 信号控制模块

本书设置现状配时并根据视频不同方向的交通量分别进行韦伯斯特配时优化从而得到 2 个信号机,通过仿真分别进行方案比对,配时方案见表 4-16。每组信号配时方案中包含 4 个相位的配时时序和长度。

表 4-16 交叉口现状信号配时方案

	方向	绿灯时长/s	红灯时长/s	黄灯时长/s
现状配时方案	南北直行	35	82	3
	南北左转	20	97	3
	东西直行	30	87	3
	东西左转	22	95	3

(4) 检测器模块

本节主要目的是通过延误检测对设计的不同优化控制方案情境下的交叉口运行状

态进行评价,因此,本书采用节点检测方法对平均延误进行评价;同时为检验不同方案对连接路段溢流现象的改善效果,仿真在连接路段设置排队计数器,检测仿真过程中最大排队长度。仿真实验运行中分别在辅路平交口出口、路段中间、主路入口三个地点放置检测器即数据收集点,记录经过的车辆数、平均行程时间等参数。

4.6.2.3 交通冲突仿真分析

对收费站的参数进行情景假设,以确定收费站在相关参数改变时,可以进行基于交通冲突的收费站安全水平的变化情况对比分析。本节采用正交试验设计方法分析交通流量、ETC车辆比例、交叉口信号配时方案及连接路段长度等对收费站交通安全的影响。

进行正交试验方案设计时,选取收费站下游区域车辆行驶过程中产生的冲突点个数作为试验指标,当两车冲突指标 $ETTC<3\ s$ 与 $PET<1.5\ s$ 同时满足时即判断为存在冲突点,该判别方法与前述研究指标相对应。此次试验包括四个主要因素:交通流量A、ETC车辆比例B、交叉口信号配时方案C、连接路段长度D。根据前述分析结果,选取交通流量A、ETC车辆比例B、交叉口信号配时方案C、连接路段长度D的水平数分别为3、3、2、3,各个因素及其水平具体如下。

• 交通流量A

为验证当进入收费站的交通量发生变化时,收费站下游区域的交通安全是否出现较大波动,本书以航拍数据中的现状交通流量为基础模型,保持原车辆所占比例不变,并选取晚高峰时段的交通调查结果和现状交通量的1.2倍为另外两个水平,分别在仿真模型中输入四个方向的交通流数据对比结果,见表4-17。

表4-17 交通流量水平取值

	1(现状,航拍调查结果)/(辆/h)	2(晚高峰,交通流调查结果)/(辆/h)	3(1.2倍的现状)/(辆/h)
南至北方向	862	915	1 034
北至南方向	608	645	729
西至东方向	360	382	432
东至西方向	509	540	610

• ETC车辆比例B

2019年5月,国务院、发改委相继印发《深化收费公路制度改革取消高速公路省界收费站实施方案》《加快推进高速公路电子不停车快捷收费应用服务实施方案》,要求到2019年12月底,高速公路ETC收费率要达到90%以上,显著提升高速公路不停车收费服务水平。为此,本书将ETC车辆比例作为因素水平2,根据统计得到的现状ETC车辆比例(68.14%)作为基本指标,并将68.14%和90%作为ETC车辆比例大幅提升后的实验水平纳入仿真环境进行分析。

- 交叉口信号配时方案 C

将现状配时方案和韦伯斯特配时方案的计算结果作为交叉口信号配时方案 C 的两个水平纳入仿真环境进行分析,见表 4-18 和图 4-24。

表 4-18 交叉口信号配时方案

配时方案	交通流方向	绿灯/s	红灯/s	黄灯/s
现状配时方案	南北直行	35	82	3
	南北左转	20	97	3
	东西直行	30	87	3
	东西左转	22	95	3
韦伯斯特配时方案	南北直行	41	76	3
	南北左转	24	93	3
	东西直行	27	90	3
	东西左转	16	101	3

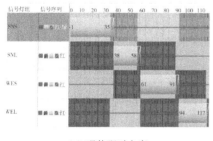
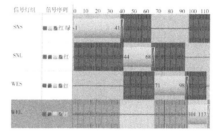

(a) 现状配时方案　　(b) 韦伯斯特配时方案　　彩图链接

图 4-24　信号配时图

- 连接路段长度 D

根据完整轨迹车辆样本的换道时间和换道长度的统计结果,车辆在连接路段的换道次数多数在 2 次以内,在保证充足换道空间的基础上预留车辆换道长度 60 m,同时为满足实际交通流等待信号灯的排队需求,预留车辆排队长度为 80 m,车辆减速长度预留为 20 m,路侧指示标志根据实际情况设置在距离连接路段入口 40 m 处,此时连接路段的总长度取为 160 m。同时根据理论计算结果,将 190 m 作为理论水平取值进行验证,将 130 m 作为现状参考指标代入仿真模型。因此,在交叉试验中,取连接路段长度分别为 130 m、160 m 和 190 m,标记水平分别为 1、2、3。

试验中的 4 个因素不考虑交互作用,可以选取 $L_9(3^4)$ 正交表,试验因素可以任意安排在正交表的各列,表头设计见表 4-19。正交试验设计结束后,利用上文建立的收费站下游区域 VISSIM 仿真模型对 9 组试验模型进行仿真,将试验结果并入表 4-19。

表 4-19 $L_9(3^4)$ 正交设计表

试验编号	因素				试验指标结果
	A	B	C	D	
1	1	1	1	1	
2	1	2	2	2	
3	1	3	3	3	
4	2	1	1	2	
5	2	3	2	1	
6	2	2	1	3	
7	3	1	2	3	
8	3	2	1	1	
9	3	3	1	2	

4.6.2.4 正交试验结果分析

（1）仿真结果分析

分别在 VISSIM 中设置 9 种仿真情景，在仿真结果中输出 SSAM 文件，随后将来自仿真的车辆轨迹文件导出到 SSAM 文件中以计算冲突次数，结果见表 4-20 和图 4-25。

表 4-20 正交试验统计结果

试验编号	平均排队长度/m	最大排队长度/m	停车排队次数/次	车辆平均行程时间/s	停车延误平均值/s	平均停车次数/次	车辆延误平均值/s	冲突点个数/个
1	34.60	99.57	107.00	58.11	36.45	0.78	41.99	3 780
2	33.59	93.77	101.00	52.89	31.53	0.75	36.67	3 510
3	38.85	106.44	108.00	58.29	37.54	0.78	42.96	3 960
4	33.19	96.69	105.00	50.12	28.81	0.72	33.91	3 690
5	38.61	112.40	119.00	59.77	37.75	0.83	43.56	4 140
6	41.82	109.62	119.00	58.42	37.33	0.84	42.89	4 141
7	34.70	100.02	108.00	44.18	23.74	0.66	28.71	5 040
8	40.32	111.08	130.00	50.64	29.27	0.77	35.32	5 580
9	43.78	137.79	160.00	52.49	30.17	0.77	36.31	4 950

在设置的 9 组实验中，试验 4 冲突点个数和平均排队长度都最优，说明车流量为中等交通量即 915 辆/h，连接段长度为 160 m，ETC 车辆比例为 68.14%，信号控制为现状时车辆处于更为安全的行驶状态。根据结果可得车辆平均延误也较小，针对每个因素对于冲突情况的影响主次将在后续进行极差分析。以试验 7 结果冲突点分布图为例，由于交通量较大和 ETC 车辆的比例较低，该情况下交通冲突点较多，有 5 040 个。

图 4-25(g)中左侧方框中的点代表交叉口冲突点分布情况,右侧方框为连接路段入口前端冲突点分布情况,此处 ETC 车辆与 MTC 车辆同时驶入三车道连接路段,所以产生的冲突点相比其他区域更密集,而其他区域冲突点的个数较少,这与实际轨迹数据冲突点的计算结果相同。冲突点分布的整体情况基本相同,合流区交通冲突较少,说明渐变段设计能够满足安全需求。

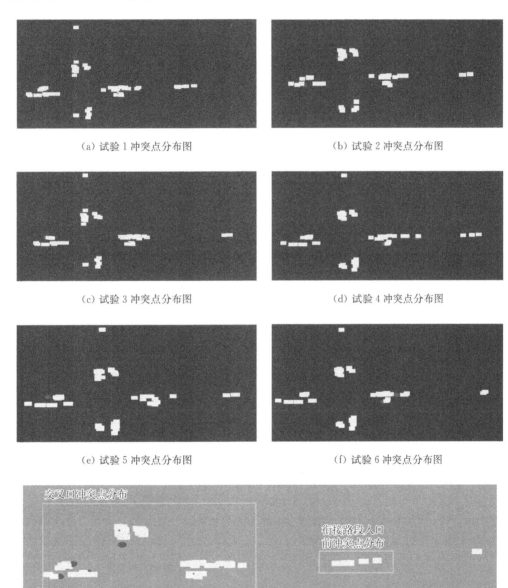

(a) 试验 1 冲突点分布图　　　　　(b) 试验 2 冲突点分布图

(c) 试验 3 冲突点分布图　　　　　(d) 试验 4 冲突点分布图

(e) 试验 5 冲突点分布图　　　　　(f) 试验 6 冲突点分布图

(g) 试验 7 冲突点分布图

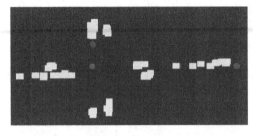
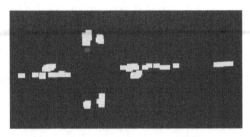

(h) 试验8冲突点分布图　　　　　　　(i) 试验9冲突点分布图

图 4-25　仿真结果冲突点分布图

(2) 方差分析

方差分析是从观测变量的方差入手,研究诸多控制变量中哪些变量是对观测变量有显著影响的变量,使用 SPSS 软件进行统计分析,调用多因素方差分析菜单,选择自定义模型,纳入各因素的主效应(不考虑交互作用),P 值越小,因变量与效应变量的相关性越大[174]。考虑到实验的误差因素,本书将 P 值阈值放宽,并根据 P 值的大小考虑主要影响因子,结果见表 4-21。

表 4-21　多因素方差分析结果

变异来源	离均差平方和	自由度	均方	F 值	显著性 P
修正模型	246.0	7	35.1	0.366	0.858
截距	9 430.2	1	9 430.2	98.231	0.064
车流量	92.7	2	46.3	0.483	0.713
ETC 车辆比例	40.7	2	20.3	0.212	0.838
信号控制	8.0	1	8.0	0.083	0.821
连接段长度	104.7	2	52.3	0.545	0.692
误差	96.0	1	96.0		
总计	11 158.0	9			
修正后总计	342.0	8			
$R^2=0.719$					

由方差分析可知,4 个影响因素车流量、ETC 车辆比例、信号控制和连接段长度对冲突点的个数均不具有显著影响,4 个因素的主次关系是:连接段长度>车流量>信号控制>ETC 车辆比例。

如图 4-26 所示,4 个因素的优选水平组合为 $A_2B_3C_2D_2$,即南至北方向车流量等于 915 辆/h,ETC 车辆比例为 90%,信号配时方案为韦伯斯特配时方案,连接段长度为 160 m。值得注意的是,本仿真试验结果中车流量为中等交通量时交通冲突更少,可能原因是在该情况下车辆受周边车辆的影响不如高流量时车辆之间的冲突效应明显,同

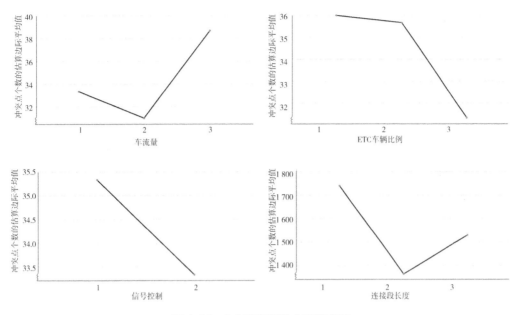

图 4-26　4 个因素取值水平轮廓图

时车辆速度整体控制也比车流量低时更加稳定安全,因道路空旷而不安全驾驶的情况更少。

本书以淮安南高速收费站为例,通过 VISSIM 仿真技术,结合方差分析的结果可以确定连接路段的最佳长度为 160 m。同时将现状配时方案和韦伯斯特配时方案进行对比,结果表明韦伯斯特配时方案能降低整个交叉口的平均延误水平。

4.6.3　高速公路收费站区域交通组织优化策略

(1) 平衡收费站与衔接交叉口的交通量,动态协调收费站与衔接交叉口的通行能力。由于目前高速公路收费站的管理和与城市的连接道路包括衔接交叉口的管理是两个独立的系统,缺乏有效的联动机制,容易造成收费站和城市道路衔接区域的拥堵和带来较大的安全事故隐患。为此,在已建成的收费站和衔接交叉口区域,可以通过双向的交通流动态调节来改善拥堵和提升安全性,如在收费站入口流量过大时,一方面通过车道开启组合优化来提升收费站通行能力,减少服务时间;另一方面还可以通过优化交叉口入口的信号配时来延缓到达交通流,使得收费站入口流量达到一个合理的均衡水平。反之亦然,当收费站出口流量过大时,为避免造成连接路段上的车辆排队溢出,需要对收费通道进行控制,如关闭部分收费通道、适当延长服务时间等;或在高速公路收费站上游设置可变限速控制区域,对上游到达收费站的车流量和车速进行合理控制,以减少上游收费广场的服务压力和排队溢出等情况。

(2) 优化道路和交叉口节点的交通设计及组织方式,平衡收费站进出口两个方向上的交通流。合理设计收费站渐变段渐变率和收费站与交叉口间连接路段的车道数和路段长度,对衔接交叉口进行渠化设计等;对于有规律的高峰周期情况,也可以在收费广场和连接车道处采用潮汐车道的灵活设置,充分利用现有的道路资源,避免扩建等带来的投入问题。同时,由于收费站至下游链接交叉口间距较小,可以考虑在连接路段设置车道引导标志,帮助驾驶员准确判断目标车道,减少换道次数,有效降低车辆冲突率;还可以通过动态调整交叉口的信号配时方案等进行协调优化,以达到收费站区域交通流的平稳运行,降低交叉口的延误水平,提高通行能力,减少拥堵,降低冲突风险。

4.7 本章小结

(1) 针对传统 TTC 和 PET 冲突测量模型的精度和适用条件的不足,本书通过获取真实环境下的车辆微观连续轨迹数据,对 TTC 和 PET 模型进行了改进,并利用改进的 ETTC 和 PET 模型定义了本书的冲突测量尺度,以满足收费站区域车辆任意时刻、任意角度的交通冲突测量与评价,为能够应用于不同场景下收费站区域的交通冲突自动识别与安全评估提供了基础,丰富了交通冲突研究的理论与实践应用环境。

(2) 以收费站的上游区域(高速公路基本路段、分流区和收费通道)和下游区域(收费通道、合流区、连接路段和衔接交叉口)为研究场景,在 MATLAB 中设计并实现基于车辆微观轨迹数据的交通冲突自动提取算法,构建了收费站上下游区域交通冲突提取与安全评估的一套完整研究体系,并对上下游区域交通冲突特征进行了深入分析,包括交通冲突数特征、冲突空间分布及严重程度特征、车道选择和换道行为与交通冲突的关系等,为深入了解收费站区域交通冲突产生机理提供了案例和技术支持。

(3) 基于 VISSIM+SSAM 构建了收费站上下游区域交通冲突仿真分析模型,针对未来 ETC 车辆比例、交通量、ETC 车道数等显著提升后的预期外部环境变化,设计了 9 种不同条件下的试验组合方案,进行了正交试验分析,确定各因素对试验指标(安全及效率)的影响关系及程度,为安全管理优化和服务改善提供参考。

(4) 在综合安全与效率因素情况下,将收费站合流区、交叉口以及连接路段的设计与管理综合起来考虑,利用交通仿真技术改变收费站下游区域的交通流量、信号配时及连接段长度等,构建仿真模型对复杂道路交通环境下的车流运行状况模拟,进一步分析收费站下游区域交通冲突特征及规律。提出平衡收费站进出口两个方向上的交通流,优化连接道路和交叉口节点的交通设计及组织方式,动态协调收费站与衔接交叉口的通行能力等策略,以保障收费站区域的交通流安全顺畅运行。

第五章

基于车路关键动态响应特征的收费站行车安全研究

第二章和第四章分别从道路线形、车辆与标志及车辆间交通冲突角度对收费站行车安全进行了研究,本章将采用基于 Adams/Car 与 Matlab/Simulink 联合仿真实验的方法进行车路耦合动力学建模,从主动安全分析的视角,探究车辆在匝道收费站区域的行车安全。首先,构建轮胎-路耦合的动力学模型,使用 Adams/Solver 运行 Adams/Control 控制系统,通过 Matlab/Simulink 对 Adams/Control 控制文件进行程序编制和改进,建立联合集成控制系统模型;其次,根据《公路立体交叉设计细则》(JTG/T D21—2014)和《公路工程技术标准》(JTG B01—2014),将匝道标准设计极限测试环境分为 7 组,选取车路耦合关键动力学响应参数作为匝道标准极限的动力学一致性分析指标,在不同行车速度等环境下,对收费站路段动力学响应极限值进行一致性判定;最后,通过获得动力学一致性分析指标探究在不同测试环境下关键响应特征的变化趋势,对杭州转塘收费站互通到云河街出口道路和云河路到转塘收费站互通入口道路进行行车安全案例分析。相关工作可为收费站区域道路设计、行车安全与预警提示提供理论依据和技术支撑。

5.1 研究背景

交通运输部统一部署,自 2020 年 1 月 1 日起,取消全国高速公路省界收费站,一些省份也在逐步取消省内的主线收费站。受此政策的影响,今后收费站的主要类型将以匝道收费站为主。通过前文第四章 4.1 节的文献梳理可以发现,现有关于收费站安全的研究主要集中在主线收费站分流区,且主要从基于历史事故数据和基于交通冲突等的安全替代评价指标角度展开收费站安全评价研究,而对于匝道收费站的行车安全,尤其是从连接收费站的匝道道路线形角度来探究匝道收费站区域的行车安全问题尚未得到足够的重视。目前关于匝道收费站区域道路线形及相关参数的建设标准和规范主要是依据《公路立体交叉设计细则》(JTG/T D21—2014)和《公路工程技术标准》(JTG

B01—2014)中的相关规定,还缺乏科学理论验证和有效支撑。此外,大量统计数据表明,互通式立交范围内的交通事故主要发生在出口路段区域,而对于连接绕城高速的匝道收费站的行车安全亦面临着严峻的挑战。为此,针对匝道收费站区域特殊的道路线形等关键因素对道路行车安全的影响研究十分必要。

  本书以与转塘互通到云河街的出口道路和云河路到转塘互通的出入口道路连接的匝道收费站区域为研究对象,采用 Adams/Car 与 Matlab/Simulink 构建车路耦合环境下的联合实时在线仿真试验平台,并通过 Matlab/Simulink 对 Adams/Control 的控制文件进行程序编制和改进,以及利用 Adams/Car 中的 Road Builder 模块创建可视化动力学道路模型,对转塘匝道收费站区域的安全车速进行标准一致性分析和安全评估。根据测试结果选取车路耦合动力学特征:侧向加速度、左前轮侧向力、右前轮侧向力、左前轮垂向力、右前轮垂向力、左前轮侧向力矩、右前轮侧向力矩、左前轮回正力矩、右前轮回正力矩、车身侧倾角、方向盘转角和车身横摆角作为匝道标准极限的动力学一致性分析指标。通过获得的动力学一致性分析指标探究在不同测试环境下,关键响应特征的变化趋势,对转塘互通到云河街的出口道路和云河路到转塘互通的入口道路进行行车安全案例分析,相关结论对于优化匝道收费站区域的道路线形设计及安全行车速度控制具有重要的理论和实践意义。

5.2 收费站车路耦合模型构建

5.2.1 轮胎-路耦合的动力学模型构建

  由于实车行驶工况是复杂的非线性系统,若干自由度的度量模型很难真实表现出实际车辆运行时的关键动态响应特征,在多体系统动力学的轮胎-路耦合系统中,胎-路接触应用的是三维包络接触,即利用半经验的"串列凸轮"方法来预测轮胎在长、短波道路上滚动时的非线性包络行为的耦合动力学模型,可以避免模型简化带来的失真响应状态[175-176]。在车路耦合模拟过程中,先确定每个凸轮与道路的接触,然后将所有凸轮的位置和方向相加,得到轮胎模型的有效高度、有效坡度、有效路面曲率和有效路面外倾角。这样就避免了点质量模型和多自由度数值分析的模型只考虑物理量和忽略几何体中刚柔体的耦合作用[177]。

  鉴于以上分析和考虑到纵向、侧向和垂向的耦合力及力矩的相互影响,魔术轮胎公式(Magic-Formula,以下简称 MF 公式)能表达不同行驶工况下的轮胎动力学耦合特性,其性能稳定且误差较小,是进行汽车动力学仿真的理想模型[178]。其表达式如式(5-1)所示:

$$Y(x) = D\cos\{C\arctan[Bx - E(Bx - \arctan(Bx))]\} \quad (5\text{-}1)$$

式中:x 为输入变量(轮胎侧偏角 α 或者纵向滑移率 s);Y 为输出变量(纵向力 F_x、侧向

力 F_y 或回正力矩 M_z); B 为刚度因子, C 为形状因子, D 为峰值因子, E 为曲率因子, 分别由轮胎外倾角 γ 和垂直载荷 F_z 来确定。

为了探究车辆在匝道收费站行驶工况表现的各种关键动力学响应特征, 本章主要从轮胎-路耦合侧向力、垂向力、回正力矩、翻转力矩、滚动阻力力矩等进行匝道设计评估与行车安全分析。

纵向力的 MF 公式如下:

$$F_x = F_{x0} \cdot G_{x\alpha}(\alpha, \kappa, F_z) \tag{5-2}$$

式中: $G_{x\alpha}$ 与纵向力的加权函数有关。

$$F_x = \cos\{C_{x\alpha}\arctan[\beta_{x\alpha}\alpha_s - E_{x\alpha}(B_{x\alpha} - \arctan(B_{x\alpha}\alpha_s))]\} \tag{5-3}$$

横向力的 MF 公式如下:

$$F_y = F_{y0} \cdot G_{y\kappa}(\alpha, \kappa, \gamma, F_z) + S_{V_{y\kappa}} \tag{5-4}$$

式中: $G_{y\kappa}$ 为纯滑动时侧向力的加权函数; $S_{V_{y\kappa}}$ 为"κ-诱导的"侧向力。因此, 横向力的计算公式如下:

$$F_y = D_{y\kappa}\cos\{C_{y\kappa}\arctan[B_{y\kappa}\kappa_s - E_{y\kappa}(B_{y\kappa}\kappa_s - \arctan(B_{y\kappa}\kappa_s))]\} + S_{V_{y\kappa}} \tag{5-5}$$

回正力矩的计算公式如下:

$$M' = -t \cdot F'_y + M_{zr} + s \cdot F_x \tag{5-6}$$

其中,

$$\begin{cases} t = t(\alpha_{t,eq}) = D_t\cos\{C_t\arctan[B_t\alpha_{t,eq} - E_t(B_t\alpha_{t,eq} - \arctan(B_t\alpha_{t,eq}))]\}\cos\alpha \\ F'_{y,\gamma=0} = F_y - S_{V_{y\kappa}} \\ M_{zr} = M_{zr}(\alpha_{r,eq}) = D_r\cos[\arctan(B_r\alpha_{r,eq})]\cos\alpha \\ t = t(\alpha_{t,eq}) \end{cases} \tag{5-7}$$

参数定义如下:

$$\begin{cases} \alpha_{t,eq} = \arctan\sqrt{\tan^2\alpha_t + \left(\dfrac{K_x}{K_y}\right)^2 k^2} \cdot \operatorname{sgn}(\alpha_t) \\ \alpha_{r,eq} = \arctan\sqrt{\tan^2\alpha_r + \left(\dfrac{K_x}{K_y}\right)^2 k^2} \cdot \operatorname{sgn}(\alpha_r) \\ s = \left[S_{sz1} + S_{sz2}\dfrac{F_y}{F'_{z0}} + (S_{sz3} + S_{sz4}dfz)\gamma\right]R_0\lambda_s \end{cases} \tag{5-8}$$

耦合滑动系数如表 5-1 所示。

表 5-1 耦合滑动系数

名称	解释
S_{sz1}	F_x 对 M_z 的 s/R_0 的影响
S_{sz2}	s/R_0 随 F_y/F_{znom} 的变化
S_{sz3}	s/R_0 随倾角的变化
S_{sz4}	s/R_0 随载荷和倾角的变化

耦合作用下的倾覆力矩计算公式如下：

$$M_x = R_0 \cdot F_z \cdot \left\{ q_{sx3} \cdot \frac{F_y}{F'_{z0}} + q_{sx4} \cos\left[q_{sx5} \arctan\left(q_{sx6} \frac{F_z}{F'_{z0}} \right)^2 \right] \cdot \right.$$

$$\sin\left[q_{sx7}\gamma + q_{sx8} \arctan\left(q_{sx9} \frac{F_y}{F'_{z0}} \right) \right] + \left[q_{sx10} \arctan\left(q_{sx11} \frac{F_z}{F'_{z0}} \right) \right] -$$

$$\left. q_{sx2}(1 + q_{px1} dp_i)]\gamma + q_{sx1}\lambda_{VMx} \right\} \lambda_{Mx} \tag{5-9}$$

其中，倾覆力矩系数如表 5-2 所示。

表 5-2 倾覆力矩系数

名称	解释	名称	解释
q_{sx1}	侧向力诱发倾覆力偶	q_{sx7}	由于轮胎倾斜引起的侧向偏转，F_z 诱发倾覆偶
q_{sx2}	倾斜诱发倾覆力偶	q_{sx8}	侧向力引起的轮胎侧向偏转引起倾覆偶
q_{sx3}	F_y 诱发倾覆偶	q_{sx9}	侧向力引起的轮胎侧向偏转引起倾覆偶
q_{sx4}	轮胎侧偏引起的 F_z 诱发倾覆偶	q_{sx10}	倾斜诱发倾覆力偶
q_{sx5}	轮胎侧偏引起的 F_z 诱发倾覆偶	q_{sx11}	负载依赖倾斜诱发倾覆偶
q_{sx6}	轮胎侧偏引起的 F_z 诱发倾覆偶	q_{px12}	外倾角随压力的变化

滚动阻力矩定义如下：

$$M_y = -R_0 F_{z0} \lambda_{My} \left[q_{sy1} + q_{sy2} \frac{F_x}{F_{z0}} + q_{sy3} \left| \frac{V_x}{V_{ref}} \right| + q_{sy4} \left(\frac{V_x}{V_{ref}} \right)^4 + q_{sy5}\gamma^2 + q_{sy6} \frac{F_z}{F_{z0}} \gamma^2 \right] \cdot$$

$$\left[\left(\frac{F_z}{F_{z0}} \right)^{q_{sy7}} \left(\frac{P_i}{P_{i0}} \right)^{q_{sy8}} \right] \tag{5-10}$$

其中，滚动阻力系数如表 5-3 所示。

表 5-3 滚动阻力系数

名称	解释	名称	解释
q_{sy1}	滚动阻力力矩系数	q_{sy6}	滚动阻力矩取决于外倾角和载荷
q_{sy2}	滚动阻力取决于 F_x	q_{sy7}	滚动阻力矩依赖于负载（指数）

续表

名称	解释	名称	解释
q_{sy3}	滚动阻力矩取决于速度	q_{sy8}	滚动阻力力矩取决于膨胀压力
q_{sy4}	滚动阻力矩取决于速度	V_{ref}	测量速度
q_{sy5}	滚动阻力矩取决于外倾角		

5.2.2 控制系统模型构建

车路耦合控制系统通过 Adams/Control 与 Adams/Car 联合仿真,根据场景和控制策略设置模型的控制条件,借助后处理结果和过程控制效果对系统参数和结构进行修改。为了获得较好的仿真结果,使用 Adams/Solver 运行 Adams/Control 控制系统,通过 Matlab/Simulink 对 Adams/Control 的控制文件进行程序编制和改进,并运行汽车联合仿真模式,得到联合集成控制系统模型如图 5-1 所示,选取的某中型轿车的部分指标参数如表 5-4 所示。主要建模步骤如下:

(1) 构建模型。首先选取一个完整的 Adams/Car,包括几何、约束、力和度量等要素,并嵌入 Adams/Control 系统。

(2) 创建 Adams/Car 输入和输出。输出描述进入控制应用程序的变量,输入描述返回控制应用程序 Adams/Car 的变量,因此,在 Adams/Car 和 Adams/Control 应用程序之间完成一个闭环。所有的输入和输出都必须设置为状态变量,可以从 Adams/Car 中导出用于控制仿真软件的系统文件。

(3) 构建框图。利用 MATLAB/Simulink 构建控制系统框图。在系统框图中包含 Adams/Control 控制流程,可以使用 Adams/Solver 输出控制系统并导入 Adams/Car 运行文件中。

(4) 模拟模型。依据实际工况,通过修改车路环境中参数指标模拟车路耦合的不同场景。

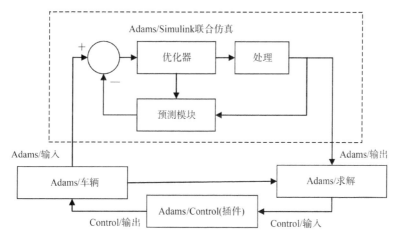

图 5-1 联合集成控制系统模型

表 5-4 整车参数

参数	数值
车辆质量 m/kg	1 850
轴距/m	2.950
前轮中心到质心的距离/m	1.180
后轮中心到质心的距离/m	1.770
车轮半径 r/m	0.39
风阻系数 C_D	0.355
迎风面积 A/m²	2.1
滚动阻力系数 f	0.75
质心高度 h/m	0.53

基于模型预测控制方法重构汽车稳定性控制系统的动力学方程,使用 MPC 方法设计匹配动力学约束的优化函数[179-181]。优化函数作为求解的目标函数,在预测控制方法基础上进一步求解推导预测输出方程,从而获取 MPC 控制律完成车辆控制算法架构搭建。在侧重于控制策略的同时,对于车辆侧偏角和轮胎纵向滑移率进行假设估算,车轮主动转角作为控制器输入,横摆角速度和车身侧倾角是与车辆横摆稳定性有关的状态变量[182-183],模型预测控制流程如图 5-1 虚线框中描述所示。

(1) 车辆模型的状态空间方程

为了设计 MPC 控制器,在车辆动力学方程基础上优化应用于横摆稳定性控制的车辆状态空间模型,如式(5-11)~式(5-14)所示。

$$\dot{x}_1 = \frac{F_{yf}(x_1,x_2,u_1) + F_{yr}(x_1,x_2)}{mV} - x_2 \tag{5-11}$$

$$\dot{x}_2 = \frac{L_f \cdot F_{yf}(x_1,x_2,u_1) - L_r \cdot F_{yr}(x_1,x_2) + M_z}{I_z} \tag{5-12}$$

$$\dot{x}_i = \left(-\frac{R_e^2}{JV} - \frac{x_i+1}{\frac{1}{4}mV_x}\right) C_{ki} x_i + \frac{R_e}{JV} u_{i-1}, i=3,4,5,6 \tag{5-13}$$

$$M_z = \frac{d}{2}(-C_{kfl}x_3 + C_{kfr}x_4 - C_{krl}x_5 + C_{krr}x_6) \tag{5-14}$$

车辆模型的状态量由车身侧倾角 β、横摆角速度 γ 和单个轮胎纵向滑移率 k_i 组成。其中,$i=fl,fr,rl,rr$ 代表了各个车轮。状态向量定义为 $\boldsymbol{x}$,控制向量为 $\boldsymbol{u}$,车辆系统输出为 $\boldsymbol{y}$,具体表示如下:

$$\boldsymbol{x} = \begin{pmatrix} \beta \\ \gamma \\ 0 \\ 0 \end{pmatrix}, \boldsymbol{u} = \begin{pmatrix} \delta_f \\ 0 \\ 0 \\ 0 \end{pmatrix}, \boldsymbol{y} = \begin{pmatrix} \beta \\ \gamma \end{pmatrix} \qquad (5\text{-}15)$$

(2) 优化函数的设计

为求解约束跟踪问题,将式(5-11)～式(5-15)在式(5-16)中定义为离散形式,同时使用 Euler 方法求解,式(5-17)为上式的具体定义表达。采样时间为 $k = \operatorname{int}\left(\dfrac{t}{T_s}\right)$,其中 t 为运行时间,T_s 为固定步长。为了在有限维度实现最优控制,基于如下离散形式设计了 MPC 的优化函数。

$$\begin{aligned} x(k+1) &= f^k(x(k), u(k)) \cdot T_s + x(k) \\ y(k) &= C \cdot x(k) \end{aligned} \qquad (5\text{-}16)$$

$$\Rightarrow x_1(k+1) = T_s \left[\frac{F_{yf}(x_1(k), x_2(k), u_1(k)) + F_{yr}(x_1(k), x_2(k))}{mV} - x_2(k) \right] + x_1(k)$$

$$x_2(k+1) = \frac{T_s}{I_z} \{ L_f \cdot F_{yf}(x_1(k), x_2(k), u_1(k)) - L_r \cdot F_{yr}(x_1(k), x_2(k)) + $$

$$\frac{d}{2} [-C_{kfl} x_3(k) + C_{kfr} x_4(k) - C_{krl} x_5(k) + C_{km} x_6(k)] \} + x_2(k)$$

$$x_3(k+1) = \left[\left(-\frac{R_e^2}{JV} - \frac{x_3(k)+1}{\frac{1}{4}mv_x} \right) C_{ki} T_s + 1 \right] x_3(k) + \frac{R_e T_5}{JV} u_2(k)$$

$$x_4(k+1) = \left[\left(-\frac{R_e^2}{JV} - \frac{x_4(k)+1}{\frac{1}{4}mv_x} \right) C_{ki} T_s + 1 \right] x_4(k) + \frac{R_e T_5}{JV} u_2(k)$$

$$x_5(k+1) = \left[\left(-\frac{R_e^2}{JV} - \frac{x_3(k)+1}{\frac{1}{4}mv_x} \right) C_{ki} T_s + 1 \right] x_5(k) + \frac{R_e T_5}{JV} u_2(k)$$

$$x_6(k+1) = \left[\left(-\frac{R_e^2}{JV} - \frac{x_3(k)+1}{\frac{1}{4}mv_x} \right) C_{ki} T_s + 1 \right] x_6(k) + \frac{R_e T_5}{JV} u_2(k)$$

$$y(k) = C \cdot x(k) \qquad (5\text{-}17)$$

式中:f^k 表示在时间 k 作用下的系统梯度变化,可以由上述式(5-11)～式(5-15)导出,所以 f^k, T_s 表示为基于 $x(k)$ 的系统状态变化量,输出矩阵如下:

$$\boldsymbol{C} = \begin{bmatrix} 1 & 0 & 0 & 0 & 0 & 0 \\ 0 & 1 & 0 & 0 & 0 & 0 \end{bmatrix} \qquad (5\text{-}18)$$

根据模型预测原理,p 为系统扩展的未来输出的预测时域,m 为系统的控制时域,我们通过引入二次终端代价补偿来在研究中定义 $m=p$，从而将有限的预测时域拓展为无限时域。同时在车辆系统中，$U(k)$ 为下列成本函数的优化向量，$Y(k)$ 为预测控制输出序列，定义如下：

$$U(k) = \begin{bmatrix} u(k\mid k) \\ u(k+1\mid k) \\ \vdots \\ u(k+m-1\mid k) \end{bmatrix}_{m\times 1}, Y(k) = \begin{bmatrix} y(k+1\mid k) \\ y(k+2\mid k) \\ \vdots \\ y(k+p\mid k) \end{bmatrix}_{p\times 1} \quad (5\text{-}19)$$

式中：$U(k)$ 的每一个向量都是控制输入 U 的数组，而 $Y(k)$ 的每一个向量都是系统输出 Y 的数组。

在采样时间 k 的条件下，$R(k)$ 被定义为包含 β_r 和 γ_r 两个阵列的输出参考序列。控制输入序列的变化序列 $\Delta U(k) = u(k) - u(k-1)$，当超出控制时域后将归零，定义如下：

$$R(k) = \begin{bmatrix} r(k) \\ r(k) \\ \vdots \\ r(k) \end{bmatrix}_{p\times 1}, \Delta U(k) = \begin{bmatrix} \Delta u(k\mid k) \\ \Delta u(k+1\mid k) \\ \vdots \\ \Delta u(k+m-1\mid k) \end{bmatrix}_{m\times 1} \quad (5\text{-}20)$$

车辆控制的基本要求是保证车辆在转弯时仍具有良好的操纵稳定性，即要求横摆角速度和车辆侧倾角可以快速满足跟踪要求的参考值。在 k 时刻，车辆横摆角速度和车辆侧倾角是根据预测范围内的系统动力学方程推导出来的，因此，本书定义第一个目标函数：

$$\begin{aligned} J_1 &= PY(k) - R(k)P_Q^2 \\ &= \sum_{i=1}^{p} \left[(\beta(k+i\mid k) - \beta_r(k))^2 \cdot Q_1 + (\gamma(k+i\mid k) - \gamma_r(k))^2 \cdot Q_2 \right] \end{aligned} \quad (5\text{-}21)$$

式中：Q_1 和 Q_2 是权重矩阵 $Q = \mathrm{diag}(Q_1, Q_2)$ 中调整跟踪性能的正权重因子。

由于轮胎纵向滑移率 k 可以直观地反映轮胎滑移性能，因此应用系统软约束来约束 k。因为 k 是对优化问题的一种非线性状态输出约束，会在一定程度上影响数值求解的速度，所以应用防滑惩罚函数来代替滑动软约束以便于快速求解，将 k 限制在稳定滑动范围，计算如下：

$$E_i(k) = \begin{cases} \dfrac{K_i(k) - \kappa_{\max}}{\kappa_{\max}}, & \kappa_i(k) \geqslant \kappa_{\max}, \\ 0, & -\kappa_{\max} \leqslant \kappa_i(k) \leqslant \kappa_{\max} \\ \dfrac{K_i(k) + \kappa_{\max}}{K_{\max}}, & \kappa_i(k) \leqslant -\kappa_{\max} \end{cases} \quad (5\text{-}22)$$

$$J_2 = PE(k)P_F^2 = \sum_{j=1}^{m-1}[E_{fl}(k+j\mid k)^2 + E_{fr}(k+j\mid k)^2 +$$
$$E_{rl}(k+j\mid k)^2 + E_{rr}(k+j\mid k)^2] \qquad (5\text{-}23)$$

式中：F 是防滑功能的权重因子。为了保证车辆的平稳转向同时降低控制动作的变化率，增加成本函数来实现这一目标。δ_f 为相关转向，T_c 决定汽车的驾驶条件，因此本书定义这一目标函数为：

$$J_3 = \boldsymbol{P}\Delta U(k)P_S'$$
$$= \sum_{j=1}^{m-1}[(\Delta\delta_f(k+j\mid j)^2)\cdot S_1 + (\Delta T_{cfl}(k+j\mid j)^2 + \Delta T_{cfr}(k+j\mid j)^2$$
$$+ \Delta T_{crl}(k+j\mid j)^2 + \Delta T_{cr}(k+j\mid j)^2)\cdot S_2] \qquad (5\text{-}24)$$

式中：S_1 和 S_2 为正权重因子，协调参数的变化率。

权重矩阵 $\boldsymbol{S} = \mathrm{diag}(S_1, S_2, S_2, S_2, S_2)$，在保证有限的控制时域的同时考虑预测时域的无限性，这时需要终端成本函数来惩罚控制范围末端的状态量。式(5-25)中的二次型终端成本通过局部线性状态反馈来保证闭环控制的稳定性。

$$J_4 = \boldsymbol{P}x(k+p\mid k)P_P^2 = x(k+p\mid k)^{\mathrm{T}}\cdot\boldsymbol{P}\cdot x(k+p\mid k) \qquad (5\text{-}25)$$

式中：$\boldsymbol{P}$ 是正定对称的末端惩罚矩阵，该矩阵可以离线定义，以利于节省计算时间。首先对式(5-11)在原点$(0,0)$处进行雅克比线性化：

$$\dot{x} = \frac{\partial f}{\partial x}(0,0)x + \frac{\partial f}{\partial u}(0,0)u = Ax + Bu \qquad (5\text{-}26)$$

如果上述线性系统在原点确定，那么可以应用线性最优控制 LQR 来确定线性状态反馈 $U = Kx$ 的稳定系数，从而使 $A + BK$ 渐进稳定。其次选取一个常数 v 来满足不等式 $v \leqslant \lambda_{\max}(A + Bk)$，并求解李雅普诺夫等式(5-27)来获得终端惩罚矩阵 $\boldsymbol{P}$。

$$(A + BK + vI)^{\mathrm{T}}\boldsymbol{P} + \boldsymbol{P}(A + BK + vI) + (Q + K^{\mathrm{T}}RK) = 0 \qquad (5\text{-}27)$$

式中：Q 和 R 为上述提及的成本函数。

多目标优化方法可以有效解决工程实际中多目标、多约束、多变量优化问题。因此，通过上述目标函数，本书定义一个总目标函数：

$$J_{mpc}(x(k), U(k)) = J_1 + J_2 + J_3 + J_4 = \boldsymbol{P}Y(k) - R(k)P_Q^2 + \boldsymbol{P}U(k)P_R^2 +$$
$$\boldsymbol{P}\Delta U(k)P_S^2 + \boldsymbol{P}x(k+p\mid k)P_P^2 \qquad (5\text{-}28)$$

假设轮胎纵向滑移刚度和轮胎载荷是一定值，并且同每个 k 时刻下的方程估计值相等。此外，每个采样时间下的 MPC 约束都可以在优化过程中得到处理。

(3) 预测输出方程

为了对上述目标函数进行求解计算，在 MPC 控制理论的基础上进一步导出预测输出方程。根据系统模型,MPC 控制策略导出一个在每个采样时间点下的当前车辆状态量作用下的预测过程。最优控制信号不仅应用于采样间隔,而且会在下一个半移时域内基于新的状态量来解决新的最优控制问题。

在 k 采样时刻下,测量状态 $x(k)$ 作为预测原点来开始采样过程,根据 $m=p$,预测状态可按下列公式计算:

$$x(k+1|k)=f^k(x(k|k),u(k|k))\cdot T_s+x(k|k) \tag{5-29}$$

$$x(k+2|k)=f^k(x(k+1|k),u(k+1|k))\cdot T_s+x(k+1|k) \tag{5-30}$$

...

$$x(k+m|k)=f^k(x(k+m-1|k),u(k+m-1|k))\cdot T_s+x(k+m-1|k) \tag{5-31}$$

因此,根据计算得到的预测状态,在 k 采样时刻的预测输出如下:

$$y(k+1|k)=C\cdot x(k+1|k)=C(f^k(x(k|k),u(k|k))\cdot T_s+x(k|k)) \tag{5-32}$$

$$y(k+2|k)=Cx(k+2|k)=C(f^k(x(k+1|k),u(k+1|k))\cdot T_s+x(k+1|k)) \tag{5-33}$$

...

$$y(k+m|k)=Cx(k+m|k)=C(f^k(x(k+m-1|k),u(k+m-1|k))\cdot T_s+x(k+m-1|k)) \tag{5-34}$$

(4)模型预测控制律和在线优化

非线性 MPC 控制策略可以作为一个非线性规划问题来看待,很难得到一个清晰的解,所以通常使用数值解法来解决此类在线优化问题。通过利用序列二次规划方法来最小化任意光滑函数,如公示式(5-19)所示。

根据 MPC 控制策略,$U(k)$ 的第一个元素执行开始后将在每个时刻重复计算,K 时刻得到的状态反馈控制律为

$$u(k)=[1,0,\cdots,0]U(k) \tag{5-35}$$

式中:$u(k)$ 是车辆横摆角速度和车辆侧倾角的一组最佳矢量,并作为车辆系统的控制信号在每个采样间隔重复此计算过程。

5.2.3 收费站道路三维模型构建

互通式立体交叉的匝道由端部和一条连接路线组成,其类型分为对角向匝道、环形匝道、半直连式和直连式四类。依据最新的道路设计标准,即《公路立体交叉设计细则》(JTG/T D21—2014)和《公路工程技术标准》(JTG B01—2014),匝道的几何设计参数如表 5-5~表 5-8 所示。

第五章 基于车路关键动态响应特征的收费站行车安全研究

表 5-5 互通式立体交叉的匝道设计速度标准

匝道类型		直连式	半直连式	环形匝道
匝道设计速度/(km/h)	枢纽互通式立交	80、70、60、50	80、70、60、50、40	40
	一般互通式立交	60、50、40	60、50、40	40、36、30

注:1. 右转弯匝道宜采用上限值或中间值;2. 直连式或半直连式左转弯道宜采用上限值或中间值。

表 5-6 匝道圆曲线最小半径

匝道设计速度/(km/h)		80	70	60	50	40	35	30
匝道最小圆半径/m	一般值	280	210	150	100	60	40	30
	极限值	230	175	120	80	50	35	25

注:在积雪冰冻地区匝道圆曲线半径不应小于表中的一般值。

表 5-7 匝道最大纵坡

匝道设计速度/(km/h)			80	70	60	50	40	35	30
最大纵坡/%	出口匝道	上坡	3		4		5		
		下坡	3		3		4		
	入口匝道	上坡	3		3		4		
		下坡	3		4		5		

注:因地形困难或用地紧张时可增大 1%;非冰冻积雪地区在特殊困难情况下可增加 2%。

表 5-8 圆曲线半径与超高值

速度/(km/h)	80	70	60	50	40	35	30
超高值/%	最大超高/%	最大超高/%	最大超高/%	最大超高/%	最大超高/%	最大超高/%	最大超高/%
	8	8	8	8	8	8	8
8	[230,290)	[175,240)	[120,160)	[80,100)	[50,60)	[35,40)	[25,30)

由于本书重点研究的对象是城市道路与高速交汇式的高速公路匝道收费站,连接匝道主要以环形匝道或半环形匝道为主,因此,试验仿真采用的匝道类型选用此匝道线型与实际情况切合。根据《公路立体交叉设计细则》(JTG/T D21—2014)和《公路工程技术标准》(JTG B01—2014)选取不同圆曲线半径的道路线形规范将道路模型进行数字化分解后,导入 Adams/Car 中的 Road Builder 模块进行实体化道路模型构建,见图5-2。

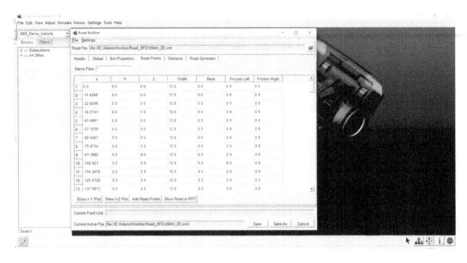

图 5-2　道路三维模型建立

道路建模器 Road Builder 结构参数包括道路的三维坐标（XYZ，即道路的平纵横坐标）、匝道宽度、超高以及左右胎-路摩擦系数。通过 Adams/Car 中的道路建模器 Road Builder 模块创建的不同半径的圆曲线匝道模型见图 5-3。

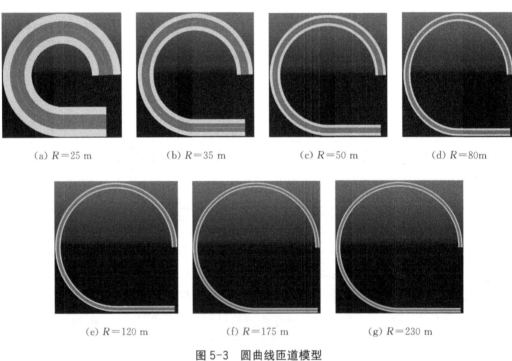

(a) $R=25$ m　　(b) $R=35$ m　　(c) $R=50$ m　　(d) $R=80$ m

(e) $R=120$ m　　(f) $R=175$ m　　(g) $R=230$ m

图 5-3　圆曲线匝道模型

5.3 动力学指标与一致性分析

根据《公路立体交叉设计细则》(JTG/T D21—2014)和《公路工程技术标准》(JTG B01—2014),将匝道标准极限测试环境设定为 7 个对照组,并通过 Adams/Car 与 Matlab/Simulink 模块相互调用,建立不同场景下的工况测试分析模型,根据测试结果,选取车路耦合动力学特征:加速度、侧向力、垂向力、侧向力矩、回正力矩、车身侧倾角和横摆角以及方向盘转角和侧向位移等作为匝道收费站标准极限的动力学一致性分析指标。探究在不同测试环境下,关键响应特征的变化趋势,并将每一个关键响应特征的最大值作为动力学一致性判定的依据。收费站匝道标准极限测试环境如表 5-9 所示。

表 5-9 依据匝道标准的极限测试环境

定义名称	测试环境
TR1	$v=80$ km/h,$R=230$ m,$i=3\%$,$I\max=8\%$
TR2	$v=70$ km/h,$R=175$ m,$i=3\%$,$I\max=8\%$
TR3	$v=60$ km/h,$R=120$ m,$i=3\%$,$I\max=8\%$
TR4	$v=50$ km/h,$R=80$ m,$i=3\%$,$I\max=8\%$
TR5	$v=40$ km/h,$R=50$ m,$i=4\%$,$I\max=8\%$
TR6	$v=35$ km/h,$R=35$ m,$i=4\%$,$I\max=8\%$
TR7	$v=30$ km/h,$R=25$ m,$i=4\%$,$I\max=8\%$

通过试验得出 7 类匝道标准极限测试环境中,其侧向加速度、左前轮侧向力、右前轮侧向力、左前轮垂向力、右前轮垂向力、左前轮侧向力矩、右前轮侧向力矩、左前轮回正力矩、右前轮回正力矩、车身侧倾角、方向盘转角、车身横摆角、侧向位移的变化趋势如图 5-4~图 5-15 所示。

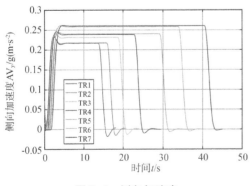

图 5-4 侧向加速度

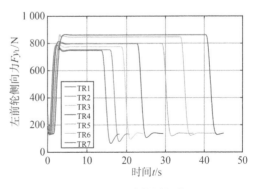

图 5-5 左前轮侧向力

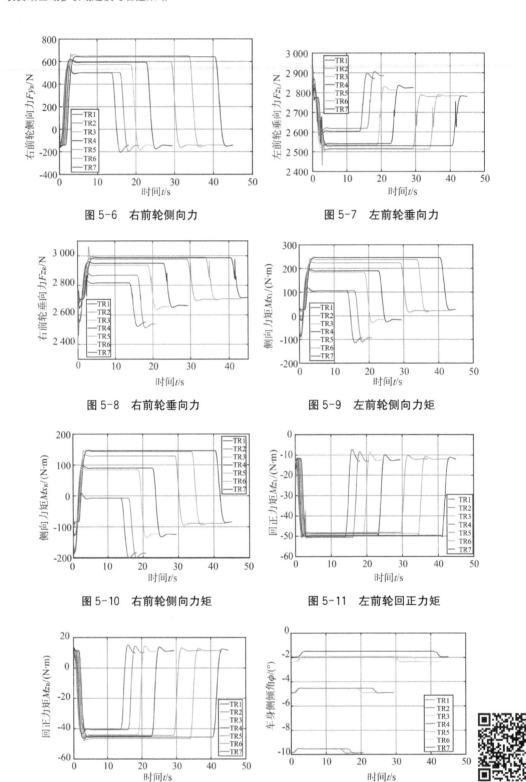

图 5-6　右前轮侧向力

图 5-7　左前轮垂向力

图 5-8　右前轮垂向力

图 5-9　左前轮侧向力矩

图 5-10　右前轮侧向力矩

图 5-11　左前轮回正力矩

图 5-12　右前轮回正力矩

图 5-13　车身侧倾角

图 5-4～5-15
彩图链接

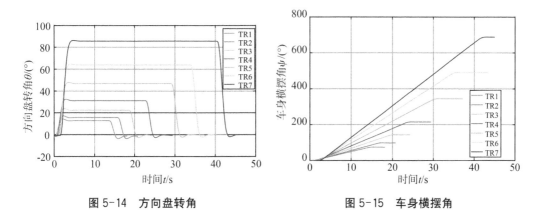

图 5-14 方向盘转角　　　　图 5-15 车身横摆角

匝道标准极限测试环境中，经过仿真分析、数据整理和误差分析得出 7 类公路设计标准和规范中的动力学一致性评估指标如表 5-10 所示。

表 5-10 动力学一致性评估指标

名称	TR1	TR2	TR3	TR4	TR5	TR6	TR7
侧向加速度/(m·s^{-2})	0.230	0.229	0.241	0.246	0.244	0.270	0.261
左前轮侧向力/N	786.9	786.9	797.8	811.893	811.648	864	866.7
右前轮侧向力/N	559.1	550.8	611	619.4	617.2	667.8	644.6
左前轮垂向力/N	2 898	2 919	2 855	2 869	2 833	2 849	2 840
右前轮垂向力/N	2 837	2 890	2 949	2 958	2 981	3 063	2 987
左前轮侧向力矩/(N·m)	119	117.4	191.6	195.2	226.3	241.8	246.1
右前轮侧向力矩/(N·m)	−181	−187.1	−129.1	−129.5	134.6	148.4	147.5
左前轮回正力矩/(N·m)	−50.58	−50.72	−49.14	−49.5	−49.01	−51.09	−50.35
右前轮回正力矩/(N·m)	−43.69	−43.13	−45.85	−46.68	−45.06	−48.2	−45.61
车身侧倾角/(°)	−9.883	−9.883	−4.93	−4.927	−2.359	−2.355	−1.961
方向盘转角/(°)	14.36	17.27	23.09	31.79	46.75	64.77	86.13
车身横摆角/(°)	74.46	97.99	143.1	214.7	343.7	491	687.5

5.4 基于车路耦合动力学响应的收费站行车安全分析

5.4.1 数据采集

案例选用杭州市西湖区长深高速/杭州绕城高速 G25 入口转塘匝道收费站区域作

为数据采集路段,采用道路设计、高精度地图的方式获取转塘收费站匝道线形。转塘收费站收费模式为多个 ETC 与 MTC 同时开放的混合式收费站,如图 5-16 所示。

图 5-16　转塘匝道收费站区域地图

5.4.2　道路可视化建模

根据数据采集分析,选用图 5-16 中转塘互通到云河街的出口匝道收费站道路和云河路到转塘互通的入口匝道收费站道路为研究对象。将道路设计图纸参数和高精度地图提取数据进行对比分析,通过三维数据软件导出收费站广场和匝道的三维坐标,宽度、超高和坡度采用道路设计标准,路面摩擦系数采用硬路面参数。依据转塘收费站广场和匝道参数,通过 Adams/Car 中的路面建模器 Road Builder 创建转塘互通到云河街的出口道路和云河路到转塘互通的入口道路模型,见图 5-17。

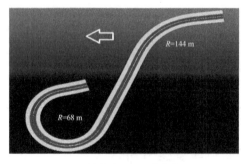

(a) 收费站出口匝道道路

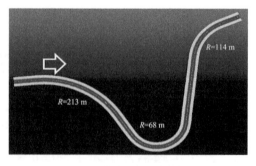

(b) 收费站入口匝道道路

图 5-17　道路可视化建模

5.4.3 车路耦合动力学响应的行车安全分析

依据选用的转塘互通到云河街的出口道路和云河路到转塘互通的入口道路的线形和道路设计准则和规范,对出口道路和入口道路进行场景环境设置,见表 5-11。

表 5-11 出、入口测试环境

定义	测试环境
Tv1	$v=80$ km/h,R114,R68,R213
Tv2	$v=60$ km/h,R114,R68,R213
Tv3	$v=40$ km/h,R114,R68,R213

1) 转塘收费站互通到云河街的出口道路试验测试

通过试验获取的转塘收费站互通到云河街的出口道路测试路段的侧向加速度、左前轮侧向力、右前轮侧向力、左前轮垂向力、右前轮垂向力、左前轮侧向力矩、右前轮侧向力矩、左前轮回正力矩、右前轮回正力矩、车身侧倾角、方向盘转角和车身横摆角分别见图 5-18~图 5-29。

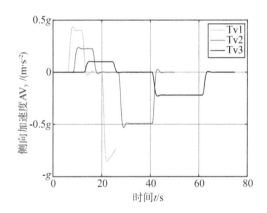

图 5-18 侧向加速度

由图 5-18 曲线变化趋势和仿真实况可知:在良好的附着系数下,保持人体舒适和车体稳定行驶的侧向加速度为 $0.4g$,三种行驶的侧向加速度变化较大,说明车辆稳定性变差。(1)Tv1 进入第一个弯道,最大侧向加速度为 $0.43g$,超过稳定极限。进入第二个弯道时,侧向加速度最大值达到 $0.85g$,此时已经远超过稳定极限值,由仿真动画可以看出车辆逐渐偏移行驶道路中心,行驶至 26 s 时发生侧翻。(2)Tv2 在进入第二个弯道时,最大侧向加速度达到 $0.47g$,超过稳定行驶标准,由仿真动画可以看到车体发生小幅度倾斜。(3)Tv3 行驶稳定,符合安全标准。

由图 5-19 和图 5-20 的仿真结果和仿真实况可知:(1)Tv1 在第一个弯道右前轮侧向力增幅较大,接近于点质量理论设计标准,观察仿真动画可以看出车辆已经发生侧倾且通过弯道;在第二个弯道左前轮最大侧向力为 3 402 N,大于右前轮侧向力 1 453 N,

结合仿真和曲线图可以看出车辆在 26 s 时发生了侧翻,此速度下车辆无法通过第二个弯道,通过正交分解分析可以确定在 60～80 km/h 范围内可以求解出车辆通过第二个弯道时的临界极限速度。(2)Tv2 在第二个弯道左前轮侧向力为 1 797 N,大于右前轮侧向力 1 282 N,二者都已超过设计标准中最大侧向力,虽然车辆在此种工况下通过了第二个弯道,但车体侧倾明显。(3)Tv3 由于速度符合设计阈值和设置超高,左前轮侧向力略大于右前轮侧向力,二者都小于设计标准,满足安全阈值。

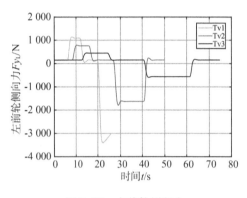

图 5-19　左前轮侧向力

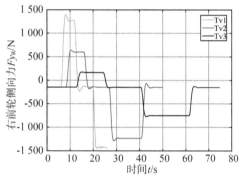

图 5-20　右前轮侧向力

由图 5-21 和图 5-22 的仿真结果和仿真实况可知:(1)Tv1 车辆在第二个弯道左前轮最大垂向力为 3 863 N,右前轮最大垂向力为 1 577 N,此力已经不足以支撑所需的垂向压力,从而导致侧向力急剧减小,从仿真动画可以明显看出车辆右前轮即将脱离地面,车身向左倾斜状况严重,直至车辆侧翻。(2)由 Tv2 左右前轮垂向力的仿真状况均不符合设计标准阈值可知,在进入第二个弯道时,右前轮最小垂向力为 2 070 N,左前轮最大垂向力 3 476 N,从仿真动画可以明显看到车身倾斜,车辆驾驶感受欠佳。(3)Tv3 由于超高的设置右前轮垂向力稍大于左前轮,提供了曲线行驶的向心力,符合安全驾驶预期。结果表明,对于弯道设置超高与减速行驶,对驾驶员的安全更有保障。

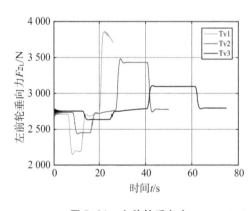

图 5-21　左前轮垂向力

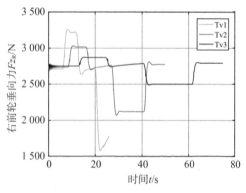

图 5-22　右前轮垂向力

由图 5-23 和图 5-24 的仿真结果可知：(1)Tv1 和 Tv2 的两段弯道行驶，左、右前轮侧向力矩均超过设计标准阈值；进入第二个弯道，结合侧向力结果分析可知，Tv1 发生侧翻，Tv2 发生轻微滑移。(2)Tv3 左、右侧向力矩在标准设计阈值内，车辆横向稳定，无产生滑移现象。

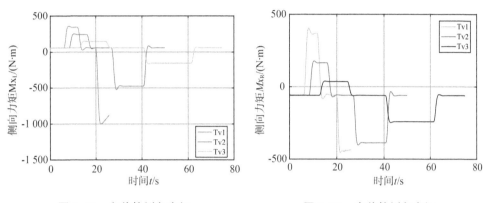

图 5-23　左前轮侧向力矩　　　　图 5-24　右前轮侧向力矩

由图 5-25 和图 5-26 的仿真结果可知：(1)Tv1 车辆进入第一个弯道左前轮回正力矩基本在标准阈值以内，右前轮最大回正力矩为 $-63\ \rm N\cdot m$，大于最大标准阈值。在 14 s 时车辆进入第二个匝道发生侧翻。(2)Tv2 的左、右前轮回正力矩均在极限条件阈值附近，这对车辆操纵的稳定性会造成一定干扰。(3)Tv3 左、右前轮回正力矩为最优值，此时驾驶环境良好。

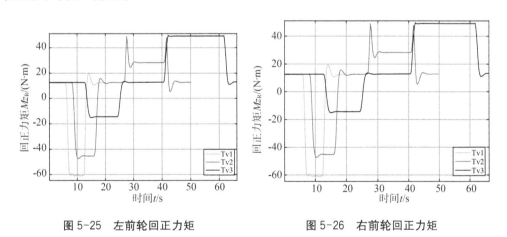

图 5-25　左前轮回正力矩　　　　图 5-26　右前轮回正力矩

由图 5-27 的仿真结果可知：在已设置超高的弯道，(1)Tv1 和 Tv2 两次进入弯道侧倾角变化率较大，结合侧向力图分析结果，Tv1 试验车辆发生侧翻，Tv2 车辆侧倾通过。(2)Tv3 侧倾角变化幅度较为稳定，侧翻与侧滑可能性低，具有较好的安全性。

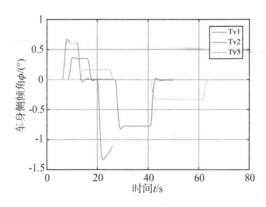

图 5-27 车身侧倾角

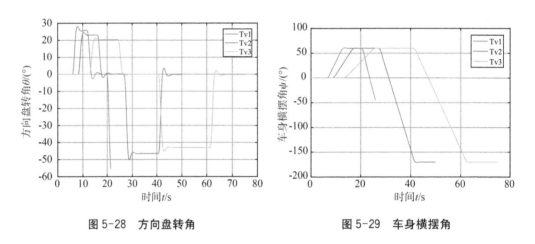

图 5-28 方向盘转角　　　　　　　图 5-29 车身横摆角

由图 5-28 的仿真结果及仿真实况可知：(1)Tv1 和 Tv2 在第一个弯道转角均大于 20°，超出驾驶舒适要求；Tv1 在第二个弯道发生侧翻，导致方向盘转角短时间急剧增大，车辆操纵无法回正。(2)Tv3 依次在两个弯道方向盘转角最大值分别为 20°和 40°左右，符合驾驶舒适性要求。

由图 5-29 的仿真结果及仿真实况可知：Tv1、Tv2 和 Tv3 三种状态下的横摆角变化稳定，由于 Tv1 发生侧翻，导致其横摆角在 26 s 时消失。

2) 云河路到转塘收费站互通的入口道路试验测试

通过试验获取的云河路到转塘互通的入口道路试验测试路段的侧向加速度、左前轮侧向力、右前轮侧向力、左前轮垂向力、右前轮垂向力、左前轮侧向力矩、右前轮侧向力矩、左前轮回正力矩、右前轮回正力矩、车身侧倾角、方向盘转角和车身横摆角分别见图 5-30～图 5-41。

由图 5-30 的仿真结果可知：三种行驶的侧向加速度变化平稳，无急剧变化情况，说明车辆基本能稳定地通过弯道。(1)Tv1 在进入第二个弯道时，侧向加速度最大值达到 0.76g，由仿真动画可以看出车辆偏移行驶道路中心，已经发生侧滑现象，左前轮即将

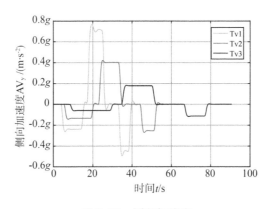

图 5-30 侧向加速度

脱离地面,有侧翻的趋势;进入第三个弯道时,最大侧向加速度为 0.45g,可能会发生侧滑。(2)Tv2 在进入第二个弯道时,最大侧向加速度达到 0.42g,超过稳定行驶标准,由仿真动画可以看到车体发生小幅度倾斜。(3)Tv3 变化缓和且平稳,3 个弯道侧向加速度均在标准之内,符合安全驾驶要求。

由图 5-31 和图 5-32 的仿真结果及仿真实况可知:(1)Tv1 在第二个弯道左前轮最大侧向力为 1 433 N,右前轮最大侧向力为 2 921 N,二者远大于极限设置标准中的最大侧向力,仿真动画显示车辆发生侧滑已偏离道路中心行驶;在第三个弯道左前轮的最大侧向力为 1 642 N,略大于右前轮侧向力 1 220 N,结合仿真动画,可以看出车辆通过第二个弯道时有侧翻的趋势。(2)Tv2 在第二个弯道左前轮侧向力为 1 141 N,略小于右前轮侧向力 1 331 N,二者都已超过设计标准中的最大侧向力,车体有侧滑倾向。(3)Tv3 由于速度符合设计阈值和设置超高,左前轮侧向力略大于右前轮侧向力,二者都小于设计标准,满足安全阈值。

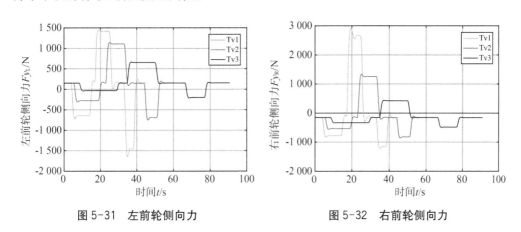

图 5-31 左前轮侧向力　　　　　图 5-32 右前轮侧向力

由图 5-33 和图 5-34 的仿真结果结合仿真实况可知:(1)Tv1 在第二个弯道左前轮垂向力最小为 1 703 N,右前轮垂向力为 3 699 N,从仿真实况可以看出车体发生侧倾,左前轮有脱离地面的危险,车身向右倾斜状况严重,有侧翻的趋势,极大地威胁驾驶员的生命安全;在进入第三个弯道左前轮最大垂向力为 3 406 N,右前轮最小垂向力为 2 098 N,车体向左侧滑且已偏离道路中心行驶。(2)Tv2 在进入第三个弯道时,左前轮最大垂向力为 3 144 N,大于右前轮垂向力 2 424 N,从仿真动画可以明显看到车身倾斜,车辆驾驶感受欠佳。(3)Tv3 仿真数据符合安全驾驶预期。

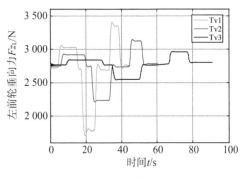

图 5-33　左前轮垂向力

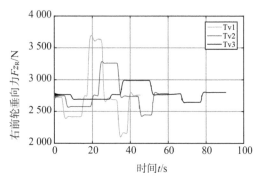

图 5-34　右前轮垂向力

由图 5-35 和图 5-36 的仿真结果及仿真实况可知:(1)Tv1 在第一个弯道左前轮最大侧向力矩为 449 N·m,右前轮最大侧向力矩为 860 N·m,从仿真动画可以看出轮胎发生较大变形,车辆向右发生侧滑;第三个弯道左前轮最大侧向力矩为 −479 N·m,右前轮最大侧向力矩为 −383 N·m,从仿真动画可以看出车辆向左有侧滑倾向。(2)TV2 在第二个弯道行驶,左、右前轮侧向力矩均超过设计标准阈值,轮胎均发生变形且车辆有滑移趋势。(3)TV3 在 3 段道路运行过程中,左、右侧向力矩在标准设计阈值内,车辆横向稳定,并无产生滑移和侧翻趋势。

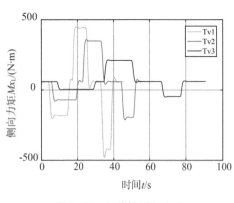

图 5-35　左前轮侧向力矩

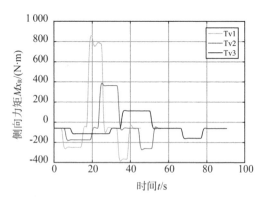

图 5-36　右前轮侧向力矩

由图 5-37 和图 5-38 的仿真结果及仿真实况可知:(1)Tv1 进入第二个弯道左前轮回正力矩反向增大,驾驶员操控车辆会产生很大的转向阻力,极大地影响驾驶安全。(2)Tv2 进入第二个弯道的右前轮回正力矩为 −60 N·m,超出极限条件阈值,车辆操纵稳定性会受到一定干扰。(3)Tv3 左、右前轮回正力矩在设计极限标准之内,操控稳定性良好。

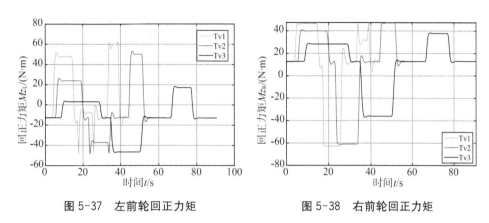

图 5-37　左前轮回正力矩　　　　　图 5-38　右前轮回正力矩

由图 5-39 的仿真结果及仿真实况可知:(1)Tv1 进入第二、三个弯道车身侧倾角极值远超过阈值,极易发生侧滑、侧翻,连续弯道对驾驶员操控不利,车身左右摆动对车辆稳定性造成危害。(2)Tv2 在第二个弯道侧倾角的极大值已超过阈值,极易发生侧滑。(3)Tv3 整个入口过程车身平稳,无较大波动,属于安全行驶。

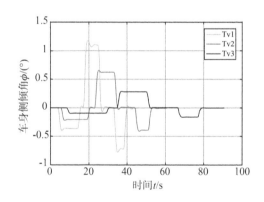

图 5-39　车身侧倾角

由图 5-40 的仿真结果及仿真实况可知:(1)Tv1 和 Tv2 在第二个弯道最大方向盘

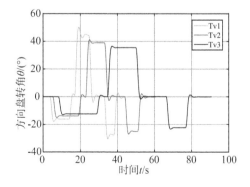

图 5-40　方向盘转角

转角均大于40°,超出驾驶舒适要求;Tv1 在第二个弯道发生滑移,导致方向盘转角增大,影响车辆操纵稳定性。(2)Tv3 依次在第二、三个弯道最大方向盘转角分别在40°和30°以内,符合驾驶舒适性要求。

由图 5-41 的仿真结果及仿真实况可知:Tv1、Tv2 和 Tv3 三种状态下的横摆角变化稳定。

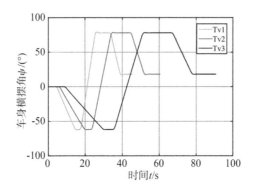

图 5-41　车身横摆角

5.5　本章小结

(1) 通过多体系统动力学软件构建了车路耦合动态响应系统,借助 Adams/Car 与 Matlab/Simulink 连接开发了车路耦合环境下的联合实时在线仿真试验,通过 Matlab/Simulink 对 Adams/Control 的控制文件进行程序编制和改进,并依据最新的道路设计标准:《公路立体交叉设计细则》(JTG/T D21—2014)和《公路工程技术标准》(JTG B01—2014),通过 Adams/Car 中的 Road Builder 模块创建可视化的动力学道路模型,进而可以对收费站区域安全车速进行标准一致性分析和安全评估。

(2) 选取转塘收费站匝道的道路中心线作为行驶轨迹,根据道路设计标准设置匝道半径、坡度值与超高值,将得到的匝道坐标数据在仿真软件中搭建道路模型,结合人—车—路模型进行多体动力学仿真。根据测试结果选取车路耦合动力学特征:侧向加速度、左前轮侧向力、右前轮侧向力、左前轮垂向力、右前轮垂向力、左前轮侧向力矩、右前轮侧向力矩、左前轮回正力矩、右前轮回正力矩、车身侧倾角、方向盘转角和车身横摆角等作为匝道标准极限的动力学一致性分析指标。

(3) 通过获得动力学一致性分析指标探究在不同测试环境下,关键响应特征的变化趋势,从车-路协同的角度对转塘收费站互通到云河街的出口道路和云河路到转塘收费站互通的入口道路进行了行车安全案例分析。但也忽略了一些其他因素,如路面摩擦系数、侧风等对收费站广场和匝道路段的车路耦合动力学建模的影响以及驾驶员的超车和变道行为。

第六章

考虑感知安全风险和自我概念的收费站 ETC 推广策略研究

ETC 对于提升高速公路收费站区域的交通组织与管理水平及行车安全具有重要的作用,而 ETC 应用普及率的高低直接影响到能否充分释放其预期效用。鉴于目前国内多数收费站都建立了大量的 ETC 收费通道,无论是在基建设备的投入还是在管理运营的优化方面都对提升 ETC 应用的普及率提出了更高的要求和挑战,而目前关于 ETC 使用意愿影响因素的研究还不够充分,尤其是关于用户的社会心理因素对 ETC 使用意愿的影响机制研究。为此,本章将在对技术接受模型进行扩展的基础上引入社会影响因素,探讨感知安全风险和自我概念因素的调节效应和技术特征因素的中介效应机制,并分别对 ETC 用户的持续使用意愿和非 ETC 用户的使用意愿的影响机理进行研究,最后,提出相应的管理策略,以促进国内 ETC 产业的健康可持续发展。

6.1 研究背景

目前,由于 ETC 发展阶段的不同和采用技术的差异,一些国家和地区形成了各具特色的 ETC 收费系统。如新加坡采用横跨式的多车道自由流电子道路收费系统(Electronic Road Pricing,ERP),加拿大的 HW 407 Express Toll Route 计划也是类似的系统,美国纽约地区的 E-Z PASS 系统则主要实现了对该地区及周边区域 ETC 系统的兼容性,德国和中国台湾地区的 ETC 系统主要采用了车辆定位系统(Vehicle Positioning System,VPS)和专用短程通信技术(Dedicated Short Range Communications,DSRC)等。基于经济环境和社会效益上的重要作用,ETC 在世界各地广泛应用,此外,在一些国家和地区的 ETC 应用实践中,利用 ETC 收费价格政策的经济杠杆来进行交通流的调节,也被证实是一种切实有效的交通管理手段[72-74,77,184-186]。

值得关注的是,尽管 ETC 系统经历了几十年的发展,但其在一些国家和地区的应用普及率仍差强人意。以我国为例,得益于 2019 年国务院颁布的《深化收费公路制度改革取消高速公路省界收费站实施方案》政策刺激,ETC用户量猛增,现已超过2亿用户,但与全国机动车保有量3.78亿辆(截至2021年3月)相比仍有巨大的提升空间。另外,全国现有9 000多个收费站,10万条车道,26 000多个ETC门架,ETC收费车道覆盖率已基本达到90%以上,但ETC车道的使用率却并不理想,造成资源浪费和管理不便等一系列问题。因此,迫切需要开展对ETC用户的持续使用意愿和非ETC用户(潜在用户)使用意愿影响机理研究,以促进其可持续发展。

通过绪论1.2.5节的研究综述可以发现,尽管已有一些关于ETC采纳意愿影响因素的研究成果,但其较多地只关注出行特征和ETC产品的经济属性等方面对采纳意愿的影响,而对影响采纳意愿的另一个重要方面——消费者的社会心理因素层面的研究较少涉及。消费者的社会心理特征(如自我概念、感知风险等)对于采纳意愿的重要影响已被众多的研究所证实[187-188],且消费者个体亦存在于社会网络中,不可避免地会受到周围人群的社会影响[189],因此,消费者个体和群体关系会对ETC采纳意愿产生什么样的影响也仍需进一步探索。

我国目前多数地区OBU的安装费用已经通过政府补贴或营销组合等方式不再需要消费者承担,因此,以往研究中关注的核心——OBU的价格因素影响将不再是主要矛盾。此外,ETC车道高覆盖率低使用率,其中可能还存在一部分已经安装了ETC但由于某些原因而放弃使用的用户,以及电子支付方式(微信、支付宝、手机银行等)普及的中国情景下,消费者对于ETC的态度及关注的核心因素是否已经发生改变,如对ETC的绿色价值及安全性问题的认知等,值得进一步探索。而目前国内现有的研究成果大多仅关注一些宏观政策的定性分析,缺乏更加深入的理论和定量研究来指导管理工作[190-191]。因此,基于现阶段我国ETC发展的现实情境,对ETC用户的持续使用意愿和非ETC用户(潜在用户)的使用意愿的影响因素机理进行研究,并提出有针对性的策略具有十分重要的研究价值。

6.2 理论基础

6.2.1 技术接受模型

技术接受模型(Technology Acceptance Model,TAM)是一种普遍采用的理论模型分析工具,其结构见图6-1。Davis于1989年首次提出了技术接受模型的理论框架及测量方法,由于它结构简单且得到了大量实证研究的证实,因而被用于广泛解释和预测用户对新系统或新技术的接受或拒绝[192]。技术接受模型最初借鉴了理性行为理论中"信念—态度—行为意向"路径[193],但随后研究发现态度对行为意愿和实际行为的预测效果较弱。于是Davis便重构了技术接受模型,并将信念建构具化为感知有用性、感知易用性[194]。感知有用性反映潜在用户采用新的系统或技术对于提升工作效率的有用程度的认识,感知有用性程度越高,相应的采用新系统或技术的意愿也越高。感知易用性则表示潜在用户感知到学习和使用新系统或技术的难易程度，用户感知到新系统使用越友好简易，采纳的意愿就越高。此后的相关研究中技术特征因素（感知有用性、感知易用性）常被考虑到，并根据研究的具体情景变化呈现出不同形态并应用于多个实践领域[79,195]。

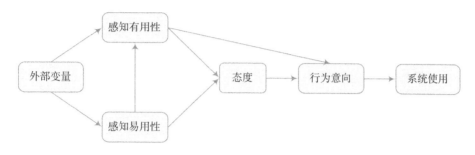

图 6-1　技术接受模型

ETC 是智能交通系统的重要组成部分，具有信息系统和新技术的显著特征。ETC 系统通过车载电子标签（OBU）与在 ETC 车道天线间的专用短程通信，无须人工操作，实现不需停车自动缴费。ETC 系统可以有效缓解收费站区域交通拥堵，减少污染物的排放，在提升收费站通行能力上具有巨大优势。同时，相比收费流程复杂、通行效率较低的传统人工收费（MTC）方式，ETC 方式更加便捷且拥有良好的灵活性和扩展性。鉴于此，本书引入技术接受模型并对有用性和易用性的内涵进行扩展，同时，虽然技术接受模型具有精简性的优势，但是仅从技术特征维度考察影响用户 ETC 采纳的因素还稍显不足，需要综合考虑其他重要影响因素以提升解释能力。

6.2.2　社会影响理论

社会影响理论（Social Influence Theory）广泛用于解释在他人、群体的影响下个体用户接受行为的内在机制，是引发个体思想、情感和行为发生及变化的一种重要诱因[196]。Deutsch 等人将社会影响分为信息性社会影响和规范性社会影响。信息性社会影响主要体现在认知层面，个体通过他人或与他人交往获取的信息作为自己认知某种事物的依据[197]；规范性社会影响表明个体为与群体保持一致性而产生的规范性压力，从而遵从他人的期望以符合群体的标准和规范。

大量研究表明社会影响对消费者购买决策的态度和行为会产生重要的影响。特别是随着社交网络（Facebook/WeChat 等）在人们生活中的普及，人与人之间的联系变得越来越紧密，相互影响的作用力已超过传统途径的口碑效应。Kelman 研究了测试对象在不同环境下受他人影响而转变态度，验证了社会影响对个体态度和行为的作用，提出社会影响三个阶段的产生过程，即顺从、认同与内化[198]。Tsai、Wang 等人验证了重要他人与参照群体的规范会显著影响个体的行为意愿[199-200]。Iyengar 等人的研究也证实了即使在控制广告效用后,社会影响依然存在,并且意见领袖产生的影响力更大[201]。

在绿色消费被大众日益重视的背景下,ETC作为一种便捷和节能环保的绿色出行方式被社会所认可。非ETC用户(潜在用户)既是独立的个体,又存在于社会人际网络中,不可避免地会受到主流价值观和社会关系中重要他人的影响。传统的基于理性行为理论的"信念—态度—行为意向"路径的技术接受模型研究,忽略了主观规范对行为意向的影响,因此一些学者对基础的技术接受模型进行了扩展,以提高模型的适用性。Venkatesh等人在技术接受模型中引入社会影响概念,发展出了TAM3和UTAUT模型等。本书借鉴这一思路考虑社会影响对ETC采纳意愿的影响[202-203]。

6.2.3 自我概念理论

自我概念理论起源于心理学研究领域,后在社会学中被广泛应用于消费者决策与行为研究。自我概念是指个体对自身认知和感觉的总和,反映个体对其自身能力、外表、性格等的认知[204]。Grubb等人认为自我概念是个体在追求自我提升过程中与他人的相互作用[205]。Tajfel等人认为自我概念由个人认同和社会认同构成[206]。根据Hawkings等人的论点,自我概念是一个人对个人的想法、感觉、意识或态度[207]。尽管自我概念的定义五花八门,但其核心理念是相同的,即自我概念是一个有机和相对稳定的认知结构,由态度、信仰和价值观等元素组成,贯穿个体的整个经验和行动,并把个体的各种特定的思想、习惯、观点、能力等组织统一起来[208]。

随后,从自我概念的视角来研究消费者态度与行为的途径,受到了越来越多的关注。Morgan指出消费者消费行为可能很少受到产品的功能性价值的影响,而更多的是受所感知的产品形象所制约[209]。He等人以中国消费者对零售商店的选择研究为例,证实了自我概念一致性会显著影响消费者的态度和行为[210]。以食品和酒为背景的研究也表明了消费者对自己是谁的认知与他/她的选择和消费有关[187,211]。对商品的消费是自我概念的一种表达方式,消费从而也成为人自我表达与认同的主要形式和来源,对于管理者来说,理解消费者自我概念将大大有助于洞悉消费者的行为动机。本书也遵循这一原则,认为通过维持自我概念的一致性,ETC用户的自我概念会影响其本人及周围人对ETC产品的印象和态度,进而在社会影响与ETC的持续使用意愿间产生调节作用影响机制,目前还没有对这一主题研究的相关文献。

6.2.4 感知风险理论

感知风险是消费者的一种主观感受,在购买决策过程中,因无法预料购买决策结果优劣,而对相应后果产生的一种不确定感觉[212],这种不确定性会直接影响消费者的购买意愿[213]。因其对刻画消费者购买意愿和购买行为影响的重要作用,在消费者行为学研究领域逐渐被广泛重视[214]。此后,一些学者对感知风险的测量维度进行了细化研究,主要有五个方面:社会风险、身体风险、功能风险、财产风险与心理风险。基于他们的研究,Peter等人又增加了时间维度,用于测量购买行为是否会造成消费者时间上的损耗[215]。目前,关于感知风险对消费者购买意愿具有消极影响的议题已得到众多学者的实证验证,如Shin、Lee指出包括隐私和安全的感知风险显著负向影响网络商品和服务的使用行为[216-217]。Jinsoo等人考察了感知风险对食用昆虫主题餐厅形象的影响[218]。

根据前文研究可以得知,当消费者对某产品或服务感知风险较高时,往往会呈现出较低的购买意愿。本书研究的ETC作为一种智能交通系统产品和服务,在消费者接触的初期和中期阶段,感知风险因素对消费者的采纳意愿和行为的影响亦需要引起重视,消费者的感知风险亦会对ETC的购买意愿产生重要的影响。根据ETC产品的属性特征和使用情景的特殊性,本书主要从感知安全性风险角度进行分析和研究。

6.3 概念模型与研究假设

技术采纳模型等已经成为探索信息系统和新技术采纳意愿等相关实践研究的一个重要方向,但以ETC为背景的针对ETC用户和非ETC用户的持续使用意愿/使用意愿影响因素作用机理的研究还比较缺乏。为填补这一研究空缺,本书从技术特征(感知绿色有用性、感知使用愉悦性)、社会影响和用户社会心理特征(自我概念、感知安全风险)三个维度,提出相关研究假设,探究技术特征因素在社会影响与持续使用意愿/使用意愿间所可能承担的中介效应,以及对于ETC用户考察自我概念在社会影响与持续使用意愿间的调节效应,对于非ETC用户考察感知安全风险在社会影响与使用意愿间的调节效应,相关概念模型研究框架,见图6-2。此外,还包括人口统计学的一些控制变量,如性别、年龄、教育水平等,相关假设的发展介绍如下。

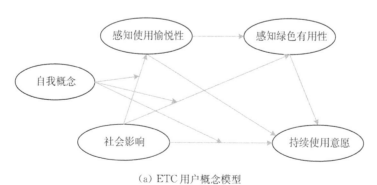

(a) ETC用户概念模型

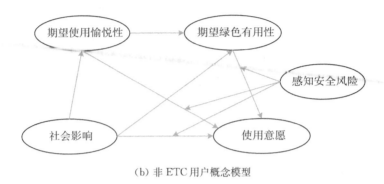

(b) 非 ETC 用户概念模型

图 6-2 概念模型

6.3.1 社会影响与持续使用意愿/使用意愿

社会影响包括主观规范(subjective norm)和印象元素(impression element)。主观规范指个人采取某项特定行为时是否能感受到社会压力；印象元素指在某种程度上个体对创新产品的使用被看作是在社会系统中提升自己的形象或地位[219]。大量研究表明社会影响对新产品、新技术的采纳行为有正向显著影响[199-200]。Van Den Bulte 等人把产品扩散过程中的用户群体分为模仿者和影响者两类，发现社会影响对模仿者的影响更大，且在早期阶段，大众媒体对用户的认知有较强的作用，但后期则呈现出用户之间的社会影响作用占主导的特征[220]。印象变化对高速公路用户 ETC 使用意愿产生显著影响，并正向影响感知有用性和感知易用性[80]。其中社会影响定义为重要他人对于个人决策的影响，主要包括了主观规范和印象元素。本书遵从这一观点，认为 ETC 系统的便捷功能和在环保方面的表现等相关信息在传统广告和社交媒体上也屡见不鲜，在此影响下，个体受周围人群和社会网络的影响，为与群体保持一致、获得群体支持、提升个人形象和消除社会压力，从而表现出较强的使用意愿。由此本书提出以下假设：

H1a：社会影响正向影响 ETC 用户的持续使用意愿。

H1b：社会影响正向影响非 ETC 用户的使用意愿。

6.3.2 感知/期望绿色有用性、感知/期望使用愉悦性的中介作用

基于技术接受模型(TAM)，本书对感知有用性和感知易用性进行了修订，定义感知/期望绿色有用性主要考察用户使用/期望使用 ETC 作为交通出行辅助工具时感知到的便利、环保、经济性等效益，如节省通行时间、降低油耗和排放等。感知/期望使用愉悦性反映消费者购买、安装 ETC 系统的感知/期望易得程度和感知/期望使用的难易程度，强调过程的愉悦性感知。因此，利用感知/期望绿色有用性和感知/期望使用愉悦性两个变量来测度技术特征对 ETC 用户和非 ETC 用户持续使用意愿/使用意愿的影响。同时，结合上节的分析可知，社会影响会通过第三方或者主观规范和印象作用于消

费者对新技术或新产品的态度和意愿,且正向影响感知有用性和感知易用性[80],鉴于此,本书也将对感知/期望绿色有用性、感知/期望使用愉悦性在社会影响与持续使用意愿/使用意愿间所可能承担的中介效应进行检验,相关假设如下:

H2a:感知绿色有用性正向影响 ETC 用户的持续使用意愿。

H2b:期望绿色有用性正向影响非 ETC 用户的使用意愿。

H3a:感知使用愉悦性正向影响 ETC 用户的持续使用意愿。

H3b:期望使用愉悦性正向影响非 ETC 用户的使用意愿。

H4a:感知使用愉悦性正向影响感知绿色有用性。

H4b:期望使用愉悦性正向影响期望绿色有用性。

H5a:感知使用愉悦性和感知绿色有用性在社会影响与 ETC 用户持续使用意愿关系中起中介作用。

H5b:期望使用愉悦性和期望绿色有用性在社会影响与非 ETC 用户使用意愿关系中起中介作用。

6.3.3 自我概念与感知安全风险的调节作用

6.3.3.1 自我概念在 ETC 用户的社会影响与持续使用意愿间的调节作用

自我概念—产品形象一致性理论认为,消费者在感知自我概念的同时也会对产品形象进行不自主的审视,并建立自我概念与产品形象间的联系,进而对能够提升和保持自我概念的产品产生购买意愿[210]。通常情况下,消费者除了获得购买产品的使用价值,往往还要获得产品所蕴含的形象价值[221]。消费者在产品购买决策中为保持自我概念一致性,往往也会考虑产品是否有利于自我概念的提升。当消费行为体验正向促使消费者将产品形象性价值附加于其自我概念时,便构成了对其强化的自我概念[205]。

尽管不同消费者的自我概念有差异,但更多地也存在着共同或者重叠的部分。例如,一部分消费者的自我概念中可能定位成环保主义者,而具有满足环保需求特征的产品将是这类消费者比较青睐的。因此,消费者的消费行为一方面为了拥有某种产品,同时也通过产品的形象向社会传递消费者的不同自我概念。基于本书的情景,ETC 传递了一种绿色出行方式和一种先进时尚的缴费服务渠道的产品形象,基于自我概念—产品形象一致理论,本书认为 ETC 用户的自我概念会对社会影响与感知绿色有用性、感知使用愉悦性和持续使用意愿间起到调节作用,基于此,相关假设如下:

H6:自我概念在 ETC 用户社会影响和感知使用愉悦性关系间起正向调节作用。

H7:自我概念在 ETC 用户社会影响和感知绿色有用性关系间起正向调节作用。

H8:自我概念在 ETC 用户社会影响和持续使用意愿关系间起正向调节作用。

6.3.3.2 感知安全风险在非 ETC 用户的社会影响与使用意愿间的调节作用

ETC 系统虽具有提升通行效率、减少油耗及污染物排放等优势,但其在运行过程中也面临着一些不确定性风险,如系统故障、异常扣费、隐私安全等。因此,从感知安全风险视角对非 ETC 用户使用意愿的调节机制进行研究十分必要。借鉴 Lee[217] 及 Tandon[222] 等人的研究,对于非 ETC 用户,本书中的感知安全风险包含财务安全、隐私安全和行车安全三个维度。

(1) 财务安全风险。一方面用户欲使用 ETC 服务必须先安装车载单元(OBU)以及承担后续车载设备故障维修与升级的费用;另一方面,由于技术原因,用户也要面对车载 IC 卡可能被盗刷和异常扣款等类型的财务安全风险。

(2) 隐私安全风险。用户在办理 ETC 时需要提交个人信息,如身份证、电话号码、银行账号、驾驶证等,在使用过程中也会产生个人的出行轨迹信息等,所有的这些个人信息一旦泄露或者被不正当利用,则会对用户隐私产生一定的安全风险。

(3) 行车安全风险。我国高速公路收费站 ETC 车道和 MTC 车道混合布设,且 ETC 车道的位置并不固定于两侧或者中间。因此用户使用 ETC 通过收费站时,需要及时准确搜寻 ETC 车道位置并调整驾驶姿态,这一过程存在驾驶行为不安全性因素,可能导致刮擦、追尾等安全行车的风险提升。此外,由于 ETC 系统的起落杆突发故障,也可能引发难以预计的安全风险。

如前文所述,社会影响能够给个体带来信息、价值反映和其他功利性等影响,个体会将群体的观点、行为、态度当成自身未来涉入体验时具有价值的参考,但对相关信息的信任程度依个体感知到的风险高低而有所差异。面对 ETC 使用过程中可能面对的感知安全风险会产生一定的不确定感,进而表现出对使用意愿、期望使用愉悦性和期望绿色有用性的不同差异反应。基于此,本书提出以下假设:

H9:感知安全风险在非 ETC 用户期望使用愉悦性和使用意愿关系间起负向调节作用。

H10:感知安全风险在非 ETC 用户期望绿色有用性和使用意愿关系间起负向调节作用。

H11:感知安全风险在非 ETC 用户社会影响和使用意愿关系间起负向调节作用。

6.4 研究设计与研究方法

6.4.1 变量测量与问卷设计

(1) 变量类型与作用

问卷调查是一种被广泛采用的探索性实证研究方法。通过问卷,要求被调查者据实回答相关题项,以收集资料,研究人员借助这一工具应用统计方法进行定性和定量分析,以验证研究目标、分析原因、提出方案。一份完整的学术研究调查问卷通常包含理论模型中的变量、控制变量与人口统计变量等。

在行为学研究中,理论模型中的变量常被称为潜变量,一个独立的潜变量常用三个以上的题项(measurement item)来进行测量,潜变量不是单一的语义,相关细化的语义称为这个潜在变量的概念空间。用多个题项来测量这个概念,需要在概念空间中选择合适的表达方式,使得相关的表达方式可以作为一个整体,反映无法直接测量的潜在变量。相应地,题项的记分标准称为刻度,常见的有李克特量表和语义对比刻度。前者通常用"同意/不同意"来标记被试者对一个题项的认可程度(常用的有五级和七级李克特量表),后者需要被调查对象在一组反义词中选择合适的表达。

控制变量不是理论模型中的核心,现实研究中一个问题往往与多个因素有关,但任何实验或研究,都不可能考虑到所有可能影响实验结果的变量,通常只会关注一两个研究变量。一般情况下,先将因变量和自变量做回归,然后把控制变量逐个加进去,考察因变量和自变量在加入控制变量后的关系和系数有无变化,用以表明理论变量是否具有有别于控制变量的额外作用。控制变量可以是定量数据也可以是定类数据,如性别、年龄、工作年限等人口统计学变量。控制变量一般是依据主观判断,结合研究目的进行选择,或过往的研究中曾使用过该变量作为控制变量,或有理论依据支持。

人口统计特征变量是测量被试对象人口特征信息的统计指标,一般包含年龄、性别、教育程度、职业等。具体研究中可根据需要用一个明确的题项来测量。此类变量大多数较客观,误差报告不大,在问卷调查研究中使用这些变量主要是为了检验一个样本是否与群体有相似的组成,表明样本选取具有代表性。

(2) 问卷设计

结合研究情景并基于文献综述中的实证发现和前文提出的理论框架,本书设计了一份针对ETC用户、非ETC用户的关于影响ETC系统服务持续使用意愿/使用意愿因素的调查问卷。此外,为了提高测量项目的可靠性,本书选取了部分ETC用户和非ETC用户进行了访谈和预调查,并与江苏宿淮盐高速公路管理有限公司、淮安市公路管理局、淮安市交通运输局、东南大学交通学院以及相关企业、政府管理部门负责人和领域内的专家学者进行了多次详细沟通和研讨,广泛吸纳了相关意见。根据反馈对调查问卷进行了相应的修改,以形成最终的问卷结构。

最终版本调查问卷包含三部分:第一部分是人口统计信息,包括年龄、学历、性别、家庭平均月收入、职业和驾龄等。第二部分为用户出行行为特征和对ETC系统的使用行为和了解程度的调研,如使用高速公路出行的目的、频次、距离、时间段等特征,以及ETC用户的使用体验,如充值缴费、安装渠道、满意度等,还包括非ETC用户未安装的原因及1年内的使用意愿等。第三部分涉及22个测量项目,用来对6个潜变量进行表征,即感知/期望绿色有用性和感知/期望使用愉悦性、社会影响、感知安全风险、自我概念以及持续使用意愿/使用意愿,所有测量项目的量表范围从强烈不同意=1到强烈同意=5。

(3) 变量定义与测量

参考以往相关经典文献中学者提出的具有较高信度的问卷测量题项,并结合本书的实际进行变量测量。其中,利用6个题项来分别测量感知/期望绿色有用性和感知/期望使用愉悦性[195,223]);社会影响参考文献[224-225]采用4个题项来测量;感知安全风险采用文献[80]中的题项;借鉴文献[188]和[192]用5个题项来测量自我概念;持续使用意愿/使用意愿采用3个题项来测量[192,226]。同时,为保证理解上的一致性,本书对部分题项的表述进行了修改和优化,具体见表6-1。

表6-1 变量定义与测量

变量	编号	测项	来源
感知/期望绿色有用性	A1	使用ETC可以节省旅行时间或燃料消耗	Davis[223] Chen[195]
	A2	使用ETC是一种对环境友好的绿色出行方式	
	A3	使用ETC可以减少车辆排队产生的污染物排放	
感知/期望使用愉悦性	B1	我认为使用ETC会带来一种有趣的体验	Davis[223] Chen[195]
	B2	我认为使用ETC很方便	
	B3	我认为使用ETC很简单	
社会影响	C1	我的朋友认为使用ETC的人注重绿色环保	Spandagos[224] 陈传红,等[225]
	C2	我的朋友认为使用ETC的人比较时尚	
	C3	使用ETC的人比较注重绿色、健康	
	C4	我非常好的朋友认为我应该使用ETC	
感知安全风险	D1	使用ETC会给我带来损失	Jou[80]
	D2	使用ETC会增加通过收费站发生交通事故的风险	
	D3	使用ETC可能会使我个人信息泄露并被非法利用	
自我概念	E1	我很乐意在公众场合表达自己的观点	Wu[188] David[192]
	E2	我会直接表明我的想法	
	E3	我会坚持我的看法即使和周围人的不一致	
	E4	我比较喜欢特立独行	
	E5	我认为安装ETC可以表达我的想法	
持续使用意愿/使用意愿	G1	ETC用户:我愿意继续使用ETC 非ETC用户:我打算安装ETC并尝试使用	Davis[223,226]
	G2	我会推荐我的朋友去安装ETC	
	G3	我认为安装并使用ETC是非常明智的做法	

6.4.2 研究样本与数据采集

鉴于ETC已推广多年,ETC用户和非ETC用户对其均具有了一定的认知,为了解已使用用户和未使用用户的持续使用意愿和购买意愿等情况,本书通过纸质问卷和网络问卷对国内10余个省份的具有1年以上驾龄的高速公路使用者进行了调查。为保证调查数据的可靠性,本书通过保密信用承诺、小礼品和随机红包奖励等措施,激励被调查者耐心真实地完成问卷,同时为了尽可能降低地域差异和文化背景等造成的消费文化、消费行为的不一致性,调查对象的选取主要集中在江苏省范围内。

在数据采集前,研究方案制定了一些问卷发放和填写的原则以提升数据采集的质量,如网络问卷一个 IP 地址只能填写一次问卷,问卷填写完整后才能提交答案。同时规定问卷填写时长小于 1 min,以及针对 5 级李克特量表测量的项目,如果被调查者对所有项目的评分都是相同的,那么该问卷被定义为无效问卷。

通过 2021 年 1 月~2021 年 2 月期间的调查,总共回收网络问卷 658 份、纸质问卷 174 份。经认真审查采集到的调查问卷,剔除无效问卷,最终确定 533 份 ETC 用户问卷和 251 份非 ETC 用户问卷作为样本,有效问卷整体回收率为 94.23%,且 ETC 用户/非 ETC 用户的比例基本上和小样本调研时的比例吻合,也与目前 ETC 市场占有率大致相当,说明调研样本是可以满足研究需要的。

6.4.3 数据分析方法

(1) 描述性统计分析

描述性统计是一类统计方法的汇总,揭示了数据分布特性。本书主要用于对 ETC 用户和非 ETC 用户的人口统计学变量进行分析,包括驾龄、性别、年龄、职业等。研究样本的描述性统计分析虽在研究中不占据主要部分,但可为了解研究样本的数据分布类型和特点,发现内在规律,为下一步进行统计推断分析提供基础条件。

(2) 因子分析

因子分析(factor analysis)是一种分析高维数据的统计方法,通过分析多变量间的内部关系,解析观测数据基本结构,并用隐变量来表征其基本数据结构。原始变量是可观测的显性变量,隐性变量(因子)是不可观测的潜在变量。因子分析包括探索性因子分析(Exploratory Factor Analysis,EFA)和验证性因子分析(Confirmatory Factor Analysis,CFA)两类。EFA 不事先假定因子与测度项之间的关系,CFA 假定因子与测度项之间的关系是部分已知的,用来检测潜变量与其所对应的测量项之间的预设关系结构的准确性与真实性。

(3) 信度和效度检验

信度(reliability)检验是对问卷的可靠性评估,指采用同样方法对相同对象多次重复测量时所得结果的一致性程度。信度指标常见的有三类:稳定系数、等值系数和内在一致性系数,信度分析常用 Cronbach α 信度系数法。效度(validity)检验指有效性程度或正确性,常分为三种类型:内容效度、聚合效度和结构效度。效度越高,越能够说明测量结果高度反映了要考察的内容。信度与效度检验两者相辅相成,缺一不可。

(4) 中介和调节效应分析

中介效应是研究自变量 X 对因变量 Y 的影响时,是否会先通过中介变量 M,再去影响 Y;即是否存在 $X->M->Y$ 的关系,也就是检验 X 到 M、M 到 Y 的路径是否同时具有显著性意义,有则说明具有中介效应[227]。中介效应的模型见图 6-3,共有 3 个:

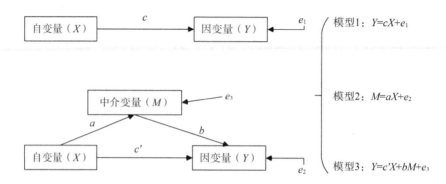

图 6-3 中介效应数学模型

模型 1：自变量 X 对因变量 Y 的回归；

模型 2：自变量 X 和中介变量 M 对因变量 Y 的回归；

模型 3：自变量 X 对中介变量 M 的回归。

模型 1 和模型 2 的区别在于，模型 2 在模型 1 的基础上加入了中介变量 M，因而模型 1 到模型 2 这两个模型利用分层回归分析来实现。因此，中介效应的分析流程为：第 1 步是数据标准化处理；第 2 步和第 3 步是进行分层回归；第 4 步单独对模型 3 进行验证，即 X 对 M 的影响；第 5 步进行中介效应检验，逻辑过程见图 6-4。

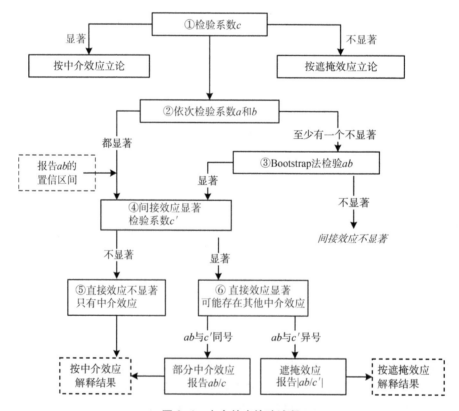

图 6-4 中介效应检验流程

图中，a 代表 X 对 M 的回归系数；b 代表 M 对 Y 的回归系数；c 代表 X 对 Y 的回归系数（模型 1 中）；c' 代表 X 对 Y 的回归系数（模型 3 中）。

调节效应是研究自变量 X 影响因变量 Y 时，调节变量 M 是否起到干扰作用，即自变量 X 对于因变量的作用大小要受到调节变量 M 取值大小的影响，也就是自变量 X 和 M 之间存在交互作用[228]，其数学建模原理见图 6-5。

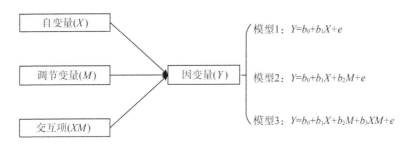

图 6-5 调节效应数学模型

6.5 数据分析与假设检验

6.5.1 研究样本特征描述

针对 ETC 用户（$N_1=533$）和非 ETC 用户（$N_2=251$），分别对采集的有效数据在性别、年龄、学历、家庭平均月收入、职业和驾龄等六个方面的人口统计学特征进行频次和累计比例分析，见图 6-6。由统计分析结果可知：ETC 用户和非 ETC 用户样本均在性别分布上呈现男性居多，所占比例分别是 67.54% 和 63.35%。ETC 用户样本中年龄在"18～30 岁"的比例为 37.90%，非 ETC 用户样本相应的为 56.97%，两类样本整体年轻人居多，年龄段在"41～50 岁"的次之。在学历方面，主要以大学及以下学历为主，在 ETC 用户和非 ETC 用户样本中大学学历所占比例分别为 53.85% 和 58.57%。两类样本中家庭平均月收入均主要集中在 3 万元以内，所占比例分别为 83.11% 和 86.85%。ETC 用户样本的职业分布相对均匀，非 ETC 用户样本中自由职业者类型占比最大，达到 39.84%。ETC 用户和非 ETC 用户样本中驾龄的分布以 1～3 年的占比最多，分别为 25.89% 和 49.40%。

关于 ETC 用户和非 ETC 用户的出行特征情况，见表 6-2。统计分析结果显示，对于 ETC 用户，从使用高速公路出行的主要目的来看，样本中"休闲旅行"相对较多，比例为 32.08%。从平均每月使用高速公路的次数来看，样本中"低频(0～5)次"相对较多，比例为 72.61%。从平均单次使用高速公路出行的距离来看，有超过 2 成的样本为"50～100 km"。从使用高速公路常用时段来看，"不确定"占比最高为 58.35%。可以发现，对于 ETC 用户而言，不定时的中短途休闲旅行的出行行为占大多数，且利用高速公

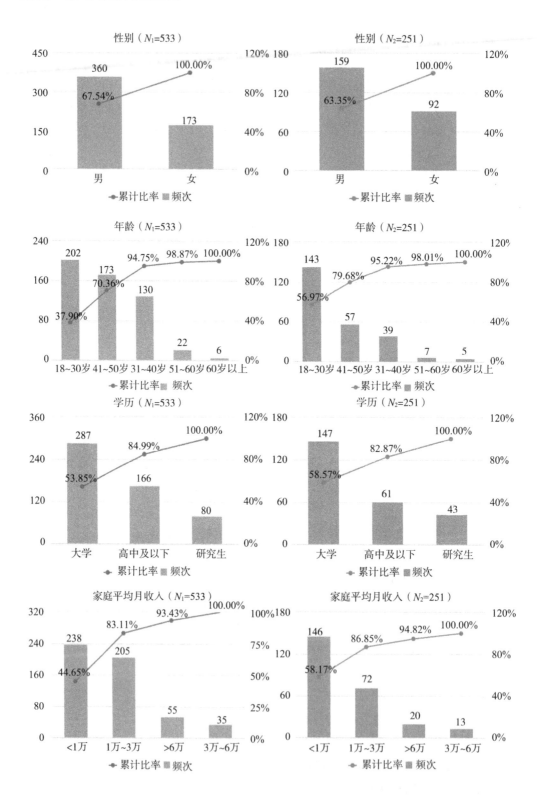

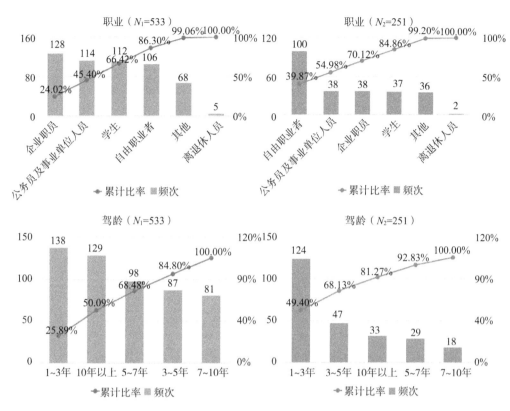

图 6-6 研究样本人口统计学特征描述

路出行的频次属低频次居多。对于非 ETC 用户,出行的目的与工作和生活不太紧密,且样本中有 80.88% 为"低频(0~5 次)"的平均每月使用高速公路的次数,比 ETC 用户高出 8.27%。对于平均单次使用高速公路出行的距离,样本中 44.62% 选择"小于 50 km",且样本中有 64.14% 为"不确定"使用高速公路常用时段特征,说明非 ETC 用户多以短途出行为主,使用高速公路的频次比较低。

表 6-2 高速公路使用特征 $N_1=533(N_2=251)$

名称	选项	频数	百分比(%)	累积百分比(%)
使用高速公路出行的主要目的	上下班通勤	88(32)	16.51(12.75)	16.51(12.75)
	工作出差	103(41)	19.32(16.33)	35.83(29.08)
	休闲旅行	171(66)	32.08(26.29)	67.91(55.38)
	走访亲友	92(32)	17.26(12.75)	85.17(68.13)
	其他	79(80)	14.82(31.87)	100.00(100.00)

续表

名称	选项	频数	百分比(%)	累积百分比(%)
平均每月使用高速公路的次数	低频(0~5次)	387(203)	72.61(80.88)	72.61(80.88)
	中频(6~10次)	84(23)	15.76(9.16)	88.37(90.04)
	中高频(11~20次)	34(14)	6.38(5.58)	94.75(95.62)
	高频(20次以上)	28(11)	5.25(4.38)	100.00(100.00)
平均单次使用高速公路出行的距离	小于50 km	142(112)	26.64(44.62)	26.64(44.62)
	50~100 km	151(60)	28.33(23.90)	54.97(68.53)
	100~200 km	120(39)	22.51(15.54)	77.49(84.06)
	大于200 km	120(40)	22.51(15.94)	100.00(100.00)
使用高速公路常用时段	出行高峰期	95(35)	17.82(13.94)	17.82(13.94)
	非出行高峰期	127(55)	23.83(21.91)	41.65(35.86)
	不确定	311(161)	58.35(64.14)	100.00(100.00)
合计		533(251)	100.0(100.0)	100.0(100.0)

为了解ETC用户($N_1=533$)和非ETC用户($N_2=251$)在接触ETC信息来源渠道上是否存在差异性,本书利用多重响应分析方法对多选题各选项选择比例分布是否均匀进行检验。由表6-3可知,拟合优度检验呈现出显著性($chi=61.460, p=0.000<0.05$)/($chi=35.914, p=0.000<0.05$),表明各选项选择比例具有明显差异性,可通过响应率或普及率具体对比差异性。具体来看,网络、周围人介绍这两项的响应率和普及率明显较高,且在ETC用户和非ETC用户两类样本间均起到了重要的影响作用。

表6-3 不同ETC信息来源渠道的响应率和普及率

项	响应		普及率($N_1=533/N_2=251$)
	$N_1=533/N_2=251$	响应率	
电视报纸等媒体	241/101	21.93%/20.70%	45.22%/40.24%
网络	276/128	25.11%/26.23%	51.78%/51.00%
现场营销活动	150/49	13.65%/10.04%	28.14%/19.52%
周围人介绍	266/112	24.20%/22.95%	49.91%/44.62%
其他	166/98	15.10%/20.08%	31.14%/39.04%
汇总	1 099/488	100%/100%	206.19%/194.42%

拟合优度检验:$\chi^2=61.460, p=0.000/\chi^2=35.914, p=0.000$。

对于ETC用户的ETC使用特征维度的考察,本书从ETC的办理渠道、ETC充值缴费方式、使用过程中遇到的问题等三个方面设计了相应的调查问题。ETC的办理渠道方面主要集中在银行等合作网点和自有网点,两项占比近 77.67%,见图 6-7。这说明目前 ETC 推广的渠道主要还是集中在地面网点,尽管目前在网络渠道推广的力度在加大,但现实效果还没有发挥出来。关于常用的 ETC 充值缴费方式,使用卡方拟合优度检验进行分析,拟合优度检验呈现出显著性($chi=161.356, p=0.000<0.05$),结果显示各项的选择比例具有明显差异性,具体表现为:信用卡支付结算、微信支付宝充值这两项的响应率和普及率明显较高,比例分配见图 6-8。以上与我们在走访调研时掌握的实际情况基本符合,说明样本数据比较可靠。

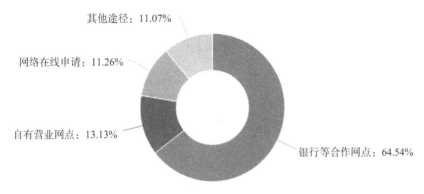

图 6-7　ETC 办理渠道比例

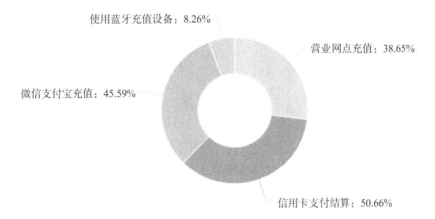

图 6-8　ETC 充值缴费方式比例

ETC 用户在使用过程中遇到的主要问题和选择 ETC 的主要原因的统计调查结果见图 6-9 和图 6-10。通过响应率或普及率具体对比差异性分析,这两方面选项均存在明显的差异性,ETC 用户对于 ETC 使用过程中没有遇到过特殊情况占比最多,其次是 ETC 系统故障或扣费错误等情况,表明 ETC 用户对 ETC 系统的安全稳定性的影响和关注度较高。对于 ETC 系统的使用体验和认知来说,重要性程度排序依次为节省时间>不需要带现金>享受通行费折扣>减少环境污染>安全。对于非 ETC 用户而言,未选择 ETC 的原因依次为:使用频率低、办理流程烦琐、不愿意预先圈存钱、优惠力度小、担心设备故障而受影响、服务网点少、担心泄露隐私等因素,见图 6-11。可以发现,非 ETC 用户对于 ETC 的认知主要集中在 ETC 的办理及使用的便捷性、经济性和安全性上,这些因素可以为管理部门政策制定和宣传导向提供借鉴。

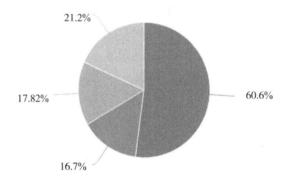

图 6-9　ETC 用户在使用过程中遇到的问题比例

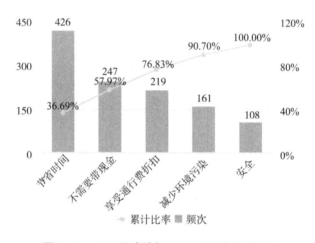

图 6-10　ETC 用户选择 ETC 原因的帕累托图

小提琴图(violin plot)是一种结合了箱形图和密度图特征的用以显示项目的数据分布及其概率密度的统计图形。除了异常值之外,从小提琴图的底部到顶部,还可以观察到数据的最小值、下四分位数、中位数、上四分位数和最大值、均值和标准差等丰富的信息,通过小提琴图的形状,还可以从每个项目的响应中看到评分分布的总体趋势和模式,而小提琴图的宽度反映了概率分布,长度代表了置信区间。

基于此,为分别考察 ETC 用户和非 ETC 用户的持续使用意愿和使用意愿的影响机制,针对概念模型中的连续型变量:感知/期望绿色有用性、感知/期望使用愉悦、社会影响、感知安全风险、自我概念、持续使用意愿(ETC 用户)/ 使用意愿(非 ETC 用户),本书采用了分边小提琴图(split violin plot)来比较两个样本相关题项的统计特征,见图

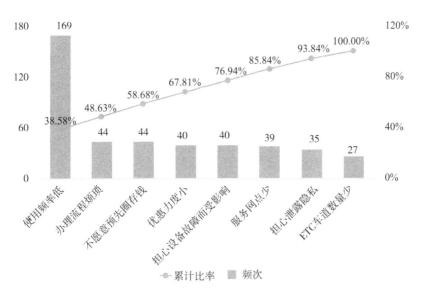

图 6-11 非 ETC 用户未选择 ETC 原因的帕累托图

6-12。本书的所有项目均在 95% 置信水平上,具有统计学意义。

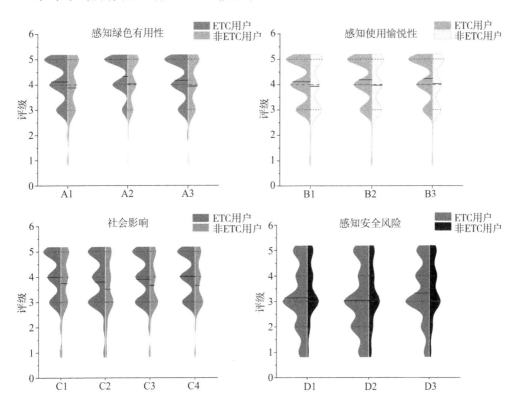

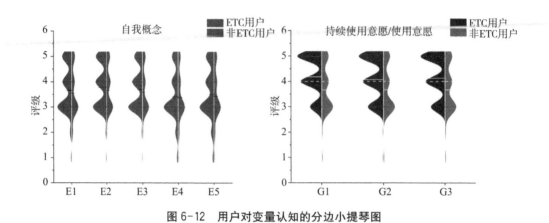

图 6-12　用户对变量认知的分边小提琴图

6.5.2　信度和效度检验

本书通过 SPSS22.0 软件采用基于最大方差旋转方法的探索性因子分析（Exploratory Factor Analysis，EFA）方法，识别量表项目之间的关系结构。关于 ETC 用户样本（$N_1=533$）/非 ETC 用户样本（$N_2=251$），问卷整体信度 Cronbach's $\alpha=0.9>0.8$/Cronbach's $\alpha'=0.917>0.8$，且题项对应的 CITC（Corrected Item-Total Correlation）值均大于 0.6，删除题项后相应信度系数值并不会明显提高，表明数据可靠性良好[229]。

样本数据的 $KMO=0.940>0.6$ / $KMO'=0.938>0.6$，且 Bartlett' spherical hypothesis test 对应的 p 值在 0.05 水平上显著，意味着样本数据适合进行因子分析[230]。因子分子共提取出 6 个因子，分别为感知/期望绿色有用性、感知/期望使用愉悦性、社会影响、感知安全风险、自我概念、持续使用意愿/使用意愿。相应因子的方差解释率值分别是 24.500%、16.979%、15.390%、12.203%、10.220%、5.636%/18.906%、16.274%、14.233%、13.765%、13.567%、10.271%，旋转后累积方差解释率为 84.928%>50%/87.016%>50%，且所有题项对应的共同度均大于 0.4，表明研究项的信息量可以有效地提取出来，且每个因子与相关题项均有良好的对应关系，具有较好的结构效度。

此外，本书选择的调研对象是已经安装了 ETC 的用户以及对 ETC 有了解的非 ETC 用户，利用试点研究并注重自愿性和隐私保护等手段，以降低潜在的共同方法偏差（Common Method Variance，CMV）。同时，采用 Harmon 单因素检验法检查 CMV，结果显示两个样本的单一因子最大被解释的方差均不超过 0.38，小于阈值 0.5，表明共同方法偏差在本书中并不是一个显著的问题。另外，为测量无反应偏差的程度，本书利用波分析法对采集数据是否存在偏倚进行了统计检验，通过双向 t 检验，针对两个研究样本，将早期被调查者的数据与晚期被调查者的数据进行比较，发现这两组数据在变量水平上的反应没有显著性差异，说明样本的无反应偏差并不严重。

对于区分效度和聚合效度的检验，本书通过 AMOS 24 软件基于最大似然估计方法的验证性因素分析(Confirmatory Factor Analysis,CFA)进行检验,结果见表6-4。两个样本所有因子的平均抽取方差(Average Variance Extracted,AVE)值(范围:0.651~0.881;0.687~0.895)都大于0.5,且组合信度(Composite Reliability,CR)值全部均大于0.7,说明测量模型具有较好的聚合效度[231]。

区分效度通过比较因子间的相关系数与 AVE 的平方根进行测量[232],见表6-5。结果显示,感知/期望绿色有用性、感知/期望使用愉悦性、社会影响、感知安全风险、自我概念等变量的 AVE 平方根值均大于因子间相关系数绝对值的最大值,且持续使用意愿变量的 AVE 平方根值为0.924,大于因子间相关系数绝对值的最大值0.821,使用意愿变量的 AVE 平方根值为0.946,大于因子间相关系数绝对值的最大值0.768,表明研究样本数据区分效度良好。此外,两个样本所有变量因子载荷系数(范围:0.741~0.965;0.720~0.972)均大于0.7($significant\ at\ p<0.001$),且在相关因子上的载荷均远大于在其他因子上的交叉载荷。因此,本书的测量模型具有较好的区分效度和聚合效度[233]。

表6-4 验证性因素分析(CFA)结果($N_1=533/N_2=251$)

因子	题项	标准载荷*	共同度	AVE	CR	Cronbach's α
感知/期望绿色有用性	A1	0.877/0.888	0.832/0.879	0.770/0.814	0.909/0.929	0.907/0.930
	A2	0.825/0.886	0.847/0.879			
	A3	0.920/0.932	0.867/0.877			
感知/期望使用愉悦性	B1	0.896/0.912	0.843/0.913	0.881/0.880	0.957/0.957	0.955/0.956
	B2	0.965/0.944	0.899/0.913			
	B3	0.955/0.961	0.904/0.936			
社会影响	C1	0.905/0.900	0.864/0.859	0.779/0.837	0.934/0.954	0.933/0.952
	C2	0.836/0.902	0.823/0.893			
	C3	0.921/0.962	0.881/0.912			
	C4	0.871/0.898	0.804/0.863			
感知安全风险	D1	0.913/0.895	0.877/0.842	0.783/0.706	0.915/0.878	0.913/0.878
	D2	0.883/0.807	0.850/0.830			
	D3	0.853/0.824	0.846/0.835			
自我概念	E1	0.846/0.883	0.859/0.800	0.651/0.687	0.903/0.916	0.901/0.917
	E2	0.854/0.904	0.893/0.855			
	E3	0.838/0.819	0.822/0.827			
	E4	0.766/0.720	0.814/0.784			
	E5	0.741/0.822	0.758/0.798			

续表

因子	题项	标准载荷*	共同度	AVE	CR	Cronbach's α
持续使用意愿/使用意愿	G1	0.940/0.923	0.874/0.913	0.854/0.895	0.946/0.962	0.946/0.962
	G2	0.919/0.972	0.841/0.941			
	G3	0.914/0.943	0.837/0.941			

注：AVE—平均抽取方差；CR—组合信度；*—所有项目标准载荷均在 $p<0.001$ 水平上显著。

表 6-5　区分效度检验（$N_1=533/N_2=251$）

	感知/期望绿色有用性	感知/期望使用愉悦性	社会影响	感知安全风险	自我概念	持续使用意愿/使用意愿
感知/期望绿色有用性	**0.878/0.902**					
感知/期望使用愉悦性	0.621/0.629	**0.938/0.938**				
社会影响	0.727/0.749	0.592/0.509	**0.883/0.915**			
感知安全风险	−0.137/−0.335	−0.224/−0.313	−0.289/−0.439	**0.885/0.840**		
自我概念	0.476/0.614	0.568/0.611	0.666/0.741	−0.602/−0.586	**0.807/0.829**	
持续使用意愿/使用意愿	0.679/0.704	0.821/0.680	0.659/0.768	−0.177/−0.382	0.590/0.727	**0.924/0.946**

注：斜对角线粗体数字为 AVE 平方根值，其余值为相关系数。

同时，基于 Anderson、Gerbing[231] 和 Wen[234] 的研究成果，本书选取了一些常用的模型拟合评价指标及推荐值进行验证，如 X^2/df，RMSEA，CFI，NFI，GFI，NNFI，RMR，关于指标的意义可以参阅相关文献[235]，此处不再赘述。模型拟合指标结果见表 6-6。结果显示，除 ETC 用户样本的 $GFI=0.870$ 与推荐值有稍微差距外，其他评价指标都在可接受的范围内，检验结果确认了模型的有效性。

表 6-6　CFA 模型拟合指标（$N_1=533/N_2=251$）

常用指标		χ^2	df	χ^2/df	GFI	RMSEA	RMR	CFI	NFI	NNFI
判断标准		—	—	<3	>0.9	<0.10	<0.05	>0.9	>0.9	>0.9
值	$N_1=533$	513.30	189.68	2.710	0.870	0.080	0.049	0.949	0.935	0.938
	$N_2=251$	456.19	174.00	2.622	0.927	0.092	0.045	0.940	0.914	0.927

对模型进行 F 检验时发现 $F=3.364$，$p=0.003<0.05$，说明模型构建有意义。另外，对模型的多重共线性进行检验发现，模型中 VIF 值均小于 5，意味着不存在共线性问题；并且 D-W 值在数字 2 附近，说明模型不存在自相关性，样本数据之间并没有关联关系，模型较好。

6.5.3 感知/期望使用愉悦性和感知/期望绿色有用性的中介效应检验

针对 ETC 用户和非 ETC 用户,为检验社会影响对持续使用意愿/使用意愿的影响效应中是否存在中介变量的作用,本书采用回归分析法,以社会影响作为自变量,持续使用意愿/使用意愿为因变量,对感知/期望绿色有用性和感知/期望使用愉悦性可能存在的中介效应影响进行验证[236],并固定控制变量,此后的回归模型均为基于固定控制变量的回归基准模型。

(1) ETC 用户

多层线性回归模型解析过程见表 6-7。分析结果显示:社会影响显著正向影响持续使用意愿($B=0.589;p<0.01$),假设 H1a 成立。感知绿色有用性($B=0.178;p<0.01$)和感知使用愉悦性($B=0.602;p<0.01$)对持续使用意愿有显著正向影响,则 H2a 和 H3a 得到支持。感知使用愉悦性正向影响感知绿色有用性($B=0.288;p<0.01$),意味着 H4a 被验证。可以看出,模型依次引入中介变量(感知使用愉悦性和感知绿色有用性)后,中介变量对因变量持续使用意愿有显著正向影响,而社会影响对持续使用意愿关系依然显著($B=0.150;p<0.01$),但是影响效应下降了,由 $B=0.589^{**}$ ①减少到 $B=0.150^{**}$,说明本书构建的概念模型中存在中介效应,研究假设 H5a 成立。下面将进一步对中介效应的可靠性进行非参数抽样检验。

采用 Bootstrap 抽样法进行中介效应检验,抽样次数为 5 000 次,间接效应分析结果见表 6-8。结果显示:"社会影响⇒感知使用愉悦性⇒持续使用意愿"这条路径,间接效应为 0.323 且显著,$Boot\ SE=0.025$、$z=12.925$、$p<0.01$,95% Boot CI 区间不包括数字 0(0.317~0.414),表明此路径存在中介效应。同理"社会影响⇒感知绿色有用性⇒持续使用意愿"和"社会影响⇒感知使用愉悦性⇒感知绿色有用性⇒持续使用意愿"两条路径的间接效应分别为 0.088($Boot\ SE=0.004;z=23.722;p<0.01$)和 0.028($Boot\ SE=0.003;z=10.542;p<0.01$),且 95% Boot CI 区间也不包括数字 0(0.039~0.053;0.010~0.020),说明以上三条路径中介效应均存在,感知使用愉悦性和感知绿色有用性部分中介了社会影响对持续使用意愿的影响,且主要的中介作用发生在感知使用愉悦性这一中介变量所在路径,各路径总效应、直接效应和间接效应,见表 6-9。

(2) 非 ETC 用户

分析过程同上述过程类似,见表 6-10 和表 6-11。结果表明:社会影响显著正向影响非 ETC 用户使用意愿($B=0.715;p<0.01$),期望使用愉悦性对使用意愿($B=0.392;p<0.01$)有显著正向影响,假设 H1b 和 H3b 成立。而期望绿色有用性对使用意愿($B=0.091;p=0.116>0.05$)不显著,表明 H2b 未得到支持。同时,期望使用愉悦性正向影响期望绿色有用性($B=0.366;p<0.01$),意味着 H4b 被验证。依次引入

---

① ** 代表在 0.01 水平上显著,后文同。

表 6-7 中介效应模型检验（$N_1=533$）

	感知使用愉悦性				感知绿色有用性				持续使用意愿				持续使用意愿			
	B	标准误	t	p	B	标准误	t	p	B	标准误	t	p	B	标准误	t	p
常数	2.069**	0.128	16.160	0.000	1.065**	0.123	8.667	0.000	1.818**	0.118	15.431	0.000	0.275**	0.106	2.602	0.010
社会影响	0.537**	0.032	16.907	0.000	0.493**	0.031	15.927	0.000	0.589**	0.029	20.166	0.000	0.150**	0.030	4.955	0.000
感知使用愉悦性					0.288**	0.034	8.451	0.000					0.602**	0.029	20.561	0.000
感知绿色有用性													0.178**	0.035	5.098	0.000
R^2	0.350				0.584				0.434				0.733			
调整 R^2	0.349				0.583				0.433				0.731			
F 值	$F(1,531)=285.862, p=0.000$				$F(2,530)=372.524, p=0.000$				$F(1,531)=406.672, p=0.000$				$F(3,529)=483.023, p=0.000$			

注：* 代表 $p<0.05$；** 代表 $p<0.01$。

中介变量期望使用愉悦性、期望绿色有用性后,社会影响对使用意愿关系依然显著,且作用效果由 $B=0.715^{**}$ 降到了 $B=0.481^{**}$,期望使用愉悦性显著 $B=0.392^{**}$,期望绿色有用性对使用意愿的影响不显著,$p=0.116>0.05$,其原因可能是受平行中介和链式中介效应的交叉叠加影响。

进一步进行抽样验证分析,同上,采用 Bootstrap 非参数抽样 5 000 次进行检验分析,结果表明:两条平行路径和一条链式路径的 95% Boot CI 区间均不包括数字 0 (95% Boot CI:0.135~0.227;0.049~0.075;0.010~0.028),说明存在中介效应,且链式中介的效应比较微弱,$Effect$ 只有 0.014^{**},假设 H5b 成立,同时也说明 Bootstrap 抽样检验法精度良好,总的中介效应值为 0.233,更加直观的各路径总效应、直接效应和间接效应,见表 6-12。

表 6-8 间接效应分析($N_1=533$)

项	$Effect$	Boot SE	BootLLCI	BootULCI	z	p
社会影响⇒感知使用愉悦性⇒持续使用意愿	0.323	0.025	0.317	0.414	12.925	0.000
社会影响⇒感知绿色有用性⇒持续使用意愿	0.088	0.004	0.039	0.053	23.772	0.000
社会影响⇒感知使用愉悦性⇒感知绿色有用性⇒持续使用意愿	0.028	0.003	0.010	0.020	10.542	0.000

注:$BootLLCI$ 指 Bootstrap 抽样 95% 区间下限;$BootULCI$ 指 Bootstrap 抽样 95% 区间上限;最后一行为链式中介,其余为平行中介。

表 6-9 效应分析过程汇总($N_1=533$)

效应	项	$Effect$	SE	t	p	LLCI	ULCI
直接效应	社会影响⇒持续使用意愿	0.150	0.030	4.955	0.000	0.091	0.210
间接效应	社会影响⇒感知使用愉悦性	0.537	0.032	16.907	0.000	0.475	0.599
	社会影响⇒感知绿色有用性	0.493	0.031	15.927	0.000	0.432	0.554
	感知使用愉悦性⇒感知绿色有用性	0.288	0.034	8.451	0.000	0.221	0.355
	感知使用愉悦性⇒持续使用意愿	0.602	0.029	20.561	0.000	0.545	0.660
	感知绿色有用性⇒持续使用意愿	0.178	0.035	5.098	0.000	0.110	0.247
总效应	社会影响⇒持续使用意愿	0.589	0.029	20.166	0.000	0.532	0.646

注:LLCI 指估计值 95% 区间下限;ULCI 指估计值 95% 区间上限。

表 6-10 中介效应模型检验（$N_2=251$）

	期望使用愉悦性				期望绿色有用性				使用意愿				使用意愿			
	B	标准误	t	p	B	标准误	t	p	B	标准误	t	p	B	标准误	t	p
常数	2.389**	0.177	13.476	0.000	0.516**	0.177	2.911	0.004	1.055**	0.144	7.345	0.000	-0.007	0.163	-0.044	0.965
社会影响	0.435**	0.047	9.324	0.000	0.542**	0.041	13.153	0.000	0.715**	0.038	18.906	0.000	0.481**	0.049	9.877	0.000
期望使用愉悦性					0.366**	0.048	7.597	0.000					0.392**	0.048	8.080	0.000
期望绿色有用性													0.091	0.058	1.578	0.116
R^2	0.259				0.644				0.589				0.705			
调整 R^2	0.256				0.641				0.588				0.702			
F 值	$F(1,249)=86.938, p=0.000$				$F(2,248)=224.218, p=0.000$				$F(1,249)=357.440, p=0.000$				$F(3,247)=197.113, p=0.000$			

注：* 代表 $p<0.05$；** 代表 $p<0.01$。

表6-11 间接效应分析（$N_2=251$）

项	$Effect$	$Boot\ SE$	$BootLLCI$	$BootULCI$	z	p
社会影响⇒期望使用愉悦性⇒使用意愿	0.170	0.024	0.135	0.227	7.195	0.000
社会影响⇒期望绿色有用性⇒使用意愿	0.049	0.007	0.049	0.075	7.313	0.000
社会影响⇒期望使用愉悦性⇒期望绿色有用性⇒使用意愿	0.014	0.005	0.010	0.028	3.067	0.002

注：$BootLLCI$ 指Bootstrap抽样95％区间下限；$BootULCI$ 指Bootstrap抽样95％区间上限；最后一行为链式中介，其余为平行中介。

表6-12 效应分析过程汇总（$N_2=251$）

效应	项	$Effect$	SE	t	p	$LLCI$	$ULCI$
直接效应	社会影响⇒使用意愿	0.481	0.049	9.877	0.000	0.385	0.576
间接效应过程	社会影响⇒期望使用愉悦性	0.435	0.047	9.324	0.000	0.344	0.527
	社会影响⇒期望绿色有用性	0.542	0.041	13.153	0.000	0.461	0.623
	期望使用愉悦性⇒期望绿色有用性	0.366	0.048	7.597	0.000	0.271	0.460
	期望使用愉悦性⇒使用意愿	0.392	0.048	8.080	0.000	0.297	0.487
	期望绿色有用性⇒使用意愿	0.091	0.058	1.578	0.116	−0.022	0.204
总效应	社会影响⇒使用意愿	0.715	0.038	18.906	0.000	0.641	0.789

注：$LLCI$ 指估计值95％区间下限；$ULCI$ 指估计值95％区间上限。

6.5.4 自我概念和感知安全风险的调节中介效应检验

6.5.4.1 自我概念的调节中介效应模型检验：ETC用户

由于Hayes提出的PROCESS建模技术对于多种复杂的调节中介模型具有很好的适配性，同时，PROCESS可为所有间接影响生成bootstrap置信区间（CI），以及使用5 000个Bootstrap样本在间接影响之间进行所有可能的两两比较[237-238]。因此，本书借鉴PROCESS建模对所建立的概念模型进行建模分析是合适的。以ETC用户样本为例，针对本章6.3节中的概念模型[图6-2(a)]，对社会影响与感知使用愉悦性、感知绿色有用性和持续使用意愿间的多路径带调节的中介效应模型进行检验分析，检验自我概念在中介模型的前半段路径上是否存在调节中介作用。固定控制变量,以自我概念为调节变量,同时为消除变量间的共线性,对自变量和调节变量分别进行中心化处理,然后构造相关变量的乘积交互项,利用 PROCESS(模型 85)进行分析,分析过程见表 6-13,结果显示:

(1) 社会影响⇒感知使用愉悦性⇒持续使用意愿路径上,交互项(社会影响×自我概念)对感知使用愉悦性不显著($\beta=-0.036$;$p=0.207>0.05$),表明此路径不存在调节作用,假设 H6 不成立。社会影响对感知使用愉悦性呈现显著正向影响($\beta=0.453$;$p<0.001$),且 95% CI =[4.134,4.258],区间不包括数字 0。

(2) 社会影响⇒感知绿色有用性⇒持续使用意愿路径上,交互项不显著($\beta=-0.017$;$p=0.454>0.05$),无调节作用,假设 H7 不成立。社会影响和感知使用愉悦性对感知绿色有用性呈现显著正向影响($\beta=0.538$;p 在 0.001 水平显著;$\beta=0.317$;p 在 0.001 水平显著;且 95% CI 区间不包括数字 0),意味着社会影响对感知使用愉悦性和感知绿色有用性影响时,调节变量(自我概念)在不同水平的影响幅度保持一致。

(3) 社会影响⇒感知使用愉悦性⇒感知绿色有用性⇒持续使用意愿路径上,交互项显著($\beta=0.041$;$p=0.026<0.05$),且 95% CI 区间不包括数字 0(0.005~0.078),说明此路径存在显著的正向调节效果,假设 H8 成立。社会影响、感知使用愉悦性、感知绿色有用性对持续使用意愿呈现正向影响($\beta=0.188$,$p<0.05$;$\beta=0.577$,$p<0.001$;$\beta=0.194$,$p<0.001$)。以上结果表明:社会影响对持续使用意愿的影响机制受到自我概念的调节,同时感知使用愉悦性和感知绿色有用性部分中介了社会影响对持续使用意愿的影响效应。因此,这一影响过程存在着一个中介的调节效应。

(4) 为探究社会影响在感知使用愉悦性和感知绿色有用性中介条件下对 ETC 用户持续使用意愿影响的作用机制,对社会影响与自我概念的交互作用是否具有显著性进行验证。采用 Simple Slope 检验对交互效应进行验证,将自我概念按均值及加、减一个标准差(±1SD)划分为高、中、低三组,进行简单斜率检验。结果表明:在高自我概念组(Mean+1SD),社会影响正向显著预测 ETC 用户的持续使用意愿,$b_{simple}=0.154$($t=3.718$,$p<0.001$,95% CI=[0.073,0.236],不包括 0);在低自我概念组(Mean-1SD),社会影响对持续使用意愿有显著正向影响,$b_{simple}=0.083$($t=2.341$,$p=0.02<0.05$,95% CI=[0.013,0.152],不包括 0),但预测的强度降低了,其中,模型中介效应均显著,Bootstrape 检验也支持了这一结果。

(5) 进一步进行简单斜率图分析,由斜率比较可知,高水平自我概念时斜率明显较大,而低水平自我概念时斜率较小。当自我概念在高水平时,社会影响对持续使用意愿的影响幅度明显更大;当自我概念在低水平时,社会影响对持续使用意愿的影响幅度相对较小。即:较之具有低自我概念的 ETC 用户,具有高自我概念的 ETC 用户的社会影响对持续使用意愿的促进作用更强。因此,社会对 ETC 用户持续使用意愿的影响会因个体自我概念水平的不同而在强度上表现出差异,见图 6-13。

表 6-13 有调节的中介模型检验（$N_1=533$）

变量	Model1(因变量:GZYY)				Model2(因变量:GZLS)				Model3(因变量:CXSYYY)			
	β	SE	t	p	β	SE	t	p	β	SE	t	p
SHYX	0.435	0.047	9.324	0.000	0.538	0.037	14.631	0.000	0.188	0.035	3.382	0.001
ZWGN	0.315	0.044	7.084	0.000	−0.105	0.038	−2.760	0.006	0.073	0.031	2.395	0.017
SHYX·ZWGN	−0.036	0.028	−1.265	0.207	−0.017	0.023	−0.749	0.454	0.041	0.019	2.226	0.026
GZYY					0.317	0.035	8.956	0.000	0.577	0.031	18.883	0.000
GZLS									0.194	0.035	5.556	0.000
R^2	0.406				0.592				0.739			
F	120.683				191.260				298.792			

注:SHYY 代表社会影响;GZYY 代表感知使用愉悦性;GZLS 代表感知绿色有用性;ZWGN 代表自我概念;CXSYYY 代表持续使用意愿。

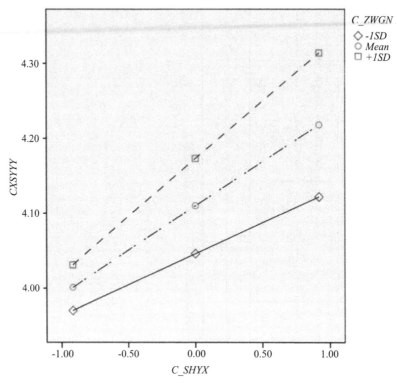

图 6-13 自我概念的调节作用

注：图中 C_SHYX 代表社会影响（中心化后）；C_ZWGN 代表自我概念（中心化后）；
CXSYYY 代表持续使用意愿。

（6）在 Mean±1SD 方法中，只能粗略地比较斜率的大小，无法得知不同组别何时开始出现显著性差异，本书利用 Johnson-Neyman(J-N)法进行进一步的分析。J-N 法要求调节变量必须是连续变量，适用于调节项边缘显著（$0.05<p<0.1$），或自变量斜率不显著但调节项显著/边缘显著这两种情况[239-240]。因此，本书以调节变量自我概念为横坐标，效应值（斜率）为纵坐标，自我概念从 -2.612 到 0.388 时，斜率为 0.010 到 0.176，见图 6-14。由图可知，当自我概念值$\geqslant -1.114$ 时，置信区间出现 0，调节效应开始呈现显著差异，此处数值为中心化后的调节变量的数值。

6.5.4.2　感知安全风险的调节中介效应模型检验：非 ETC 用户

针对非 ETC 用户，本部分着重考察 ETC 潜在用户的使用意愿影响因素和对感知安全风险的认知及其调节中介作用机制，从而深入了解 ETC 潜在客户的用户特征及影响 ETC 潜在用户采纳 ETC 服务的因素，提出促进 ETC 推广和发展的建设性的策略及意见。因此，针对本章 6.3 节中的概念模型[图 6-2(b)]，进行调节变量（感知安全风险）和中介变量（期望使用愉悦性、期望绿色有用性）在社会影响对使用意愿间的多路径带调节的中介效应分析与检验。检验过程均为基于固定控制变量的回归基准模型分析，同时为消除变量间的共线性，对相关变量进行中心化处理，然后构造乘积交互项，此

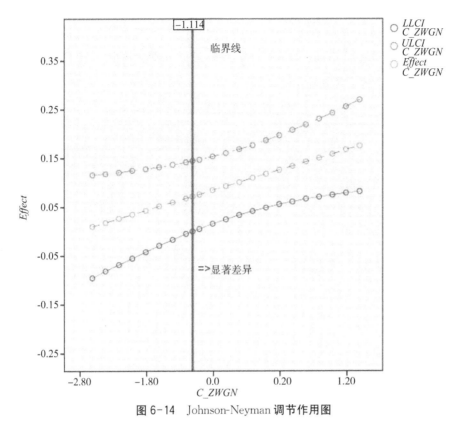

图 6-14 Johnson-Neyman 调节作用图

注：图中 LLCI 指估计值 95%区间下限；ULCI 指估计值 95%区间上限；Effect 指效应；C_ZWGN 代表自我概念(中心化后)。

处利用 PROCESS(模型 89)进行建模分析，结果显示：

(1) 感知安全风险显著负向影响预测使用意愿($\beta=-0.067;p<0.001$)，社会影响⇒使用意愿、社会影响⇒期望使用愉悦性、社会影响⇒期望绿色有用性、期望使用愉悦性⇒期望绿色有用性、期望使用愉悦性⇒使用意愿、期望绿色有用性⇒使用意愿等路径上均存在正向显著影响关系($p<0.001$；[LLCI，ULCI]置信区间不包括数字 0)。

(2) 期望使用愉悦性与感知安全风险的交互项、社会影响与感知安全风险的交互项对使用意愿均产生显著负向影响($\beta=-0.144,p<0.001;\beta=-0.219;p<0.001$)，而感知安全风险与期望绿色有用性的交互项对使用意愿影响不显著($\beta=-0.485;p=0.106>0.05$)，表明研究假设 H9 和 H11 成立，H10 不成立。

(3) 为进一步检验中介过程受调节变量的调节效应的影响情况，对 6.3 节中的概念模型[图 6-2(b)]的后半段可能存在的调节中介效应进行分析。本书取调节变量感知安全风险在加、减一个标准差(±1SD)水平下，社会影响通过中介变量(期望使用愉悦性和期望绿色有用性)影响使用意愿的间接效应。计算结果见表 6-14，可以看出，在路径 1 和 2 上，调节变量感知安全风险通过中介变量对使用意愿产生影响，表明存在调节中介效应。同时,相比于高感知安全风险的非 ETC 用户,低感知安全风险的非 ETC 用户的社会影响对使用意愿的促进作用更强,即:高感知安全风险会削弱社会影响与使用意愿间的关系。社会影响正向影响使用意愿,且感知安全风险通过中介变量调节了社会影响对于使用意愿的预测。

表 6-14 有调节的中介效应分析及 Bootstrap 检验

路径 1:社会影响⇒期望使用愉悦性⇒使用意愿					
调节变量	指标	$Effect$	$Boot\ SE$	$BootLLCI$	$BootULCI$
感知安全风险	M−1SD	0.150	0.041	0.080	0.239
	M	0.068	0.023	0.028	0.120
	M+1SD	−0.013	0.030	−0.075	0.046
路径 2:社会影响⇒期望使用愉悦性⇒期望绿色有用性⇒使用意愿					
调节变量	指标	$Effect$	$Boot\ SE$	$BootLLCI$	$BootULCI$
感知安全风险	M−1SD	0.472	0.016	0.022	0.083
	M	0.022	0.008	0.008	0.039
	M+1SD	−0.004	0.098	−0.026	0.014

6.6 研究结论与管理启示

现有研究着重探讨了出行特征、OBU 价格敏感性、ETC 使用收益、隐私安全等因素对用户采纳 ETC 的影响。随着取消省际收费站政策的推进、OBU 免费安装以及收费站运营现状需求等一些新的外部环境的改变,需要进一步深入地对 ETC 使用意愿影响因素及作用机制进行研究。因此,本章在扩展技术接受模型基础上,结合用户社会心理因素构建 ETC 用户/非 ETC 用户的持续使用意愿/使用意愿影响因素模型,探讨自我概念和感知安全风险因素的调节中介效应的影响机制,并提出相应的管理策略。

6.6.1 研究结论

(1)在用户出行特征方面,对于 ETC 用户,不定时的中短途休闲旅行的出行行为占大多数,且利用高速公路出行的频次属低频次;非 ETC 用户多以短途出行为主,使用高速公路的频次也比较低(平均每月少于 5 次)。在对 ETC 接触的渠道方面,网络和周围人介绍,这两种途径是 ETC 用户和非 ETC 用户群体接触和了解 ETC 的主要渠道;在使用体验和认知意向方面,ETC 的办理渠道主要集中在银行等合作网点和自有网点,充值方式主要为信用卡和网络支付,ETC 用户在使用过程中比较在意的是错误扣费和突发的 ETC 系统故障;对于非 ETC 用户,未安装的原因主要涉及使用频率低、办理流程复杂、担心设备故障、优惠力度小等。可以发现,非 ETC 用户关注的问题主要集中在办理和使用的便捷性、经济性和安全性等问题上。相关结论为下一步的理论研究和问卷设计提供了良好的基础支持和研究框架。

（2）对于 ETC 用户,社会影响显著正向影响持续使用意愿,感知绿色有用性和感知使用愉悦性对持续使用意愿亦具有显著正向影响,且感知使用愉悦性正向影响感知绿色有用性。引入中介变量（感知使用愉悦性和感知绿色有用性）后,中介变量对因变量持续使用意愿有显著正向影响,而社会影响对持续使用意愿关系依然显著,但是影响效应降低了,验证了感知使用愉悦性和感知绿色有用性在社会影响对持续使用意愿影响机制中存在部分中介效应。进一步分析结果显示,社会影响对于持续使用意愿的影响机制受到自我概念的调节,较之具有低自我概念的 ETC 用户,具有高自我概念的 ETC 用户的社会影响对持续使用意愿的促进作用更强,即社会影响对 ETC 用户持续使用意愿的影响会因个体自我概念水平的不同而表现出强度上的差异。

（3）对于非 ETC 用户,感知安全风险显著负向影响预测使用意愿,社会影响和期望使用愉悦性显著正向影响使用意愿,而期望绿色有用性对使用意愿不显著。期望使用愉悦性和期望绿色有用性部分中介了社会影响对使用意愿的作用效应,且主要的中介作用发生在期望使用愉悦性这一中介变量所在路径上。进一步分析结果表明,调节变量感知安全风险通过中介变量对社会影响与使用意愿间关系产生调节效应,即:高感知安全风险会削弱社会影响与使用意愿间的关系,且感知安全风险通过中介变量调节了社会影响对使用意愿的预测,相比于高感知安全风险的非 ETC 用户,低感知安全风险的非 ETC 用户的社会影响对使用意愿的促进作用更强。

6.6.2 管理启示

本书理论创新上的贡献体现在:为揭示社会影响对 ETC 用户/非 ETC 用户的持续使用意愿/使用意愿的作用机理提供了一种调节中介解释机制,即技术特征因素（感知/期望绿色有用性、感知/期望使用愉悦性）在社会影响与持续使用意愿/使用意愿间承担了部分中介效应,以及自我概念调节了 ETC 用户的社会影响对持续使用意愿的影响机制,而感知安全风险通过中介变量（期望绿色有用性、期望使用愉悦性）调节了社会影响对使用意愿的预测效应。这一理论贡献拓展了绿色交通与交通安全心理学领域的研究范畴,同时,基于相关结论结合两类用户的行为属性和对 ETC 的认知情况,可为管理部门的政策制定和管理优化提供一定的科学决策依据。

（1）由于 ETC 用户群体已经具有产品的使用体验和基本认知,因此,社会影响因素中的规范性压力和产品印象元素等对于持续使用意愿的作用效应相比于非 ETC 用户要弱一些,更为明显的一个表现特征是其更多的是通过技术特征因素所起的中介作用来间接影响持续使用意愿。因此,相关的管理启示是:对于 ETC 用户而言,应该更多地考虑加强 ETC 系统的使用愉悦性体验和绿色有用性的认知普及。同时,社会影响对 ETC 用户持续使用意愿的影响会因个体自我概念水平的不同而表现出强度上的差异,应充分重视消费者的自我概念的影响,通过塑造 ETC 产品的绿色价值及便捷时尚的产品形象,积极倡导消费者的环境保护和健康生活方式选择,使其与自我概念—产品形象一致性相契合,从而进一步强化 ETC 用户的持续使用意愿。

(2) 由前文分析结果可知,采用有影响力的其他人的观点对非 ETC 用户使用意愿的作用是明显的,而非 ETC 用户对于使用 ETC 的环境改善作用和绿色价值认识程度并不高。同时,无论是 ETC 用户还是非 ETC 用户,对使用愉悦性的认知都显著正向影响其对 ETC 系统的使用意愿,尤其是对于 ETC 用户而言。表 6-8 和表 6-11 的分析结果也表明了包含使用愉悦性因素的路径是中介作用的最主要路径之一。同时,感知安全风险可以通过中介变量期望使用愉悦性调节社会影响对非 ETC 用户使用意愿的预测作用,即:社会影响正向影响使用意愿,而高感知安全风险会削弱社会影响与使用意愿间的关系。因此,相关的管理启示是:可以政策鼓励市民向他们的朋友、亲戚和社会关系推荐 ETC 这种环境友好的出行方式,并强调 ETC 系统使用的体验乐趣和对于改善环境的重要作用。同时,政府政策应该投入更多的资源,改善设施,扩大 ETC 的应用场景,如城市内道路停车缴费、加油、网络金融等,并通过简化办理流程,加强对 ETC 系统的使用方法和技术的支持,提升用户对使用 ETC 系统乐趣享受和环境效益的预期,以促进 ETC 的可持续发展。

值得注意的是,本书虽然构建了一个较为复杂的调节中介模型,对 ETC 用户的持续使用意愿和非 ETC 用户的使用意愿的影响机理进行了研究,但仍存在一些不足之处。首先,研究样本的容量及样本来源的多样性还需要进一步扩展,以便使本书结论更加严谨。其次,影响 ETC 用户的持续使用意愿因素和非 ETC 用户的使用意愿因素纷繁复杂,本书仅从技术特征因素、社会心理因素等方面进行考虑,选取了较为适合的相关影响因素,未来的工作还可以考虑使用不同的外部变量来进行研究,如感知服务质量等。最后,仅获得了横断面研究结果,未来研究可以通过垂直截面数据和经验取样法进一步挖掘变量间的归因关系,以反映不同发展阶段下两类用户的 ETC 系统使用意愿影响因素的动态作用机理。

6.7 本章小结

(1) 鉴于目前关于 ETC 使用意愿影响因素的研究还不充分,尤其是关于用户的社会心理因素对 ETC 使用意愿的影响机理研究。为此,本章选取 ETC 用户和非 ETC 用户作为研究对象,对于 ETC 用户,探讨了社会影响、技术特征(感知绿色有用性、感知使用愉悦性)以及自我概念因素对持续使用意愿的影响,并对技术特征因素的中介效应和自我概念的调节效应进行了检验;对于非 ETC 用户,探讨了社会影响、技术特征(期望绿色有用性、期望使用愉悦性)以及感知安全风险对使用意愿的影响,并对技术特征因素的中介效应和感知安全风险的调节效应进行了分析。

(2) 基于技术接受模型、社会影响理论、自我概念理论和感知风险理论,构建了

ETC用户/非ETC用户持续使用意愿/使用意愿影响因素作用机理研究的概念模型，并提出相应的研究假设。在此基础上，设计了适合本书的调查问卷，并进行了数据采集，在用户出行特征、对ETC接触的渠道、使用体验和认知意向等方面进行了比较和重要性排序分析。同时，利用AMOS和SPSS软件对两类样本数据进行了EFA和CFA分析检验，验证了模型的有效性。最后，通过多层线性回归模型方法，对技术特征的中介效应进行了分析，并利用PROCESS建模工具对自我概念和感知安全风险的调节中介效应进行了检验。

（3）相关研究表明，技术特征（感知/期望绿色有用性、感知/期望使用愉悦性）在社会影响与持续使用意愿/使用意愿间承担了部分中介效应，自我概念正向调节了ETC用户的社会影响对持续使用意愿的影响机制，而感知安全风险通过中介变量（期望绿色有用性、期望使用愉悦性）负向调节了社会影响对使用意愿的预测效应。这一理论贡献既拓展了绿色交通与交通安全心理学领域的研究范畴，也为揭示社会影响对ETC用户/非ETC用户持续使用意愿/使用意愿的作用机理提供了一种调节中介解释机制。最后，基于相关研究结论提出了促进ETC可持续发展的相关管理启示，为管理部门的政策制定和管理优化提供了一定的科学决策依据。

第七章

结论与展望

7.1 工作总结

本书采用"问题聚焦、数据采集、理论建模、多领域仿真以及管理优化"的研究路线,对收费站区域关键设计参数、收费站交通特征与交通冲突理论、收费站安全风险致因与评价、收费站行车安全机理、收费站 ETC 推广策略等进行了一系列的研究,构成了较为完整的研究体系,以提升目前我国收费站区域的行车安全水平和管理效率。相关研究可为新建收费站设计及改扩建工程应用、类似复杂道路节点的安全与高效运行的评估与改进提供理论指导和方法借鉴,对于应对新形势下我国高速公路收费站的管理与运营难题具有重要的现实指导意义。相关工作成果总结如下:

(1) 收费站区域关键设计参数与事故风险致因研究

首先,基于收费站布设位置、车辆行驶横向稳定性和夜间视距等影响收费站安全行车的主要因素,构建了不同环境场景下的收费站圆曲线半径计算模型,并与《规范》和《标准》进行对比分析。结果表明:横向稳定性因素在现有的标准体系中得到了较好的重视,而考虑满足夜间视距安全的收费站圆曲线最小半径计算值均大于《规范》中的极限最小半径,且在速度为 60 km/h 和 80 km/h 的情况下最为明显,给夜间收费站区域行车安全带来较大风险。其次,确定收费广场长度与宽度,并对车道类型及布局、ETC 车道布设位置以及收费车道配置策略进行了分析。再次,根据收费站区域驾驶员标志视认及驾驶行为特征,结合换道需求所需的安全时间和空间,对 ETC 前置指示标志的位置设置进行数学建模与模型验证,并以淮安南收费站为例,计算不同条件下的 ETC 车道指示标志安全设置距离。结果表明,在速度 80 km/h 和 $P_0=0.1$ 时的比较参考值最小为 424 m,仍远大于推荐值 300 m,表明现有推荐值过小,会给收费站区域的行车安全带来一定的隐患。最后,基于人车路环境因素定性阐释了收费站区域行车事故风险机理。

(2) 基于车辆微观轨迹提取的收费站区域交通特征研究

首先,以与城市道路衔接的收费站为例,将研究视域扩大到包含收费站上下游区域构成的完整区间。其次,采用一种基于 YOLOv4 等算法的车辆轨迹提取算法框架,获取车辆在不同特征路段区间内的完整行驶轨迹等车辆微观信息,该方法集合了路径聚合网络、空间金字塔池化、自对抗训练等技术的 YOLOv4 进行车辆目标检测,算法的 mAP 为 95.1%,证实了具有较好的检测准确率和效率;基于 SORT 算法的车辆跟踪算法,在视频连续帧中识别最优的车辆匹配,实现每辆车的初始轨迹数据提取;在此基础上,进行数据清洗、坐标系转换,利用 KD-Tree 算法和三次样条插值方法进行轨迹数据重建,并基于 SG 滤波器进行视频稳像处理和轨迹平滑处理,轨迹重构有效率达到 97.34%。最后,基于车辆微观轨迹数据,从宏观特征、速度特征、加速度特征、换道特征、时间特征等方面探究了收费站上、下游区域不同特征路段的交通流特性,为从不同尺度探究收费站区域交通流宏微观特征提供了良好的数据基础。

(3) 基于交通冲突特征分析的收费站区域安全评价与优化策略研究

首先,基于轨迹数据,利用改进的 ETTC 和 PET 模型定义了本书的冲突测量尺度,以满足收费站区域车辆任意时刻任意角度的交通冲突测量与评价,并在 MATLAB 中设计基于车辆微观轨迹数据的交通冲突自动提取程序,对上下游区域交通冲突特征进行深入分析,包括交通冲突数特征、冲突空间分布及严重程度特征、车道选择和换道行为与交通冲突的关系等。其次,基于 VISSIM+SSAM 构建了收费站上下游区域交通冲突仿真分析模型,同时,针对未来 ETC 车辆比例、交通量、ETC 车道数等显著提升后的预期外部环境变化,设计了 9 种不同条件下的试验组合方案,进行了正交分析,确定各因素对试验指标(安全及效率)的影响关系及程度。最后,在综合安全与效率因素情况下,将收费站合流区、交叉口以及连接路段的设计与管理综合起来考虑,利用交通仿真技术改变收费站下游区域中的交通流量、信号配时及连接段长度等,构建仿真模型对复杂道路交通环境下的车流运行状况进行模拟,进一步分析收费站下游区域交通冲突特征及规律。提出平衡收费站进出口两个方向上的交通流,优化连接道路和交叉口节点的交通设计及组织方式,动态协调收费站与衔接交叉口的通行能力等策略。

(4) 基于车路关键动态响应特征的收费站行车安全研究

首先,采用基于 Adams/Car 与 Matlab/Simulink 的仿真实验方法进行车路耦合动力学建模,即通过构建轮胎-路耦合动力学模型、控制系统模型和收费站道路三维模型,建立了车路耦合环境下的联合实时在线仿真试验系统。其次,选取车路耦合关键动力学响应参数:侧向加速度、左前轮侧向力、右前轮侧向力、左前轮垂向力、右前轮垂向力、左前轮侧向力矩、右前轮侧向力矩、左前轮回正力矩、右前轮回正力矩、车身侧倾角、方向盘转角和车身横摆角等作为收费站匝道标准极限的动力学一致性分析指标并进行一致性判定。最后,通过获得动力学一致性分析指标探究在不同测试环境下,关键响应特征的变化趋势,从车-路协同的角度对转塘收费站互通到云河街的出口道路和云河路到转塘收费站互通的入口道路进行了行车安全实例分析。

(5) 考虑感知安全风险和自我概念的收费站 ETC 推广策略研究

首先,选取 ETC 用户和非 ETC 用户为研究对象,基于技术接受模型、社会影响理论、自我概念理论和感知风险理论,构建了 ETC 用户/非 ETC 用户持续使用意愿/使用意愿影响因素作用机理的概念模型,并提出相应的研究假设。其次,设计调查问卷采集数据,利用 AMOS 和 SPSS 软件对两类样本数据进行了 EFA 和 CFA 分析检验,验证了模型的有效性。最后,通过多层线性回归模型方法,对技术特征的中介效应进行了分析,并利用 PROCESS 建模工具对自我概念和感知安全风险的调节中介效应进行了检验。结果表明:技术特征(感知/期望绿色有用性、感知/期望使用愉悦性)在社会影响与持续使用意愿/使用意愿间承担了部分中介效应,自我概念正向调节了 ETC 用户的社会影响对持续使用意愿的影响机制,而感知安全风险通过中介变量(期望绿色有用性、期望使用愉悦性)负向调节了社会影响对使用意愿的预测效应。这一理论贡献既拓展了绿色交通与交通安全心理学领域的研究范畴,也为揭示社会影响对 ETC 用户/非 ETC 用户持续使用意愿/使用意愿的作用机理提供了一种调节中介解释机制。最后,基于相关研究结论提出了促进收费站 ETC 可持续发展的管理策略。

7.2 创新点

(1) 提出一种综合考虑驾驶员标志视认特征和驾驶行为特征的 ETC 车道指示标志安全设置距离的新方法。由于 MUTCD 和我国相关规范中对于 ETC 车道指示标志设置距离推荐值并没有考虑交通条件、车道数及驾驶员等不同因素的影响,本书根据收费站区域驾驶员标志视认行为特点,并结合换道需求所需的时间和空间,对 ETC 前置指示标志的位置设置进行数学建模分析,并基于车辆行驶微观轨迹数据对建立的换道模型进行拟合与验证,计算不同条件下 ETC 车道指示标志的安全设置距离,并与现有规范中的推荐值进行比较分析。所建立的分析方法具有普适性,可有效减少盲目变道、车道误入等情况,提升车辆运行协同性,降低收费站安全风险。

(2) 利用一种基于 YOLOv4 等算法的车辆微观轨迹提取算法框架,获取车辆在不同特征路段区间内的完整轨迹及车辆微观行驶数据。传统基于仿真模拟方法对收费站交通流特性等问题的研究缺乏真实车辆自然驾驶状态下的行车数据验证,且基于人工统计或简易设备等方法的交通流特征研究的数据采集手段和数据精度以及维度也都不够丰富。本书利用 YOLOv4 进行车辆目标检测,基于 SORT 算法进行车辆跟踪,采用 KD-Tree 算法和三次样条插值方法对轨迹数据重建,并进行视频稳像处理和轨迹平滑处理,所采用的车辆微观轨迹提取算法框架具有精度高、稳定性强的特点,相关工作为收费站区域、类似交通节点的多维度交通流特征分析以及收费站交通冲突与行车安全评价等研究提供了强大的基础数据支撑。

(3) 解析了收费站区域的交通冲突特征及规律,从综合考虑安全与效率的视角建立了一套针对与城市道路衔接的典型收费站的安全评价与管理优化分析方法。鉴于传统交通冲突测量指标仅考虑平行和垂直方向上的潜在交通冲突,难以处理一些复杂的不受限角度的碰撞冲突的测量和评估,以及缺乏真实自然驾驶环境下从微观和动态的角度对收费站区域交通冲突特征及规律的研究,本书对传统的 TTC 指标进行了扩展并结合 PET 指标,探讨了交通冲突的空间分布特征及严重性特征,分析了车辆换道行为和车道选择行为对交通冲突的影响机制,从综合考虑安全与效率的视角,对多种不同类型的交通特性对收费站安全的影响机理进行了解析,提出了相应的交通组织优化策略。

(4) 搭建了基于 Adams/Car 与 Matlab/Simulink 联合仿真实验系统,从主动安全分析的视角,探究了车辆在匝道收费站区域的行车安全。以往研究多从收费站车道设置、标志布设及车辆间的交通冲突角度进行收费站行车安全研究,且关于匝道收费站区域道路线形及相关参数的建设标准主要是依据《公路立体交叉设计细则》(JTG/T D21—2014)和《公路工程技术标准》(JTG B01—2014)中的相关规定,缺乏理论验证支撑。本书从人-车-路构成的复杂系统视角,采用 Adams/Car 与 Matlab/Simulink 联合仿真的实验方法进行车路耦合动力学建模,选取关键动力学响应参数,并进行一致性分析,通过获得的动力学一致性分析指标探究在不同测试环境下关键响应特征的变化趋势,从车-路协同的角度分析收费站的行车安全,所搭建的实验系统在道路线形优化设计方面亦具有重要的参考价值。

(5) 提出了考虑感知安全风险和自我概念的收费站 ETC 推广策略。尽管 ETC 对于提升收费站的通行能力和行车安全水平具有重要的作用,但其应用普及率的高低却直接影响到能否充分释放其预期效用。目前研究多集中在出行特征和 ETC 产品的经济属性等方面对采纳意愿的影响,而消费者个体和群体的社会心理因素及联系关系对 ETC 采纳意愿的影响机制尚需进一步明确。本书在对技术接受模型扩展的基础上引入社会影响因素,探讨感知安全风险和自我概念因素的调节效应和技术特征因素的中介效应机制,并分别对 ETC 用户的持续使用意愿和非 ETC 用户的使用意愿的影响机理进行研究,进而提出相应的管理策略,以促进国内收费站 ETC 产业的健康可持续发展。

7.3 研究展望

本书在收费站区域关键参数设计优化、交通流特性与交通冲突特征分析、安全评价与效率改进、行车安全机理分析以及收费站 ETC 推广策略等方面进行了较为系统的研究和探索,取得了一些有价值的结论,然而由于研究对象的复杂性和研究内容涉及的领域比较广泛,仍有一些问题值得进一步的深入研究。

(1) 本书建立的 ETC 车道指示标志的安全设置距离模型,是在假设驾驶员驾驶特征和换道规则相同并符合安全驾驶要求以及良好可视条件下的一种理想状态,没有考虑驾驶员的异质性及驾驶行为的差异性,未来可就一些特殊情景进行极限条件下的深入探究。另外,在交通冲突特征分析和安全与效率评价研究中,受限于研究对象的特殊性,需要选取更多的具有相似或不同特征的收费站进行纵横向的对比分析,以期更加全面地揭示收费站区域交通冲突特征及其作用机理。

(2)为降低分析的复杂性,本书仅考虑了路面几何特征和道路线形等因素作为道路输入激励的收费站区域道路行车安全研究,忽略了一些其他因素,如不同路面状态(雨雪冰面等)下的摩擦力系数、侧风、不同车型以及驾驶员的超车和变道行为等对研究区域的车路耦合动力学建模的影响,后续研究将逐步深入推进。

(3)本书虽然构建了一个较为复杂的调节中介模型,对 ETC 用户的持续使用意愿和非 ETC 用户的使用意愿的影响机理进行了研究,但仍存在一些不足,如:研究样本的容量及样本来源的多样性还需要进一步的扩展;在影响因素的选取方面,未来的工作还可以考虑使用不同的外部变量来进行研究,如感知服务质量等。此外,未来研究还可以通过垂直截面数据和经验取样法进一步挖掘变量间的归因关系,以反映不同发展阶段下两类用户的 ETC 系统使用意愿影响因素的动态作用机理。

(4)未来随着智能网联汽车的发展与成熟应用,利用 V2X 技术实现车与车、车与其他道路使用者和道路基础设施间的实时通信,通过车联网与交通流的耦合,开展基于人-车-路-信息诱导的多领域联合实验,并在此基础上,将车辆动力学参数与交通冲突预测进行有机结合,深入分析道路行车安全机理。相关研究具有十分重要的理论和应用前景,可以应对道路行车安全领域研究出现的新形态。

参考文献

[1] Mahdi M B, Leong L V, Sadullah A F M. Use of microscopic traffic simulation software to determine heavy-vehicle influence on queue lengths at toll plazas[J]. Arabian Journal for Science and Engineering, 2019, 44(8): 7297-7311.

[2] Wang P, Zhao J D, Gao Y, et al. Lane work-schedule of toll station based on queuing theory and PSO-LSTM model[J]. IEEE Access, 2020, 8: 84434-84443.

[3] Kim S. The toll plaza optimization problem: Design, operations, and strategies[J]. Transportation Research Part E: Logistics and Transportation Review, 2009, 45(1): 125-137.

[4] Bains M S, Arkatkar S S, Anbumani K S, et al. Optimizing and modeling tollway operations using microsimulation: Case study sanand toll plaza, ahmedabad, gujarat, India[J]. Transportation Research Record: Journal of the Transportation Research Board, 2017, 2615(1): 43-54.

[5] 赵述捷. 高速公路收费通行能力及关键设计参数研究[D]. 天津: 河北工业大学, 2012.

[6] 万健. 匝道收费站平纵曲线技术指标研究[D]. 西安: 长安大学, 2018.

[7] Huang Y Q, Chen L, Xia Y W, et al. Design of expressway toll station based on neural network and traffic flow[J]. American Journal of Operations Research, 2018, 8(3): 221-237.

[8] 曹熔基, 曹静. 基于MATLAB的高速公路收费站出站口合流区域设计研究[J]. 上海商学院学报, 2017, 18(3): 85-91.

[9] 赵维加, 谷岩, 宋丽娜. 高速公路收费广场的结构设计和管理优化[J]. 数学建模及其应用, 2017, 6(2): 59-64.

[10] Lin L, Su L, Chen S Z, et al. Optimization of the merging area after toll[J]. Engineering Management Research, 2018, 7(1): 17.

[11] Wang K, Wang P, Chen X, et al. Multiobjective optimization design of toll plaza[J]. Mathematical Problems in Engineering, 2020, 2020: 1-9.

[12] McDonald D R Jr, Stammer R E Jr. Contribution to the development of guidelines for toll plaza design[J]. Journal of Transportation Engineering, 2001, 127(3): 215-222.

[13] 林培群, 梁韫琦. 高速公路收费站车道类型设置问题建模与求解[J]. 交通运输系统工程与信息, 2020, 20(1): 152-159.

[14] 姬杨蓓蓓, 魏妙旗, 张小宁. 收费站通道开放数量优化的动态瓶颈模型分析[J]. 管理工程学报, 2019, 33(3): 109-115.

[15] 周崇华, 周九州, 苏志哲. 基于排队论和增量效益成本比率最大化的ETC车道配置模型研究[J]. 交通运输系统工程与信息, 2009, 9(5): 77-84.

[16] 李君羡, 周一晨, 沈宙彪, 等. 数据驱动的收费站运行参数预测及车道配置[J]. 交通科学与工程, 2021, 37(1): 95-103.

[17] 钱超, 李思言, 王彦锋. 高速公路收费广场车道合理化配置研究[J]. 交通运输系统工程与信息, 2021, 21(2): 231-237.

[18] 吴进. 基于通行效用的高速公路收费站 ETC 车道设置方案研究[D]. 南京：东南大学，2016.

[19] Saad M, Abdel-Aty M, Lee J. Analysis of driving behavior at expressway toll plazas[J]. Transportation Research Part F: Traffic Psychology and Behaviour, 2019, 61: 163-177.

[20] Valdés D, Colucci B, Fisher D, et al. Operational and safety-based analysis of toll plaza signage using driving simulation[J]. Advances in Transportation Studies, 2016, 1: 23-36.

[21] Gaca S, Kieç M, Pogodzińska S, et al. Impact of toll plazas road marking and signs on drivers' behaviour[J]. MATEC Web of Conferences, 2018, 231: 02003.

[22] Navandar Y V, Singh M, Dhamaniya A, et al. Empirical analysis of level of service at toll plaza by using ordered probit model[J]. Transportation Letters, 2020, 12(10): 692-700.

[23] Zarrillo M L, Radwan A E. Methodology SHAKER and the capacity analysis of five toll plazas [J]. Journal of Transportation Engineering, 2009, 135(3): 83-93.

[24] Lin F B, Su C W. Level-of-service analysis of toll plazas on freeway main lines[J]. Journal of Transportation Engineering, 1994, 120(2): 246-263.

[25] Klodzinski J, Al-Deek H M. Evaluation of toll plaza performance after addition of express toll lanes at mainline toll plaza[J]. Transportation Research Record: Journal of the Transportation Research Board, 2004, 1867(1): 107-115.

[26] 程锦, 张银. 基于通行数据分析的高速公路收费站通行能力评价研究[J]. 公路, 2014, 59(8): 27-31.

[27] 崔洪军, 李海南, 张志磊, 等. 基于节能减排的高速公路瓶颈处拥挤车流控制技术研究[J]. 重庆交通大学学报(自然科学版), 2016, 35(3): 125-128.

[28] 张晨琛, 王艳辉, 贾利民. 高速公路主线收费站拥堵消散控制策略[J]. 中国公路学报, 2013, 26(4): 139-145.

[29] Jiuh-Biing Sheu. An integrated toll and ramp control methodology for dynamic freeway congestion management[J]. Physica A: Statistical Mechanics and Its Applications, 2008, 387(16/17): 4327-4348.

[30] Qian Y S, Shao X M, Zeng J W, et al. An improved cellular automaton model with the consideration of a multi-point tollbooth[J]. Physica A: Statistical Mechanics and Its Applications, 2013, 392(23): 5874-5878.

[31] 程俊龙. ETC 通道通行能力与服务水平确定方法研究[J]. 公路交通科技, 2014, 10(6): 133-137.

[32] 朱顺应, 蒋若曦, 王红, 等. 机动车交通冲突技术研究综述[J]. 中国公路学报, 2020, 33(2): 15-33.

[33] Gettman D, Head L. Surrogate safety measures from traffic simulation models[J]. Transportation Research Record: Journal of the Transportation Research Board, 2003, 1840(1): 104-115.

[34] Tarko A P. Use of crash surrogates and exceedance statistics to estimate road safety[J]. Accident Analysis & Prevention, 2012, 45: 230-240.

[35] Li Z B. Surrogate safety measure for evaluating rear-end collision risk related to kinematic waves near freeway recurrent bottlenecks[J]. Accident Analysis & Prevention, 2014, 64: 52-61.

[36] Feng R Y, Fan C Y, Li Z B, et al. Mixed Road user trajectory extraction from moving aerial videos based on convolution neural network detection[J]. IEEE Access, 2020, 8: 43508-43519.

[37] Meng Q, Weng J. Evaluation of rear-end crash risk at work zone using work zone traffic data[J]. Accident Analysis & Prevention, 2011, 43(4): 1291-1300.

[38] St-Aubin P. An automated surrogate safety analysis at protected highway ramps using cross-sectional and before-after video data[J]. Transportation Research Part C: Emerging Technologies, 2013, 36: 284-295.

[39] 叶凡, 陆键, 丁纪平, 等. 交通冲突技术在ETC安全评价中的应用研究[J]. 公路交通科技, 2004(12): 107-110.

[40] Lu X. Time-varying analysis of traffic conflicts at the upstream approach of toll plaza[J]. Accident Analysis & Prevention, 2020, 141: 105539.

[41] Abuzwidah M, Abdel-Aty M. Safety assessment of the conversion of toll plazas to all-electronic toll collection system[J]. Accident Analysis & Prevention, 2015, 80: 153-161.

[42] Abuzwidah M, Abdel-Aty M. Crash risk analysis of different designs of toll plazas[J]. Safety Science, 2018, 107: 77-84.

[43] Abuzwidah M, Abdel-Aty M, Ahmed M M. Safety evaluation of hybrid main-line toll plazas[J]. Transportation Research Record: Journal of the Transportation Research Board, 2014, 2435(1): 53-60.

[44] Ozbay K, Cochran A M. Safety assessment of barrier toll plazas [J]. Advances in transportation studies, 2008, 15: 85-96.

[45] 吴晓武. 高速公路收费站交通安全研究[D]. 西安: 长安大学, 2004.

[46] 邢璐. 基于微观轨迹数据的主线收费站分流区交通安全评价研究[D]. 南京: 东南大学, 2020.

[47] 张志召. 高速公路立交分合流区和收费站交通冲突研究[D]. 哈尔滨: 哈尔滨工业大学, 2014.

[48] 张敏, 陈红, 吴晓武. 高速公路收费站安全评价模型[J]. 中国安全科学学报, 2009, 19(10): 139-144.

[49] Abdelwahab H T, Abdel-Aty M A. Artificial neural networks and logit models for traffic safety analysis of toll plazas[J]. Transportation Research Record: Journal of the Transportation Research Board, 2002, 1784(1): 115-125.

[50] Wong S C. The effects of a traffic guidance scheme for auto-toll lanes on traffic safety at toll plazas[J]. Safety Science, 2006, 44(9): 753-770.

[51] Bartin B. Use of learning classifier systems in microscopic toll plaza simulation models[J]. IET Intelligent Transport Systems, 2019, 13(5): 860-869.

[52] Hajiseyedjavadi F, McKinnon I, Fitzpatrick C D, et al. Application of microsimulation to model the safety of varied lane configurations at toll plazas[R]. Transportation Research Board Annual Meeting, 2015.

[53] Menta V K, Strate H E, Boss D A, et al. Electronic toll collection and safety at the Holland Tunnel[C]//Traffic Congestion and Traffic Safety in the 21st Century: Challenges, Innovations, and OpportunitiesUrban Transportation Division, ASCE; Highway Division, ASCE; Federal

Highway Administration, USDOT; and National Highway Traffic Safety Administration, US-DOT. 1997.

[54] Mohamed A, Abdel-Aty M, Klodzinski J. Safety considerations in designing electronic toll plazas: Case study[J]. Ite Journal-Institute of Transportation Engineers, 2001, 71: 20-24.

[55]]Qian Y, Luo J, Zeng J, et al. Study on security features of freeway traffic flow with cellular automata model—Taking the number of overtake as an example[J]. Measurement, 2013, 46(6): 2035-2042.

[56] Valdés D, Colucci B, Knodler M, et al. Comparative analysis of toll plaza safety features in Puerto Rico and Massachusetts with a driving simulator[J]. Transportation Research Record: Journal of the Transportation Research Board, 2017, 2663(1): 1-11.

[57] Mckinnon I A. Operational and safety-based analyses of varied toll lane configurations [D]. University of Massachusetts Amherst, 2013.

[58] 孙博. 基于交通冲突技术的收费站交通安全分析方法[D]. 西安: 长安大学, 2020.

[59] 张剑桥, 吴志周, 范宇杰. 基于交通冲突的 ETC 混合收费站安全评价模型研究 [C]. 第七届中国智能交通年会优秀论文集——智能交通应用, 2012.

[60] 董谦. 基于元胞自动机的混合收费站通行能力及交通安全仿真研究[D]. 南京: 东南大学, 2019.

[61] 闫雪彤. 基于交通冲突的 ETC 车道设置安全评价方法研究[D]. 南京: 东南大学, 2018.

[62] 张莹. 基于人-车-路系统仿真的 ETC 收费广场最小安全长度研究[D]. 南京: 东南大学, 2017.

[63] 程洪杰, 高蕾, 刘志浩, 等. 多轴特种车辆动力学建模及制动性能优化研究[J]. 振动与冲击, 2021, 40(17): 241-248.

[64] 蒋工亮, 吕佳, 杨丽改. 高速公路车辆安全行驶速度仿真识别系统[J]. 交通运输工程学报, 2010, 10(4): 121-126.

[65] 王传连, 胡月琦, 李平. 基于 TruckSim 的装载工况影响下弯道安全车速阈值[J]. 北京航空航天大学学报, 2018, 44(6): 1337-1346.

[66] Si H L. Simulation analyzed of vehicle operating safety in rain weather condition based on ADAMS[J]. Applied Mechanics and Materials, 2013, 361/362/363: 2057-2060.

[67] 徐进, 邵毅明, 杨奎, 等. 基于人-车-路协同仿真的山区道路大型车辆行驶适应性分析[J]. 中国公路学报, 2015, 28(2): 14-25.

[68] 何仁, 赵晓聪, 王建强. 人-车-路交互下的驾驶人风险响应度建模[J]. 中国公路学报, 2020, 33(9): 236-250.

[69] 姜利, 刘建平. 基于人-车-路虚拟试验的冰雪道路平曲线路段行车安全分析[J]. 中外公路, 2016, 36(2): 327-331.

[70] 贺宜, Xiao-Yun LU, 褚端峰, 等. 车路环境耦合作用下侧向动力学模型可靠性估计[J]. 汽车工程, 2019, 41(7): 800-806.

[71] 赖延年, 方腾源, 徐鑫, 等. 基于人-车-路公路设计阶段安全性评价研究[J]. 重庆理工大学学报(自然科学版), 2019, 33(6): 24-33.

[72] Jou R, Chiou Y, Chen K, et al. Freeway drivers' willingness-to-pay for a distance-based toll rate

[J]. Transportation Research Part A: Policy and Practice, 2012, 46(3): 549-559.

[73] Jou R, Chiou Y, Kuo C, et al. Freeway drivers' willingness to pay for an on board unit under an electronic toll collection system[J]. Transportation Research Part C: Emerging Technologies, 2013, 27: 16-24.

[74] Jou R, Huang G. Willingness to pay price for tolls and on-board units for short-distance freeway users who normally avoid toll boots[J]. Transport Policy, 2014, 31: 10-18.

[75] Holguín-Veras J, Wang Q. Behavioral investigation on the factors that determine adoption of an electronic toll collection system: Freight carriers[J]. Transportation Research Part C: Emerging Technologies, 2011, 19(4): 593-605.

[76] Holguín-Veras J, Preziosi M. Behavioral investigation on the factors that determine adoption of an electronic toll collection system: Passenger car users[J]. Transportation Research Part C: Emerging Technologies, 2011, 19(3): 498-509.

[77] Levinson D, Chang E. A model for optimizing electronic toll collection systems[J]. Transportation Research Part A: Policy and Practice, 2003, 37(4): 293-314.

[78] Heras-Molina J, Gomez J, Manuel Vassallo J. Measuring drivers' attitudes toward use of electronic toll collection systems in Spain[J]. Transportation Research Record: Journal of the Transportation Research Board, 2017, 2670(1): 1-8.

[79] Chen C, Fan Y, Farn C. Predicting electronic toll collection service adoption: An integration of the technology acceptance model and the theory of planned behavior[J]. Transportation Research Part C: Emerging Technologies, 2007, 15(5): 300-311.

[80] Jou R, Chion Y, Ke J. Impacts of impression changes on freeway driver intention to adopt electronic toll collection service[J]. Transportation Research Part C: Emerging Technologies, 2011, 19(6): 945-956.

[81] Chiou Y, Jou R, Kao C. The adoption behaviours of freeway electronic toll collection: A latent class modelling approach[J]. Transportation Research Part E: Logistics and Transportation Review, 2013, 49(1): 266-280.

[82] Ogden K W. Privacy issues in electronic toll collection[J]. Transportation Research Part C: Emerging Technologies, 2001, 9(2): 123-134.

[83] Riley P F. The tolls of privacy: An underestimated roadblock for electronic toll collection usage [J]. Computer Law & Security Review, 2008, 24(6): 521-528.

[84] 许金良. 道路勘测设计 [M]. 4版. 北京：人民交通出版社, 2016.

[85] 黄晓明. 路基路面工程 [M]. 6版. 北京：人民交通出版社, 2019.

[86] Kordani A A, Molan A M. The effect of combined horizontal curve and longitudinal grade on side friction factors[J]. KSCE Journal of Civil Engineering, 2015, 19(1): 303-310.

[87] 夏荣霞, 吴德华, 何杰, 等. 平曲线处大型客车最大安全运行速度计算模型研究[J]. 公路交通科技, 2016, 33(1):140-146.

[88] 罗京, 张冬冬, 郭腾峰. 大型车辆横向稳定性对公路设计极限平曲线半径取值的影响分析[J]. 中国公路学报, 2010, 23(S2): 42-46.

[89] 张驰,罗昱伟,白浩晨,等. 多车道匝道视距评价与优化方法研究[J]. 交通信息与安全, 2019, 37(6): 32-39.

[90] Gürbüz H, Buyruk S. Improvement of safe stopping distance and accident risk coefficient based on active driver sight field on real road conditions[J]. IET Intelligent Transport Systems, 2019, 13(12): 1843-1850.

[91] 潘兵宏,周锡浈,周廷文,等. 高速公路互通式立交出口识别视距计算模型[J]. 同济大学学报(自然科学版), 2020, 48(9):1312-1318.

[92] Gargoum S A, El-Basyouny K. Analyzing the ability of crash-prone highways to handle stochastically modelled driver demand for stopping sight distance[J]. Accident Analysis & Prevention, 2020, 136: 105395.

[93] Abdulhafedh A. Highway stopping sight distance, decision sight distance, and passing sight distance based on AASHTO models[J]. OALib, 2020, 7(3): 1-24.

[94] Easa S M, Ma Y, Liu S X, et al. Reliability analysis of intersection sight distance at roundabouts[J]. Infrastructures, 2020, 5(8): 67.

[95] De Santos-Berbel C, Castro M. Effect of vehicle swiveling headlamps and highway geometric design on nighttime sight distance[J]. Mathematics and Computers in Simulation, 2020, 170: 32-50.

[96] 蒋隆建,程建川. 基于车辆动力学分析的道路平曲线处横向力系数研究[J]. 交通信息与安全, 2012, 30(5):65-68.

[97] 范李,李刚炎,陈冉,等. 基于横向力系数的汽车急转防侧翻车速计算模型与仿真[J]. 农业工程学报, 2016, 32(3): 41-47.

[98] American Association of State Highway and Transportation officials. A Policy on Geometric Design of Highways and Streets[M]. The United States of America, 2004.

[99] AASHTO. Highway Safety Design and Operations Guide[M]. The United States of America, 1997.

[100] 王磊,余功新,王朝辉,等. 面向降低路面湿滑事故率的交通量与抗滑阈值确定[J]. 长安大学学报(自然科学版), 2019, 39(5): 106-114.

[101] 沈建武,吴瑞麟. 道路规划与勘测设计[M]. 广州:华南理工大学出版社, 2002.

[102] 邵琦,李爱国,冉孟强. 西安咸阳国际机场专用高速公路彩色路面设计及应用[J]. 公路, 2009, 54(6): 193-196.

[103] 姬杨蓓蓓,魏妙旗,张小宁. 收费站通道开放数量优化的动态瓶颈模型分析[J]. 管理工程学报, 2019, 33(3): 109-115.

[104] Lu J, Chen W, Fan H. Intersection capacity based on driver's visual characteristics [J]. Journal of Southeast University (English Edition), 2009, 25(1):117-122.

[105] Johansson G, Rumar K. Drivers' brake reaction times [J]. Human factors, 1971, 13(1):23-27.

[106] 郭唐仪,胡启洲,姚丁元. 高速出口预告指路标志设置距离及其安全性能比较[J]. 公路交通科技, 2011, 28(12):106-111

[107] 刘伟铭,邓如丰,张阳,等. 高速出口前置指路标志的安全距离设置模型[J]. 华南理工大学学

报(自然科学版),2013,41(2):37-43

[108] Roger P,Elena S,William R. Traffic engineering[M]. Pearson/Prentice Hall,2004.

[109] 陆建,姜军,叶海飞. 普通公路路侧限速标志设置位置的确定方法[J]. 长安大学学报(自然科学版),2011,31(1):74-78.

[110] 杨少伟,杨荟,潘兵宏,等. 高速公路连续长大下坡终点与主线收费站间的净距研究[J]. 公路交通科技,2019,36(3):117-123.

[111] 刘伟铭,邓如丰,张阳,等. 高速出口前置指路标志的安全距离设置模型[J]. 华南理工大学学报(自然科学版),2013,41(2):37-43.

[112] Luo Q,Yuan J,Chen X,et al. Analyzing start-up time headway distribution characteristics at signalized intersections[J]. Physica A:Statistical Mechanics and Its Applications,2019,535:122348.

[113] Wang C,Xu C C. On the effects of various measures of performance selections on simulation model calibration performance[J]. Journal of Advanced Transportation,2018,2018:1-16.

[114] 赵树恩,王金祥,李玉玲. 基于多目标优化的智能车辆换道轨迹规划[J]. 交通运输工程学报,2021,21(2):232-242.

[115] 张立灿,郭明旻,林志阳,等. 基于守恒高阶模型和支持向量机的多车道车辆换道模型[J]. 计算物理,2022,39(1):83-95.

[116] Li X Y,Guo Z Y,Su D L,et al. Time-dependent lane change trajectory optimisation considering comfort and efficiency for lateral collision avoidance[J]. IET Intelligent Transport Systems,2021,15(5):595-605.

[117] 李林恒,甘婧,曲栩,等. 智能网联环境下基于安全势场理论的车辆换道模型[J]. 中国公路学报,2021,34(6):184-195.

[118] Wu Y,Abdel-Aty M,Cai Q,et al. Developing an algorithm to assess the rear-end collision risk under fog conditions using real-time data[J]. Transportation Research Part C:Emerging Technologies,2018,87:11-25.

[119] Zanggenehpour S,Miranda-Morero L F,Saunier N. Automated classification based on video data at intersections with heavy pedestrian and bicycle traffic:Methodology and application[J]. Transportation Research Part C:Emerging Technologies,2015,56:161-176.

[120] 何凯华. 基于目标检测网络的交通标志识别[J]. 软件工程,2020,23(10):19-22.

[121] 谢鑫. 基于深度学习的不良信息检测技术的研究[D]. 成都:电子科技大学,2020.

[122] Girshick R,Donahue J,Darrell T,et al. Rich feature hierarchies for accurate object detection and semantic segmentation[C]//Proceedings of the 2014 IEEE Conference on Computer Vision and Pattern Recognition. New York:ACM,2014:580-587.

[123] Girshick R. Fast R-CNN[C]//2015 IEEE International Conference on Computer Vision (ICCV). December 7-13,2015,Santiago,Chile. IEEE,2016:1440-1448.

[124] Ren S Q,He K M,Girshick R,et al. Faster R-CNN:Towards real-time object detection with region proposal networks[J]. IEEE Transactions on Pattern Analysis and Machine Intelligence,2017,39(6):1137-1149.

[125] Liu W, Anguelov D, Erhan D, et al. SSD: single shot multiBox detector[C]//European Conference on Computer Vision. Cham: Springer, 2016: 21-37.

[126] Redmon J, Divvala S, Girshick R, et al. You only look once: Unified, real-time object detection[C]//2016 IEEE Conference on Computer Vision and Pattern Recognition (CVPR). June 27-30, 2016, Las Vegas, NV, USA. IEEE, 2016: 779-788.

[127] Redmon J, Farhadi A. YOLOv3: An incremental improvement"[EB/OL]. 2018: arXiv: 1804.02767. https://arxiv.org/abs/1804.02767"

[128] Lin T Y, Goyal P, Girshick R, et al. Focal loss for dense object detection[C]//2017 IEEE International Conference on Computer Vision (ICCV). October 22–29, 2017, Venice, Italy. IEEE, 2017: 2999-3007.

[129] Bochkovskiy A, Wang C Y, Liao H Y M. YOLOv4: Optimal speed and accuracy of object detection"[EB/OL]. 2020: arXiv: 2004.10934. https://arxiv.org/abs/2004.10934"

[130] Wang C Y, Mark Liao H Y, Wu Y H, et al. CSPNet: A new backbone that can enhance learning capability of CNN[C]//2020 IEEE/CVF Conference on Computer Vision and Pattern Recognition Workshops (CVPRW). June 14-19, 2020, Seattle, WA, USA. IEEE, 2020: 1571-1580.

[131] 李宇,刘孔玲,黄湳菥. 基于深度学习的布匹疵点检测方法[J]. 毛纺科技, 2021, 49(4): 98-103.

[132] Kaufmann S, Kerner B S, Rehborn H, et al. Aerial observations of moving synchronized flow patterns in over-saturated city traffic[J]. Transportation Research Part C: Emerging Technologies, 2018, 86: 393-406.

[133] 杨雨辰,毋立芳,简萌,等. Savitzky-Golay 滤波和 L1 范数优化相结合的视频稳像算法[J]. 信号处理, 2020, 36(11): 1829-1837.

[134] 窦振家,葛林,韩琦. 一种基于 Savitzky-Golay 滤波器的航磁校准方法[J]. 智能计算机与应用, 2020, 10(9): 29-32.

[135] 刘亚. 收费站区域交通特征与车道设置研究[D]. 南京:东南大学,2018.

[136] 龚越. 基于车牌识别数据的交通出行特征分析[D]. 杭州:浙江大学,2018.

[137] 罗梓铭,马飞虎. 混合收费站 ETC 与 MTC 车道通行能力研究[J]. 公路, 2018, 63(7): 239-244.

[138] 杨涛,王鹏,朱季萍,等. 多元收费方式下的高速公路收费站车道数优化研究[J]. 交通运输系统工程与信息, 2019, 19(5): 12-218.

[139] 姬杨蓓蓓,魏妙旗,张小宁. 收费站通道开放数量优化的动态瓶颈模型分析[J]. 管理工程学报, 2019, 33(3): 109-115.

[140] Hong-jun C, Zhi-lei Z, Xia L I, et al. Congestion Flow Control Technology Based on Energy Conservation and Emission Reduction at Expressway Toll Stations [J]. China Journal of Highway and Transport,2015,28(5):125-129.

[141] Li P H. Health risk assessment for highway toll station workers exposed to $PM_{2.5}$-bound heavy metals[J]. Atmospheric Pollution Research, 2019, 10(4): 1024-1030.

[142] Dong C Y, Wang H, Chen Q, et al. Simulation-based assessment of multilane separate freeways at toll station area: A case study from Huludao toll station on Shenshan freeway[J]. Sustainability, 2019, 11(11): 3057.

[143] 张剑桥, 吴志周, 范宇杰. 基于交通冲突的 ETC 混合收费站安全评价模型研究[C]. 中国智能交通协会: 中国智能交通协会, 2012.

[144] Xing L, He J, Li Y, et al. Comparison of different models for evaluating vehicle collision risks at upstream diverging area of toll plaza [J]. 12-218.

[145] 郭延永, 刘攀, 徐铖铖, 等. 基于交通冲突模型的信号交叉口右转设施安全分析[J]. 中国公路学报, 2016, 29(11): 139-146.

[146] Zheng L, Ismail K, Meng X H. Traffic conflict techniques for road safety analysis: Open questions and some insights[J]. Canadian Journal of Civil Engineering, 2014, 41(7): 633-641.

[147] Laureshyn A, Svensson Å, Hydén C. Evaluation of traffic safety, based on micro-level behavioural data: Theoretical framework and first implementation[J]. Accident Analysis & Prevention, 2010, 42(6): 1637-1646.

[148] Zhao P, Lee C. Assessing rear-end collision risk of cars and heavy vehicles on freeways using a surrogate safety measure[J]. Accident Analysis & Prevention, 2018, 113: 149-158.

[149] 朱顺应, 蒋若曦, 王红, 等. 机动车交通冲突技术研究综述[J]. 中国公路学报, 2020, 33(2): 15-33.

[150] Sayed T, Zaki M H, Autey J. Automated safety diagnosis of vehicle-bicycle interactions using computer vision analysis[J]. Safety Science, 2013, 59: 163-172.

[151] Michiel M, Minderhoud, . Extended time-to-collision measures for road traffic safety assessment[J]. Accident Analysis & Prevention, 2001, 33(1): 89-97.

[152] Kassim A, Ismail K, Hassan Y. Automated measuring of cyclist – motor vehicle post encroachment time at signalized intersections[J]. Canadian Journal of Civil Engineering, 2014, 41(7): 605-614.

[153] Astarita V, Caliendo C, Giofrè V P, et al. Surrogate safety measures from traffic simulation: Validation of safety indicators with intersection traffic crash data[J]. Sustainability, 2020, 12(17): 69-74.

[154] 王俊骅, 张方方, 张兰芳. 基于 OpenCV 和 Halcon 的交通冲突视频自动检测及数据处理[J]. 同济大学学报(自然科学版), 2010, 38(2): 238-244.

[155] 刘淼淼, 鲁光泉, 王云鹏, 等. 交叉口交通冲突严重程度量化方法[J]. 交通运输工程学报, 2012, 12(3): 120-126.

[156] Weng J, Xue S, Yang Y, et al. In-depth analysis of drivers' merging behavior and rear-end crash risks in work zone merging areas[J]. Accident Analysis & Prevention, 2015, 77: 51-61.

[157] Cai Q, Saad M, Abdel-Aty M, et al. Safety impact of weaving distance on freeway facilities with managed lanes using both microscopic traffic and driving simulations[J]. Transportation Research Record: Journal of the Transportation Research Board, 2018, 2672(39): 130-141.

[158] Li Y, Xu C C, Xing L, et al. Integrated cooperative adaptive cruise and variable speed limit

controls for reducing rear-end collision risks near freeway bottlenecks based on micro-simulations[J]. IEEE Transactions on Intelligent Transportation Systems, 2017, 18(11): 3157-3167.

[159] 项乔君. 道路交通冲突分析技术及应用[M]. 北京: 科学出版社, 2008.

[160] 周子玙. 基于卷积网络的交通冲突计算方法研究[D]. 南京: 东南大学, 2019.

[161] Lu X. Examining traffic conflicts of up stream toll plaza area using vehicles' trajectory data[J]. Accident Analysis & Prevention, 2019, 125: 174-187.

[162] James R W. Extending Time to Collision for probabilistic reasoning in general traffic scenarios [J]. Transportation Research Part C: Emerging Technologies, 2015, 51: 66-82.

[163] Li Z B. Development of a variable speed limit strategy to reduce secondary collision risks during inclement weathers[J]. Accident Analysis & Prevention, 2014, 72: 134-145.

[164] Li Y, Li Z, Wang H, et al. Evaluating the safety impact of adaptive cruise control in traffic oscillations on freeways[J]. Accident Analysis & Prevention, 2017, 104: 137-145.

[165] Muhlrad N. Traffic conflict techniques and other forms of behavioural analysis: Application to safety diagnoses[R]. Salzburg: ICTCT, 1993.

[166] 林兰平. 高速公路合流区交通冲突预测与安全评价研究[D]. 哈尔滨: 哈尔滨工业大学, 2017.

[167] 王力, 刘卫中, 洪于亮, 等. 基于分类交通冲突与微观仿真分析的城市交叉口安全诊断及改善[J]. 中国安全科学学报, 2009, 19(2): 38-42

[168] Hajiseyedjavadi F, McKinnon I, Fitzpatrick C D, et al. Application of microsimulation to model the safety of varied lane configurations at toll plazas[R]. Transportation Research Board 94th Annual Meeting, 2015.

[169] 刘伟铭, 陈纲梅, 林观荣, 等. 高速公路收费站与衔接信号交叉口协调控制研究[J]. 广西师范大学学报(自然科学版), 2019, 37(4): 16-26.

[170] 中国公路工程咨询集团有限公司. 公路立体交叉设计细则: JTG/T P21—2014[S]. 北京: 人民交通出版社, 2014.

[171] 沈照庆, 王雄, 杜兴, 等. 主线收费站与非信号控制交叉的净距研究[J]. 公路, 2017, 62(2): 129-133.

[172] 杨少伟, 万健, 潘兵宏. 匝道收费广场中心至前方分流点最小间距研究[J]. 铁道科学与工程学报, 2017, 14(2): 395-399.

[173] 沈强儒, 杨少伟, 赵一飞, 等. 基于交通冲突小间距互通式立交区域安全性评价方法[J]. 系统工程理论与实践, 2015, 35(1): 160-167.

[174] 刁天逸. 基于交通安全的互通立交交织区交通流特性研究[D]. 南京: 东南大学, 2017.

[175] 李韶华, 王伟达. 车辆动力学与控制研究进展[J]. 动力学与控制学报, 2021, 19(3): 1-4

[176] Sugasawa F, Irie N, Kuroki J. Development of simulator vehicle for conducting vehicle dynamics research[J]. International Journal of Vehicle Design, 1992, 13(2): 159-167.

[177] 马宪永, 全蔚闻, 董泽蛟, 等. 随机不平度激励下车辆-沥青路面动力学响应分析[J]. 机械工程学报, 2021, 57(12): 40-50.

[178] Sieberg P M, Schramm D. Central non-linear model-based predictive vehicle dynamics control

[J]. Applied Sciences, 2021, 11(10): 4687.

[179] Nareyko G, Biemelt P, Traächtler A. Real-time optimized model predictive control of an active roll stabilization system with actuator limitations[J]. IFAC-PapersOnLine, 2020, 53(2): 14375-14380.

[180] 李斯旭, 徐彪, 胡满江, 等. 基于动力学模型预测控制的铰接车辆多点预瞄路径跟踪方法[J]. 汽车工程, 2021, 43(8): 1187-1194.

[181] 范贤波, 彭育辉, 钟聪. 基于自适应MPC的自动驾驶汽车轨迹跟踪控制[J]. 福州大学学报（自然科学版）, 2021, 49(4): 500-507.

[182] Pan Y J. Data-driven vehicle modeling of longitudinal dynamics based on a multibody model and deep neural networks[J]. Measurement, 2021, 180: 109541.

[183] 刘明春, 彭志波, 吴晓建. 基于自适应模糊扩展卡尔曼滤波的车辆运动状态联合估计[J]. 汽车技术, 2022(4): 23-30.

[184] Smith A D. Customer Relationship Management considerations and Electronic Toll Collection as sustainable technology[J]. International Journal of Sustainable Economy, 2008, 1(1): 17.

[185] Holguín-Veras J, Sánchez-Díaz I, Reim B. ETC adoption, time-of-travel choice, and comprehensive policies to enhance time-of-day pricing: A stated preference investigation[J]. Transportation, 2016, 43(2): 273-299.

[186] Jou R C, Wu Y C, Chen K H. Analysis of the environmental benefits of a motorcycle idling stop policy at urban intersections[J]. Transportation, 2011, 38(6): 1017-1033.

[187] Roe D, Bruwer J. Self-concept, product involvement and consumption occasions: Exploring fine wine consumer behaviour[J]. British Food Journal, 2017, 119(6): 1362-1377.

[188] Wu S I, Chan H J. Perceived service quality and self-concept influences on consumer attitude and purchase process: A comparison between physical and Internet channels[J]. Total Quality Management & Business Excellence, 2011, 22(1): 43-62.

[189] Ozuem W, Willis M, Howell K, et al. Determinants of online brand communities' and millennials' characteristics: A social influence perspective[J]. Psychology & Marketing, 2021, 38(5): 794-818.

[190] 寇小云, 郑林. 公共政策执行中目标偏差行为分析: 以ETC推广为例[J]. 内蒙古科技与经济, 2021(2): 15-17.

[191] 陈刚, 蒋惠娟. 基于移动互联网的高速公路ETC客服发行系统浅析[J]. 中国交通信息化, 2020, 251(12): 108-110.

[192] Davis F D. Perceived usefulness, perceived ease of use, and user acceptance of information technology[J]. MIS Quarterly, 1989, 13(3): 319-340.

[193] Hill R J, Fishbein M, Ajzen I. Belief, attitude, intention and behavior: An introduction to theory and research[J]. Contemporary Sociology, 1977, 6(2): 244.

[194] Davis F D, Venkatesh V. A critical assessment of potential measurement biases in the technology acceptance model: Three experiments[J]. International Journal of Human-Computer Studies, 1996, 45(1): 19-45.

[195] Chen S. Using the sustainable modified TAM and TPB to analyze the effects of perceived green value on loyalty to a public bike system[J]. Transportation Research Part A: Policy and Practice, 2016, 88: 58-72.

[196] Risselada H, Verhoef P C, Bijmolt T H A. Dynamic effects of social influence and direct marketing on the adoption of high-technology products[J]. Journal of Marketing, 2014, 78(2): 52-68.

[197] Deutsch M, Gerard H B. A study of normative and informational social influences upon individual judgement[J]. Journal of Abnormal Psychology, 1955, 51(3): 629-636.

[198] Kelman H C. Interests, relationships, identities: Three central issues for individuals and groups in negotiating their social environment[J]. Annual Review of Psychology, 2006, 57: 1-26.

[199] Tsai H T, Bagozzi R P. Contribution behavior in virtual communities: Cogntiive, emotional, and social influences[J]. MIS Quarterly, 2014, 38(1): 143-163.

[200] Wang N, Sun Y Q. Social influence or personal preference? Examining the determinants of usage intention across social media with different sociability[J]. Information Development, 2016, 32(5): 1442-1456.

[201] Iyengar R, Van den Bulte C, Valente T W. Opinion leadership and social contagion in new product diffusion[J]. Marketing Science, 2011, 30(2): 195-212.

[202] Venkatesh V, Bala H. Technology acceptance model 3 and a research agenda on interventions [J]. Decision Sciences, 2008, 39(2): 273-315.

[203] Venkatesh V, Morris M G, Davis G B, et al. User acceptance of information technology: Toward a unified view[J]. MIS Quarterly, 2003, 27(3): 425-478.

[204] Sirgy M J. Self-concept in consumer behavior: A critical review[J]. Journal of Consumer Research, 1982, 9(3): 287-300.

[205] Grubb E L, Grathwohl H L. Consumer self-concept, symbolism and market behavior: A theoretical approach[J]. Journal of Marketing, 1967, 31(4): 22-27.

[206] Tajfel H, Turner J C. The social identity theory of intergroup behavior[M]//Political Psychology. Psychology Press, 2004: 276-293.

[207] Hawkings, Del. Consumer behavior : building marketing strategy [J]. Consumer Behavior, 2001.

[208] Sirgy M J, Lee D J, Yu G B, et al. Self-expressiveness in shopping[J]. Journal of Retailing and Consumer Services, 2016, 30: 292-299.

[209] Morgan A J. The evolving self in consumer behavior: Exploring possible selves [J]. ACR North American Advances, 1993, 20: 429-432.

[210] He H W, Mukherjee A. I am, ergo I shop: Does store image congruity explain shopping behaviour of Chinese consumers? [J]. Journal of Marketing Management, 2007, 23(5/6): 443-460.

[211] Sidali K L, Hemmerling S. Developing an authenticity model of traditional food specialties: Does the self-concept of consumers matter? [J]. British Food Journal, 2014, 116(11): 1692-1709.

[212] Dorbaix C. Perceived risk and risk relievers: An empirical investigation[J]. Journal of Economic Psychology, 1983, 3(1): 19-38.

[213] Wei Y C, Wang C, Zhu S, et al. Online purchase intention of fruits: Antecedents in an integrated model based on technology acceptance model and perceived risk theory[J]. Frontiers in Psychology, 2018, 9: 1521.

[214] Anser M K, Zaigham G H K, Imran Rasheed M, et al. Social media usage and individuals' intentions toward adopting Bitcoin: The role of the theory of planned behavior and perceived risk[J]. International Journal of Communication Systems, 2020: e4590.

[215] Peter J P, Tarpey L X. A comparative analysis of three consumer decision strategies[J]. Journal of Consumer Research, 1975, 2(1): 29-37.

[216] Shin D. Towards an understanding of the consumer acceptance of mobile wallet[J]. Computers in Human Behavior, 2009, 25(6): 1343-1354.

[217] Lee M. Factors influencing the adoption of Internet banking: An integration of TAM and TPB with perceived risk and perceived benefit[J]. Electronic Commerce Research and Applications, 2009, 8(3): 130-141.

[218] Jinsoo H, Choe J. How to enhance the image of edible insect restaurants: Focusing on perceived risk theory[J]. International Journal of Hospitality Management, 2020, 87: 102464.

[219] Yang S Q. Mobile payment services adoption across time: An empirical study of the effects of behavioral beliefs, social influences, and personal traits[J]. Computers in Human Behavior, 2012, 28(1): 129-142.

[220] Van den Bulte C, Joshi Y V. New product diffusion with influentials and imitators[J]. Marketing Science, 2007, 26(3): 400-421.

[221] Sirgy M J. Using self-congruity and ideal congruity to predict purchase motivation[J]. Journal of Business Research, 1985, 13(3): 195-206.

[222] Tandon U, Kiran R, Sah A N. Understanding online shopping adoption in India: Unified theory of acceptance and use of technology 2 (UTAUT2) with perceived risk application[J]. Service Science, 2016, 8(4): 420-437.

[223] Davis F D. Perceived usefulness, perceived ease of use, and user acceptance of information technology[J]. MIS Quarterly, 1989, 13(3): 319-340.

[224] Constantine Spandagos. Social influence and economic intervention policies to save energy at home: Critical questions for the new decade and evidence from air-condition use[J]. Renewable and Sustainable Energy Reviews, 2021, 143: 110915.

[225] 陈传红, 李雪燕. 市民共享单车使用意愿的影响因素研究[J]. 管理学报, 2018, 15(11): 1601-1610.

[226] Davis F D, Bagozzi R P, Warshaw P R. User acceptance of computer technology: A comparison of two theoretical models[J]. Management Science, 1989, 35(8): 982-1003.

[227] Anderson J C, Gerbing D W. Structural equation modeling in practice: A review and recommended two-step approach[J]. Psychological Bulletin, 1988, 103(3): 411-423.

[228] 温忠麟, 侯杰泰, 张雷. 调节效应与中介效应的比较和应用[J]. 心理学报, 2005, 37(2): 268-

274.

[229] Gim Chung R H, Kim B S K, Abreu J M. Asian American multidimensional acculturation scale: Development, factor analysis, reliability, and validity[J]. Cultural Diversity & Ethnic Minority Psychology, 2004, 10(1): 66-80.

[230] Eisinga R, Te Grotenhuis M, Pelzer B. The reliability of a two-item scale: Pearson, Cronbach, or Spearman-Brown? [J]. International Journal of Public Health, 2013, 58(4): 637-642.

[231] Anderson J C, Gerbing D W. Structural equation modeling in practice: A review and recommended two-step approach. [J]. Psychological bulletin, 1988, 103(3): 411-423.

[232] Hulland J. Use of partial least squares (PLS) in strategic management research: A review of four recent studies[J]. Strategic Management Journal, 1999, 20(2): 195-204.

[233] Hair J F, Sarstedt M, Ringle C M, et al. An assessment of the use of partial least squares structural equation modeling in marketing research[J]. Journal of the Academy of Marketing Science, 2012, 40(3): 414-433.

[234] Wen Z L, Han K T. Marsh H W. Structural equation model testing: Cutoff criteria for goodness of fit indices and chi-square test [J]. Acta Psychologica sinica, 2004, 36(2): 186-194.

[235] 吴明隆. 结构方程模型:AMOS 的操作与应用[M]. 重庆:重庆大学出版社,2010.

[236] Andrew F H. Introduction to mediation, moderation, and conditional process analysis: A regression-based approach[M]. The Cuilford Press, 2013.

[237] Lee B C. The effect of gamification on psychological and behavioral outcomes: Implications for cruise tourism destinations[J]. Sustainability, 2019, 11(11): 3002.

[238] Ortega-Jimenez C H, Garrido-Vega P, Torres C A C. Achieving plant responsiveness from reconfigurable technology: Intervening role of SCM[J]. International Journal of Production Economics, 2020, 219: 195-203.

[239] Hayes A F, Matthes J. Computational procedures for probing interactions in OLS and logistic regression: SPSS and SAS implementations[J]. Behavior Research Methods, 2009, 41(3): 924-936.

[240] 温忠麟,叶宝娟. 有调节的中介模型检验方法:竞争还是替补[J]. 心理学报, 2014, 46(5): 714-726.